无声的变化

中国重新成为世界大国的战略选择

保罗·乌里奥 著

左晓园 译

图书在版编目（CIP）数据

无声的变化：中国重新成为世界大国的战略选择／
（瑞士）保罗·乌里奥著；左晓园译. -- 北京：五洲传
播出版社，2022.4
ISBN 978-7-5085-4224-9

Ⅰ.①无… Ⅱ.①保… ②左… Ⅲ.①政治-研究-
中国②国际关系-研究-中国 Ⅳ.①D6②D82

中国版本图书馆 CIP 数据核字（2019）第119711号

China Reclaims World Power Status：Putting an End to the World America Made 1st Edition ／ by Paolo Urio ／ ISBN：978-1-138-04086-1

Copyright © 2018 by Routledge

Authorized translation from English language edition published by Routledge, part of Taylor & Francis Group LLC; All Rights Reserved.

本书原版由 Taylor & Francis 出版集团旗下 Routledge 出版公司出版，并经其授权翻译出版。版权所有，侵权必究。

China Intercontinental Press is authorized to publish and distribute exclusively the Chinese（Simplified Characters）language edition. This edition is authorized for sale throughout Mainland of China. No part of the publication may be reproduced or distributed by any means, or stored in a database or retrieval system, without the prior written permission of the publisher.

本书中文简体翻译版授权由五洲传播出版社独家出版并在限在中国大陆地区销售，未经出版者书面许可，不得以任何方式复制或发行本书的任何部分。

Copies of this book sold without a Taylor & Francis sticker on the cover are unauthorized and illegal.
本书贴有 Taylor & Francis 公司防伪标签，无标签者不得销售。

无声的变化：中国重新成为世界大国的战略选择

著　　　者：（瑞士）保罗·乌里奥（Paolo Urio）
译　　　者：左晓园
出　版　人：关　宏
责任编辑：姜　珊
助理编辑：刘婷婷
封面设计：管　斌
出版发行：五洲传播出版社
地　　　址：北京市海淀区北三环中路 31 号生产力大楼 B 座 6 层
邮　　　编：100088
电　　　话：010-82005927　010-82007837（发行部）
网　　　址：http://www.cicc.org.cn　http://www.thatsbooks.com
印　　　刷：北京圣彩虹科技有限公司
开　　　本：787 毫米×1092 毫米　1/16
印　　　张：18
字　　　数：200 千字
版　　　次：2022 年 4 月第 1 版第 1 次印刷
定　　　价：58.00 元

本书采用中西方理论方法，分析中国为恢复国际权力而实施的战略及其影响。在考察中国为确保国内经济和社会发展的措施时，本书还考虑了其主要国际对手——美国的优劣势，并分析了中美两国在开发权力资源和领导优势方面的竞争方式。本书还研究了中美两国的外交政策，首先追溯了中美意识形态基础的历史渊源，随后分析了从19世纪到特朗普和习近平执政期间两国的权力构建。最后，本书将聚焦探讨"一带一路"倡议，中国以这一倡议回应"美国塑造的世界格局"的终结。

本书还将讨论中国将会成为一个嵌入自由资本主义世界体系的新资本主义国家，还是会成为一个能够改变国际秩序规则、推行社会主义市场经济的威权国家。本书对中美两个世界大国进行了对比，并全面概述了中美关系。该书出版将会引起研究中国政治和国际关系以及更广泛的中国研究的学生和学者们的极大兴趣。

本书作者保罗·乌里奥，瑞士日内瓦大学公共管理学荣休教授。

图表说明

图示

2.1　权力结构、互动过程与资源

地图

5.1　中国提出的新丝绸之路

表格

3.1　中国和美国战略资源占世界总量的百分比及整体对比
3.2　中国和美国综合国力占世界总量百分比的总体比较（2000—2020年）

目 录

导 言 1

第一章 理解中国战略 8
  中国文化与特定的历史记忆 8
  无声的变化与长时段 15
  市场经济与资本主义 23

第二章 新时代国际关系中的权力 41
  软权力与巧权力：韦伯式的评论 42
  权力的不对称 50
  权力的五个子结构 52
  权力手段：互动过程与资源 59
    初级互动过程与资源 60
    复杂互动过程与资源 64
    国家、外交、合法化与胁迫 69
  国际体系中权力和规则的变化 71

第三章 中国战略抉择：学者的视角 93
  从《孙子兵法》到新中国战略 93
  解读早期中国战略 98

对中国恢复世界大国地位战略的系统分析 ·············· 104
中美综合国力对比 ···································· 110

第四章　美国战略：成为20世纪霸主并将在新时代维持其超级大国地位
·· 120
外交政策的起源：为什么重要 ·························· 120
意识形态的起源："天定命运论"和"历史终结论" ······ 122
意识形态的塑造："新历史终结论" ···················· 127
　　从"天定命运"到"不可或缺的国家" ················ 128
　　为什么不可或缺的国家注定要领导世界 ·············· 129
　　制定国际体系的规则 ······························ 130
　　实现"扩张"：经济和军事资源的重要性 ············ 131
　　以民主自由原教旨主义并确定和妖魔化对手 ·········· 133
　　从清教徒的"历史终结论"到"新历史终结" ········ 138
唐纳德·特朗普的外交政策："历史终结论"的终结 ······ 146
　　新保守主义者对特朗普当选的反应 ·················· 146
　　特朗普的外交政策 ································ 152
外交政策与地缘政治思维 ······························ 163
美国对中国外交政策的实施 ···························· 165
　　19世纪和20世纪美国短暂而真实的扩张史 ············ 165
　　21世纪美国对华战略 ······························ 173
　　军费支出 ·· 182
　　军事基地 ·· 184
　　联盟和伙伴关系 ·································· 186
　　新奥巴马主义：从公开战争到隐蔽战争 ·············· 187
　　海上航线的控制 ·································· 188
　　情报能力的发展 ·································· 189

捍卫美元作为主要国际货币的地位 …………………… 189
　　美国公司在中国的投资 ………………………………… 191
　　广播电视、智库和非政府组织推广美国价值观和利益 …… 192

第五章　中国的世界大国战略 ……………………………… 228
　　不可思议的"中国模式"和当代中国外交政策的起源 …… 229
　　中国战略的构建：打造权力资源 ……………………… 232
　　"一带一路"倡议：融入世界 …………………………… 238
　　　走向"一带一路" ……………………………………… 238
　　　"一带一路"，抑或是中国的大战略 ………………… 248
　　　"一带一路"推动世界格局变化 ……………………… 253

结　论 …………………………………………………………… 269

致　谢 …………………………………………………………… 279

导　言

　　孔子将自己的一生概括为两种活动：一是求学，二是体验"乐趣"。我们把"乐趣"理解为实现了目标的欢喜或找到了追求的目标及追求目标的过程带来的欢喜。夫子从不曾自诩无所不知或掌握了智慧的真谛，也不看重自己的成就，这并非出于谦虚，而是因为重要的是"学"与"乐"之间的张力。简言之，真正重要的是不断超越的渴望，这种渴望本身就包含其目的(乐趣)，并保持生命年轻，不断进步。

　　　　　　　　　　弗朗索瓦·于连　《平淡颂：论中国思想与美学》

　　开篇引用这段话，我想告诉读者，尽管分析了中国共产党恢复中国的世界大国地位所遵循的战略，我并不自认为已经对中国为实现这一目标经历过、并正在进行的长征了如指掌。[1]我在21年前就开始漫长的中国问题研究之旅。其间我取得了一些或多或少有据可查的成果(一如孔夫子所说的"快乐")，当然这期间我也有不断的质疑、犹豫，也做过很多修订，当然对真理不断探究的过程往往也伴随着快乐。但是，今天我所呈现出来的成果，并非不可修改。毫无疑问，接下来我仍需要面对更多的质疑、犹豫，甚至是做进一步修订。

　　我的第一个快乐来自弄明白了20世纪70年代邓小平在中国进行的改革开放的理由，这是我在2010年写就的《走向繁荣的新长征：协调国家、社会和市场的关系》一书。就在终稿付梓之时，还有很多犹豫与疑问。此时，中国最著名、最有影响力的经济学家之一——胡鞍钢教授同意为这本书写前言，打消了一部分犹豫和疑问。[2]但即使如此，还是有一些问题没有找到明确的答案。接下来，对东西方公共管理体系进行对比评估，也是我的快乐所在，这是一项令人兴奋的研究。因为自20世纪80年代起，东西方都进行了大规模的改革，给经济更大的空间，新自由主义经济学说的胜利促进了西方进一步发展资本主义，而在"文革"过后中国打破了计划经济，引进市场经济机制。当然，东西方在历史、文化、经济、政治体制上过去和现在都有一些显著的差异。然而，许多改革是如此相似，以至我毫不犹豫地将它们归于新公共管理（NPM）名下。实际上东西方都开出了一些新公共管理的主要药方，如私有化、外包、放宽监管等。[3]与此同时，我恰好领导了一个关于外包方面，也就是公私合营的国际研究课题，此课题涉及波兰、乌克兰、俄罗斯和中国四个转型国家。研究结果证实了另外两个课题中的一些发现，改革既有积极结果，也有消极结果，这取决于很多因素。这个结果应该能说服研究人员和政治家们，仅仅基于简单的意识形态考虑，提出或进行改革，并非明智之举，只有对改革内容经过认真的理论和实证分析，摸清改革国家的特点，才能进行改革。[4]

最后一点，但并非最不重要，得益于我以前的一位中国助手的技能，我从一项关于中国非政府组织（NGOs）涌现的研究课题中得到了一些乐趣。[5]该课题佐证了我先前的一些研究发现，在引进市场经济体制时，中国政府对经济社会的控制有所放松。市场机制以及受西方启发的人力资源管理技术的迅速引进，导致国有企业（SOEs）和政府机构大规模裁员，数百万员工下岗，失业率高启，新型贫困出现，这可能抵消，至少是部分抵消改革带来的令人瞩目的减贫成果。另外，新出现的不平等现象可能会危及中国领导人宣布的建立和谐社会的目标，在和谐社会中，收入将公平分配。问题在于从计划经济向市场机制过渡（因此引入企业之间的竞争）导致政府免除了国有企业原本提供给员工的社会服务，不仅要稳定的工作，而且还涉及教育、住房、卫生、养老等各方面，而这些都是人们在计划经济体制下已经习惯了的。这些新的组织管理方式和生产过程，以及同时进行的计划生育政策，解构了传统的国家甚至家庭内部的团结。因此，旧的团结制度需要用一个新的、现代化的安全网络系统替代，这可能需要花费几十年才能逐步完善。同时，政府也逐步推进非政府组织活动在中国的发展，尤其是在政府无法有效帮助人们解决失业、疾病、养老等问题的一些社会领域中。中国政府并没有完全取消对非政府组织的控制；相反，政府设置了一个复杂的系统，以确保非政府组织受到掌控，尤其是对外国非政府组织以及外国出资的中国非政府组织的掌控。

虽然以上简要介绍的研究项目取得了一些成果，但有一个问题仍待解决：中国实施了什么战略来恢复世界大国地位？这个问题从我一开始研究中国时就出现了，但今天更有必要找出这个问题的答案，因为中国已经实现了这个目标，即使只是部分实现了，中国正在实质性地推动国际秩序的全面重建。国际体系从两极格局（"二战"以后美苏两个超级大国）演变为单极格局（20世纪90年代初苏联解体后）并正在演变为多极体系。我们如何理解中国通过何种战略取得如此令人瞩目的成就，更重要的是，在当下及未来几年，中国用何种方式、为什么目标构想自己在新的世界格局中扮演的角色？为了找到这个问题的答案，对我来说，似乎需要求助各种各样的方法，超过了单个研究人员能够掌握的知识和技能，因此，我的研究策略是利用多个学科领域作者的贡献，并在适当的时候添加自己的方法和发现。此外，研究中国时，我发现西方学者使用的理论方法通常不同于中国同行的方法，这常常导致他们对中国战略的解读相互矛盾，不尽如人意。为了克服这个困难，也为了避免西方种族中心主义的方法，达到可能满足两种文化的平衡的解释，我不得不找到一些中西方学者，他们的理论方法至少在基本要素上有一些共同点。这样的学者并不多，但幸运的是有一些。西方汉学家弗朗索瓦·于连（Franois Jullien）和历史学家费尔南·布罗代尔（Fernand Braudel）与中国的汪晖教授和崔之元教授有一些共同的观点。他们对历史发展动态的解释以及市场经济与资本主义本质的看法相同，这两个层面对了解中国战略发展至关重要。至于"权力"的概念，我会采用胡鞍钢教授的补充方法，以及我从20世纪80年代起就在研究的马克斯·韦伯对国际体系中权力的分析。[6]虽然用了这些学者们的作品，我不打算完全听从他们的建议,也不声称完全忠实地解读了他们的作品。在做研究计划时,我提到这些作者不是为了注释,我的主要兴趣很简单:在他们的作品中找出一些理论提示和框架,帮助我找出与我的研究目标最相关的信息,赋予收集到的事实理论意义,并最终确认哪些部分最有助于了解和解释中国战略的内容和实施。

第一章,我会重点介绍这些研究方法;第二章主要介绍我对"权力"概念的解释;第三章,我会基于胡鞍钢教授的研究,对中美力量进行全面的对比;第四章主要分析美国外交政策;第五章讨论为恢复世界大国地位,中国面对美国所采取的战略。

在第一章中,我解释了如何通过特别关注理解长时段变化,力图避免带有西方式偏见或中国式偏见的历史进程分析法,这种方法基于在选中的中国和西方作者中发现的一些认识论上的共同点。首先,弗朗索瓦·于连、弗尔南·布罗代尔和汪晖强调了发现长时段无声变化的重要性,从而克服了通过事件来描述社会发展的诱惑。事件只是重要事物的表象,重要的是在表象下缓慢而无声发生的变化,远离事件的喧嚣,如出现在电视新闻节目中的那些事件。其次,弗尔南·布罗代尔、崔之元和胡鞍钢区分了市场经济和资本主义,支持发展社会主义市场经济是可能的观点。最后,马克斯·韦伯和胡鞍钢提出了如何分析权力,他们指出,尽管权力基于一系列不同的资源(物质和非物质),但必须被看作一个整体或综合现象,不能解构为几种类型。

第二章讨论了权力概念,第四章和第五章将用这个概念来评估美国和中国的实力。本章从评论约瑟夫·奈的"软权力、硬权力和巧权力"入手,接着讨论了分析国际权力的框架,该框架发展了马克斯·韦伯的权力概念。韦伯将权力视为一个整体,包括两个基础:一是被统治者遵从统治者的命令的三个社会心理过程;二是统治者使用物质手段,即结合行政和经济手段,满足公民的期望。从这些前提出发,本章提出了权力的三个层次:权力结构、在权力结构中形成的互动过程以及这些过程产生的资源。这些因素通过几个历史事例来阐释,大多来自美国和中国的外交关系史。

第三章论述了中国最有影响力的经济学家之一——胡鞍钢对权力的分

析。根据胡鞍钢出版的几本著作以及我每年访问北京期间和他的一些讨论，我提出了一个分析中国战略和比较中美实力的中国方法。后者主要是基于可靠数据的定量分析，这些数据通常来自世界银行。因此，本章开创了一种研究中国历史进程的方法，在这个进程中，中国设法填平了除军事资源以外的与美国差距的所有指标。

第四章对美国权力发展进行历史分析。从确定第一批英国殖民者进入北美以来发展形成的意识形态的主要组成部分开始，直到该意识形态在当代随着美国在国际体系中地位的变化不断进行修正和适应。这使我们能够辨认美国用来确立自己世界大国地位，以及在这一过程结束时保持其唯一世界大国地位的手段。因此，我举例说明了不同类型资源的开发和利用（基于第二章的理论框架），产生这些资源的国际互动过程，以及建立和维护国际体系（权力结构）的规则，这些规则保证了美国作为唯一世界大国的地位。

第五章首先分析了中国价值观和文化的发展，这些价值观和文化至今仍在指导中国的外交政策，并评价了中国如何成功地将传统价值观与从西方引进的价值观结合起来。19世纪西方入侵的影响也被用来解释当今中国外交政策的起源。其次，在新自由主义全球化的框架下简要讨论了权力资源的建设，以及美国在这一背景下所发挥的作用，美国试图在这一背景下保持其霸权地位。美国的角色及其与主要竞争对手中国不可避免的对抗，被用来从各个方面解释中国恢复世界大国地位的政策。最后中国的大战略（"一带一路"）被用来整合中国的各种对外关系举措，以理解中国恢复世界大国地位的外交政策并赋予其意义。

结论总结了主要研究发现，评估了美国保持超级大国地位的政策和中国恢复世界大国地位的政策。在评估我们是在向两极体系（中美）发展，还是更有可能向多极世界发展时，也考虑了国际形势。在多极世界中，欧洲、俄罗斯和印度，以及伊朗、土耳其、沙特阿拉伯和巴西等几个地区大国可能通过与某个全球大国结盟而发挥重要作用。结论还涉及中国是作为一个植根于自由资本主义世界体系的新资本主义国家，还是作为一个拥有能够改变国际秩序和规则的社会主义市场经济的威权国家，发挥其国际作用。

　　写这本书时,我尽量避免过于技术性的方法。当我向学术听众讲述我的研究成果时,我会以一种更广泛的公众可以听懂的形式来展示。在组织这五章的过程中,我试图按照尽可能容易阅读的顺序来呈现。由于五章中涉及的所有维度都在一种结构上的相互依存关系中相互联系,因此将会出现许多交叉引用,这使得重复成为必要。对外关系专家可能会觉得我表达观点的方式相当乏味。我这样做的目的是方便外行人阅读,这样每一章都可以独立存在。每一章都可以独立阅读,如果读者希望找到更详细的解释,可以参阅文中建议的其他章节。

　　最后,我很清楚,通过分析美国和中国的外交政策,我在处理非常复杂的历史、政治、经济和社会现象时,这些现象可能导致带有道德和意识形态推理偏见的陈述和解释。虽然我不能向读者保证我已经成功地避免了道德或意识形态偏见的陷阱,但我可以保证,我已经尽力坚持事实,因为官方文件、受人尊敬的历史学家和社会科学家以及可靠的调查记者已经证实了这些事实。换句话说,我不仅要重视已经做的事情(如19世纪征服美国西部或21世纪中国军事力量的发展),还要重视美国和中国领导人关于他们的国家、内部组织及其世界地位的话语和想法。

注释:

[1] 为了回应一位评论家对我的书稿《中国、西方和新公共管理的神话》(Routledge, 2012),我不得不详细解释为什么我得出这一结论:自鸦片战争失败以来,中国外交政策的最终目标实际上一直是"恢复中国的世界大国地位","Restoring China as a world power", pp. 92-96。

[2] Hu Angang, "Foreword: How to know about contemporary China", in Paolo Urio, Reconciling State, Market, and Society in China. The Long March towards Prosperity, London and New York, Routledge, 2010, xi-xv。

[3] Urio, China, the West, 同前引。

[4] Paolo Urio (ed.), Public Private Partnerships. Success and Failure Factors in Transition

Countries, Lanham, MD, University Press of America, 2010。

[5] Paolo Urio and Yuan Ying, L'émergence des ONG en Chine, Le changement du rôle de l'Etat-Parti (The Emergence of NGOs in China. The Changing Role of the Party-State), Bern, Peter Lang, 2014。

[6] Paolo Urio, Le rôle politique de l'administration publique, Lausanne, LEP, 1984, 第5章, 这本书已经绝版, 但是关于权力的一章(法语)可以在我的个人网站上找到: http://ecmi.ch/pdf/papers_publications/1984-2_on_decision-making-and_power.pdf. 在我的《调和国家、市场和社会》(英文)一书中给出了这个框架的摘要, 同前, 第4章。在这两本书里, 权力分析的框架是为了理解一个国家内部的权力而设计的。在接下来的几页中, 我将使这个框架适应国际领域的权力分析, 同时保持最初的假设和理论假设。

第一章

理解中国战略

计划赶不上变化。

——中国谚语

中国文化与特定的历史记忆

理解中国的想法和做法并不容易。中国与西方不仅在地理上相距遥远,而且中国文化与西方语言、文化、思维及行为方式相去甚远。[1]大多数情况下,西方人,特别是记者或政治家,也包括学者甚至汉学家,都忍不住从西方的视角,即用我们的概念、价值观、理论和意识形态来理解和评判中国。[2]弗朗索瓦·于连很好地阐述了这一点。过去五个世纪以来,西方一直主宰着世界。至少直到最近,几乎没有其他文化能够抵挡它的统治。西方与世界其他地区的这种关系给西方人造成一种感觉,甚至对许多人来说,这种感觉确定无疑,认为西方文化在各方面都优于其他文化,是更好的政府、经济、军事、法律制度和社会关系,甚至是"更好的神"。

西方作家出版的一些关于中国的图书告诉我们,"中国人在撒谎","当心,与中国的冲突即将来临","中国是一个威胁,因为它的目标是美国","别担心,中国是一个脆弱的超级大国","无论如何,它即将崩溃"。[3]这种思维方式的基础可以用另一本书的题目和副标题来概括:《经济学不撒谎:危机年代捍卫自由市场》,[4]它清楚地表明,我们西方有自由民主支持下的自由市场经济（资本主义）。[5]自由是西方两个基本的价值观之一，自由民主制度保障了自由，市场经济的经济效率保证了物质上的舒适。中国两者都不具备。

的确，中国引入了一些市场机制，但是，如果不放弃威权统治，采取自由民主制和完全市场经济（即资本主义），中国不可避免会崩溃。这种看待中国的方式显然是基于最有影响力的新自由主义思想家之一米尔顿·弗里德曼（Milton Friedman）的理论，在他看来，资本主义经济中的自由是政治自由的保证。今天，即使是一般认为属于温和左翼知识分子[6]的学者也怀有这些想法。除去好奇，以及在某些情况下，对他者文化创作的艺术品真正欣赏外，情况很清楚——我们是最好的。即使承认我们的民主有一些问题，中国的问题看起来更糟。例如，最近为2049项目研究所（Project 2049 Institute）撰写的一份报告说：

> "美国虽然不是一个完美的民主国家，但它激励着世界各地渴望自由和尊严的人们，这些自由和尊严来自代议制政府、独立的法律体系和市场经济。相比之下，中国的所有权力都被中国共产党垄断。中国共产党是一个政治组织，其合法性因坎坷的历史而受到质疑。阅读国务院关于人权的年度报告，很快就会发现这是一个非常独裁的政权，一个继续压迫中国人民的政权。"[7]

正是这种分析使我们有权占领世界其他地区，教导"善良的野蛮人"如何组织社会。当然，中国人可能会说，去读读中国关于美国人权的报告，以及世界银行承认中国在大约四分之一个世纪里使五亿人摆脱贫困的报告吧。

因此，我们登上了我们的"卡拉维尔"（CARAVELS）①，发现了我们所谓的"新世界"。在那里，我们发现了一个空旷的世界，[8]或者一个我们造成的空旷世界，或者至少是一个无法抗拒我们的世界。在那里，我们找到了"善良的野人"，我们给他穿上衣服，并使他皈依我们的宗教。我想补充

---

① 15世纪葡萄牙人在西非海岸探险用的小帆船，后来西班牙人也用这种船进行海上长途探险——译者注

一点,今天美洲的土著文化已经所剩无几。如今,美洲的居民,不是那些来自欧洲的人,例如,建立了美国的人,而是当地"印第安人"的后代,说英语、西班牙语或葡萄牙语。[9]我们的世界已经清空了他们,按照我们的形象填满了世界,就像上帝创造人类一样。但是当我们到达中国时,发现情况截然不同。这里的世界不是"旷野"。到达中国的传教士和艺术家必须学习汉语,尊重中国的仪式,尊敬皇帝。他们中的一些人身穿中国服装,取了中文名字。[10]简言之,某些方面他们被"汉化"了。

然而,直到今天,我们仍然坚持认为,长期统治世界的西方仍然是思维和行动方式的基准。此外,我们声称我们拥有已经成为"理性法则"的普世价值。因此,即使我们自认为已经摆脱了这种文化种族中心主义的姿态,我们仍然屈从于它,甚至没有意识到这一点。[11]这产生了两个后果:第一,我们很难向我们熟悉的事物——那些我们看来是不言自明的事物之外的其他相关事物敞开心扉。第二,我们很难将中国的文化层面与经济、政治和社会等其他层面联系起来,而如果我们想了解中国恢复世界大国地位的战略,这是一个重要的问题。[12]

弗朗索瓦·于连的目的是克服这一不足。于连认为,为了评估西方哲学做出假设和选择,人们必须"从别处"评估,而这个"别处"应该尽可能远。有人可能会想到印度。但是印度属于印欧语系,还不够远。对于连来说,唯一可能的选择是中国,一个已经发展成和我们一样文明的国家。但是无论如何,直到17世纪,甚至19世纪,中华文明的发展在我们的语言之外,在我们的历史之外,独立于我们,我们漠不关心。[13]

作为一名哲学家,于连质疑西方在公元前5世纪左右所做的假设和选择。这些假设和选择至今一直引导着我们的思维方式。希腊哲学家选择了理性、分类和明确对立状态(弱—强、年轻—老、美—丑)的清晰定义,这不可避免地导致建模。例如,对于女性美来说,《米洛斯的维纳斯》是纯粹的美,没有丝毫丑陋的迹象。此外,我们根据模式计划行动,如市场经济和自由民主。换句话说,西方的思维方式更喜欢分析"存在"而不是"成为"。此外,它更关注"固定时刻或状态"的事件,而非潜在变化的长期力量:看看电视上的信息,这些信息是喧嚣事件的拼凑。相比之下,中国人的思维更注重趋势、变迁、方式(道)、变化,尤其是"无声的变化",即在"长时段"内无声运行的潜在力量,这些力量塑造了行为体的行为环境,从而限定了他们的自由度。这个概念对于理解中国的战略非常重要。

为了向中国文化开放,并最终将中国文化的一些思想引入我们的文化,欧洲人有必要远离自己的思想来源,打破它的亲缘关系,从外部探究它,探究它的证据,发现我们的思想没有想到的东西。于连强烈建议,西方和中国这两种思维方式有可能通过互相帮助发现"别处的思维",各以另一种思维方式来丰富彼此。对中国文化的开放应该有助于找到质疑我们思维方式的证据,并发现我们思维的"失虑之处"。[14]

应该注意的是,于连告诉读者,他对中国感兴趣不是因为距离产生美及"异国情调"的乐趣,而是把中国作为"理论的揭示者",目的是在我们的头脑中打开一些其他的"可能性",然后重新开始思考哲学。[15]但是要注意,于连并没有寻找一种(新的)思维方式,最终来取代西方的思维方式。他说,在"绕道"中国之后,必须"回归"西方哲学,目的是在它不探究的方面探究它。因此,西方和中国之间并没有完全对立。此外,于连并不认为这两种思维方式截然不同。因此,在已经存在共同点的基础上甚至更有可能相互充实。

事实上,如上所述,东西方思维方式的差异出现在公元前5世纪,当时西方(即希腊哲学)选择了理性和建模。然而,在做出这一选择之前,中国和西方之间的差异非常微弱。为了证明这一点,于连邀请我们(重新)阅读古希腊的两部经典,即《伊利亚特》和《奥德赛》,并思考其中主要人物之一——尤利西斯的行为。尤利西斯不是一个首先定义模型然后实现它的人,让他变得强大的是他能够看到自己从环境中获得的优势。他很聪明,他知道形势会朝着什么方向发展,以及如何充分利用这一点。他有天赋、狡猾又聪明。从这个意义上说,他的思维和行为方式非常接近中国的传统方式。[16]

因此,如果接受于连的建议,我们必须从外部(即西方)和内部两面来看待中国的战略。为了实现这一目的,我们必须在东西方两种文化中找到他们关于历史和社会组织的思维方式的共同点。幸运的是共同点不少。本书的目的是了解中国恢复世界大国地位的战略,最有趣的是那些从事历史、哲学和政治学研究的作者给出了有价值的分析和解释。[17]除了于连,他指引我了解了中国传统的理解和实践战略的方式,特别是"无声的变化"的概念,还有其他几位作者的研究帮助我建构了本书的研究设计。首先是费尔南·布罗代尔,他提出了两个基本概念。第一个概念对"无声的变化"做出宝贵的补充,即历史的时间不是统一的或独特的,而是有几个历史时期,其中之一是"长时段时间"(或"漫长的时间"),非常明确地补充了于连的"无声的变化"。此外,布罗代尔也像于连一样,非常小心地不过于关注"事件"。而且,正如他所说,要摆脱"事件专政"。[18]的确,事件实际上是暂时出现的喧嚣(即听得见的)和明显(即看得见)的表面现象,不能深入解释历史的演变。第二,布罗代尔提供了深入的历史分析,使我们能够明确区分市场经济和资本主义。尼古拉斯·祖弗利的见解对这两位作者做出补充,他将西方哲学与中国思想进行了比较,不仅展示了它们之间存在的显著差异,还展示了有趣的相似之处。[19]

三位对西方文献有深入了解的中国作者展示了与西方思想的一些共同点。汪晖基于长时段变化对中国进行了历史分析,这非常契合于连的"无声的变化",并同意布罗代尔(他曾多次引用)关于市场经济和资本主义之间的区别。胡鞍钢与于连和布罗代尔的观点一致,他基于战略资源开发的长期系列数据,对中国恢复世界大国地位的战略进行了深入分析。我将在第三章详细分析胡鞍钢对理解中国现代化进程的贡献。这里只需提到,对于胡鞍钢来说,一个国家的实力发展必须根据至少25年的长时段发展的关键指标进行分析和理解。崔之元认为,根据布罗代尔对市场经济和资本主义的区分,公共财产和私人财产之间不一定存在矛盾,因此存在一个不同于计划经济和资本主义的经济体系,将经济的两个层面联系到"社会主义市场经济"中。

最后,对国际领域行为体相互作用的分析需要借助一个明确的权力理论,为此,我从马克斯·韦伯的开创性工作出发,对约瑟夫·奈提出的"软权力"和"巧权力"概念进行了批判,并建立了一个分析框架。在考察这些作者对本书设计的贡献之前,在我看来,有必要提及在试图进入当代中国世界之前，西方人应该获得的一些基本知识。正如我们将会看到，即使在阅读一本面向大众的书时，也需要有一定的知识储备。这本书中的读者应该已经了解了一些关于中国及其外交政策的知识，但可能已经忘记了中国历史的一些重要特征，这些特征至今仍然影响着中国领导人和人民对当代事件的态度。

对于一个西方人来说，首先必须了解的一点，可能会让一些读者感到惊讶，就是应该非常了解自己的文化，尤其是从希腊罗马时期到现在的历史发展。这样，他/她就会看到我们几个世纪以来所做的所有好事，也看到不好的甚至非常坏的事情。对后者来说，只需追溯到70—80年前，就足以发现一些我们西方人应该感到羞耻的事件。这不应该是一个有人称之为受虐狂式的练习，而是应该以积极的心态，帮助我们以谦逊、客观和同情的态度看待他者文化。[20]

其次，西方人应该把中国视为最伟大的文明之一，不仅在艺术方面，而且在政府组织方面。也许一些(许多?)读者会对此感到惊讶。事实上，韦伯认为，中国同古埃及一样，是最早发展准现代公共管理的国家，即公共官僚机构。[21]其官僚机构的运作不仅基于正式的规则和等级制度，而且在获得公共管理所需的知识并通过正式考试的基础上，无差别地向全体男性开放。

再次，19—20世纪，中国遭受了最痛苦的屈辱，沦为西方列强的半殖民地。当然，蒙古人和满族人建立了自己的王朝，统治了中国几个世纪，但他们几乎完全被中国文化同化，并按照传统的儒家方式统治中国，因此中国历史没有中断，中国历史是按照中国朝代的顺序构建的。但是19世纪打败中国的"蛮夷"(西方人)不想占领中国(中国太大)，也不想统治它(至少是直接统治)，而且他们甚至没有想到过被中国文化同化。原因很简单，他们深信自己属于世界历史上最优秀的文化。很显然，他们只是想按照他们自己的条件在中国做生意。1860年10月英法联军洗劫圆明园最能说明当时中国和西方之间存在的深刻分歧。法国作家维克多·雨果在一封著名的信中总结了这一事件的恐怖：

在世界的一个角落，有一个世界奇迹，这个奇迹被称为夏宫。……这个奇迹消失了。一天，两个强盗进入夏宫。一个掠夺，另一个放火。……多么伟大的探险，多么意外的收获！一个胜利者填满了自己的口袋；另一个胜利者见状，装满了他自己的钱箱。他们手挽着手，笑着回到了欧洲。这就是两个强盗的故事。我们欧洲人是文明人，对我们而言，中国人是野蛮人。这就是文明对野蛮所做的事。[22]

要评估导致圆明园被洗劫的一系列历史事件，根据英国的消息来源，人们还必须考虑到：

  英国指挥官埃尔金勋爵下令将圆明园夷为平地，这不是故意破坏，而是蓄意报复。中华帝国官员绑架、折磨并杀害了12名欧洲外交代表团成员，其中包括《泰晤士报》记者托马斯·鲍比。[23]

但不管导致埃尔金勋爵下令洗劫的事件多么严重，洗劫和掠夺仍然是故意破坏行为(至少可以这么说)。折磨和杀害欧洲外交代表团成员当然是野蛮的行为。但在这里，中国人可以说，这是在西方列强多年的欺凌、欺骗和杀戮之后发生的。[24]

1894—1895年，当中国被"如日中天的小表弟"——日本打败时，这种耻辱感更加深重，并一直持续到1949年毛泽东宣布中华人民共和国成立。人们可能会认为"漫长的屈辱世纪"已经被遗忘了。[25]别犯这个错误！中国人把废墟留在那里，在衰败多年和中国人自己掠夺了1860年洗劫后残留下来的东西后，他们重新整理了公园并向公众开放。雨果的信贴在公园的东门入口处。2010年，为纪念被洗劫150周年，中国在圆明园遗址上组织了一场盛大的晚会，一些演员和歌手参加了活动，其中包括著名演员成龙。中国国家电视台报道了这一事件，并制作了一部七集纪录片。[26]

最后，中国文化的伟大与长达一个世纪的屈辱之间的矛盾必须得到解决。这也解释了为什么自帝国的最后几十年以来，任何中国政府的目标都是恢复中国作为世界大国的地位。[27]为了实现这一目标，中国将至少部分地采用从帝国继承下来的思维方式。因此，弗朗索瓦·于连、费尔南·布罗代尔、尼古拉斯·祖弗利、汪晖和崔之元不仅能帮助我们理解传统的中国思维方式，而且还能发现一些中西思想家对文明如何在历史上发展以及有什么共同点和不同点有着共同的看法。

无声的变化与长时段

如弗朗索瓦·于连所解释的那样，无声的变化基于对中国传统的战略定义和实施方式的分析，这是中国人构想世界的传统方式的一部分。因此，在我们进行下一步之前，用中国哲学的总体框架取代它们很有趣。为此，我将用瑞士汉学家尼古拉斯·祖弗利的《今日中国思想：为了更好地了解21世纪的中国，最好了解古代中国》一书来切入。[28]

从引言开始，祖弗利将我们的注意力引向西方可能会感兴趣的中国哲学的特点。

首先，世界的概念，其中万物（自然、社会和个人）相互依存，这符合我们（最近）对尊重环境的兴趣，也符合我们对中医的兴趣，中医将人类视为一个复杂的整体。

其次，认为成为男人或女人在很大程度上是由社会化过程决定的，这一观点符合我们对性别研究的兴趣（也是相对较新的）。再次，中国传统思想家并不认为理论和实践是两个独立的环节，这对我们修改战略定义很重要，正如我们已经在上面看到的那样，会让我们质疑对"首先建立一个模型，然后根据这个模型来确定行动方向"的痴迷。

最后，在上帝和宗教正在失去作为道德行为的基准时，中国哲学并没有把道德建立在一个超验的上帝的启示及建立在它之上的宗教之上，这对我们来说很有趣。此外，祖弗利让我们从引言起就注意到中国古代哲学的复兴，即儒家思想，通过儒家思想，中国似乎在寻找马克思主义的替代物或补充物，尽管官方政治话语中不断提到后者。你还可以研究自由民主和儒家思想之间是否根本不相容。[29]

此外，对祖弗利来说，实用性是评估中国古代哲学立场正当性的一个基本标准。中国哲学家不喜欢过于抽象，而是引证过去和现在的情境或现实世界中的例子。总是从"行"的角度来看待"知"，知道如何"行"得正。重要的不是"知道什么"，而是"知道如何去做"。我能够证实，这种态度今天仍然适用于中国的高级官员。当我担任中国高级官员培训项目主任时，我必须与来欧洲参加公共和私营机构研讨会的学员小组领导讨论培训内容。他们总是希望有展示如何做事、如何管理人力资源、如何将国有企业私有化、如何改善环境、如何保护自然和文化古迹等的演讲。当我建议我们的专家也可以介绍与这些政策相关的管理工具的理论基础时，他们总是非常礼貌地让我明白，这不是他们对培训的期望，因为他们已经掌握了理论知识。换句话说，他们在说，给我们实用的工具，我们可能会在我们的理论框架内使用这些工具。所以，对他们来说，问题是：我们已经知道该做什么（理论），同时我们有自己的方法去做（实践）；我们只是想看看你们是如何做到的（你们的实践），如果它对我们有用，我们将把它引入我们的"该做什么——怎么做"。[30]难怪中国参加培训的学员对一些西方学者和从业者开发的"行动学习"也很感兴趣，这似乎与中国强调理论与实践相结合一致。[31]

对几乎所有中国传统思想家来说，行动的目的是确保政治秩序稳定。就这个目的而言，言辞不如训练（即做）重要。我们再次发现模型和行动之间的对立。[32]在本章的框架内，不可能总结祖弗利提出的众多中国不同学派和西方哲学之间的比较。尽管如此，提到王充的例子还是很有趣的，因为中国人很难批评他们的前辈或统治者，结果在所有领域都难以创新（这种观点在当代中国的西方评论家中普遍传播），但不应该把这种态度当作必然的规律，也不应该认为中国人只能模仿而不能发明或改造。[33]在评估中国恢复世界大国地位的战略时，应该考虑到这一点。事实上，在祖弗利看来，王充可以被看作后毛泽东时代的先驱，因为他认为创新和创造力是知识分子的主要素质。难怪这些思想在帝国时代受到严厉指责，尤其是受到乾隆皇帝（1736—1795年）的指责，很可能是因为它们对帝国权力所依赖的意识形态构成了威胁。20世纪，王充的思想在中国被重新发现，今天它可能为中国发展战略的新趋势提供有趣支持。

正是在这种背景下,我将考察弗朗索瓦·于连对我的研究设计的贡献。总结于连的作品并不容易,他已经出版了数量惊人的书籍和文章。[35]此外,正如他在几个场合所说,他的学术研究是一个长期的活动,就像一个"正在建设的工地",给人的印象是,我们不能把他的任何一本书作为他研究的最终结果。尽管如此,于连在一本又一本书中表现出了显著的一致性,即使最近他觉得有必要在一本书中把他的发现进行总结,并因此"整理一下",这本书实际上是一本关于欧中思想的词典。于连说,在一个人的作品中,总有一天需要开始把不同的元素联系起来,换句话说,整理自己的"工地"。[36]我在这里不想假装忠实地解释于连的作品。规划这本书的结构,在参考他的作品时,我的主要兴趣反而更简单——寻找一些理解中国文化对战略概念和实践的贡献的建议。无论如何,我相信于连作品的解读必须由他的同事,即哲学家来完成。出于同样的原因,我将不评论瑞士汉学家让·弗朗索瓦·毕来德对于连作品的批评,以及在后者答复后引起的争议。[37]

于连对理解中国战略的第一个建议是区分"创造和过程",前者对应西方的思维方式,后者对应中国的思维方式。[38]尽管西方(从希腊哲学开始)一直将世界视为"一个创造",但中国文化不用宗教末世论或目的论解释世界,而是形成了一个系统概念,将世界视为一个连续的、有规律的过程。正是出于这个原因,中国文化特别倾向于思变,并且正是从变化的现实赋予人类生活意义。[39]此外,变化是"无声的",即与事件,如新闻报道(尤其是电视)报道的事件相反,不是即刻可以听到的。这种转变用完整的中文来形容是"潜移默化",字面翻译为"无形的转变、无声的转变"。于连认为,"无声"比"无形"更恰当,因为重要的是,谁也听不到不受我们控制的"无声"的转变。汪晖也赞成这种解释,甚至感谢于连提议更多地强调转型的无声性而不是无形性。此外,这种思维方式对个人自由设置了一些非常严格的限制。[40]在这一点上,于连对历史进程的解释与费尔南·布罗代尔相同,后者提出了"长时段"(longue durée)概念。对布罗代尔来说,更重要的现象也是独立于历史主体的意志发生的,历史主体的自由因此受到相当大的限制。[41]

在西方，创造相当于行动，当战略家面对一种特定形势——为了战胜敌人，行动非常重要——这似乎是一种恰当姿态。但是行动是局部的，受时间限制，涉及一个主体(战略家)。而转变是全球性的、渐进的、长时段的、无声的，因此很难辨识。用于连的话说：

> 相反，无声的转变不会使用强力或阻挠任何事情，它不争斗；但是，正如俗话所说，它会渗透、扩散、分叉，变得无处不在——"像污渍一样扩散"。它整合、瓦解……这也是它无声的原因，因为它不会引起任何阻力。[42]

此外，西方的思维方式定义了一些明确的对立状态，如"强—弱""大—小""丑—美"。这不可避免地导致定义模型。例如，《米洛斯的维纳斯》是古希腊女性美的典范她非常漂亮，没有丝毫丑陋痕迹。当模型被转化为策略时，有脱离现实及忽略无声变化的风险。例如，第二次世界大战前，法国军事领导人根据第一次世界大战的经验划定"马其诺防线"。马其诺防线没能起作用，因为法国军事领导人没有"听到"战争领域发生的无声变化，"马其诺防线"脱离了陆军作战的新现实。用于连的话说，在面对革命时：

> 不是反叛群众的力量或者是其领导人实现伟大理想的表现，而是无声的变化通过其逐渐侵蚀根基，推翻和将推翻所有旧秩序。[43]

同样，根据《易经》，[44]于连建议分析从增长到衰退及从衰退到增长的转变。

> 增长，……不会在衰败来临之际让位，而恰恰是在增长发展过程中，它已经在走向衰退。这就是为什么，当增长结束时，明显的衰退已经被普遍承认。当我在成长过程中成功地消耗力量

时，事实上我已经开始耗尽自己，因为我越展示我的能力，它们就变得越脆弱，我占据的土地越多，我就越需要努力去保护它；罗马帝国把边境推得太远而无法不崩溃。[45]

显然，分析美国和中国在国际体系中各自位置的变化时，无声的变化理论会有所帮助。

最后，根据于连的观点，无声的变化不仅是表面行动的对立面，也是事件的对立面，因为行动不可避免地变得喧闹，就像人们清楚地在电视新闻中看到的，事件的拼凑不利于对潜在力量——无声的变化进行深入分析。[46]在这里，可以看到于连的"无声的变化"和布罗代尔的历史分析之间有很大的相似性。事实上，布罗代尔认为，历史时间是多重时段的，由短时段、中时段和长时段组成。短时段对应于事件，而事件在相当长时间内构成了西方历史研究的支柱。布罗代尔是法国年鉴学派的领军人物，年鉴学派摒弃系统的、几乎完全用事件来解释历史演变的方法。对布罗代尔来说，有必要把自己从事件的喧嚣中解放出来，因为这些事件在新闻中被大肆报道，从而获得了它们不一定具有的重要性。相反，高明的研究者（对于这本书来说也是高明的战略家）应该更多地关注长时段。长时段可能看起来静止不动，但在此期间，无声的潜在现象运行并塑造社会的所有层面（社会、政治、经济），这清楚地指向于连所说的"无声的变化"。[47]其结果是：

> 单个行为体被嵌入历史中，这个历史可能非常古老，也就是说，你所说的语言的历史，你信奉的宗教的历史，简而言之，嵌入一种文明中。因此，你可能会有某种幻觉，认为自己肩负某种责任，因此有了自由幻觉，认为能够在几种可能性中做出选择。但事实上，人的自由要有限得多，人不能完全掌握自己的命运，因为事实上，他在缓慢的时间中被历史洪流所淹没。如果深刻的运动（于连的无声的变化）对你有利，你将得到满足，与你的智力、美德和思想无关。[48]

那么，高明的战略家应该采取什么态度呢？我们首先考虑于连在比较西方与中国传统方式后得出的结论：中国的方式看起来像"一个未建模的成为模型"。[49]换句话说，中国传统战略不是预先设定一个模型，随后用该模型指导行动（如西方），而是基于对局势的分析，旨在发现"潜在情况"，即可能影响战略家目标实现的有利和不利因素。

从这一分析出发，中国战略家采取了无为与行动相结合的方式。一方面，当形势分析表明他没有成功干预的手段时，他就不采取行动，因此他等待时机，直到"无声的变化"不可避免地改变了（"转变"）形势，最终形势以有利于实现目标的方式出现。另一方面，当形势表明他有可能成功地干预某些因素时，他就会采取行动，以便在很长一段时间内，形势总体上有利于实现他的目标。

于连对中国战略的理解与西方主流观点有冲突。西方主流观点认为中国战略家偏爱无为和温和，以及"一个永恒的中国"的理念，没有能力改变、创新和进步。恰恰相反，（于连认为）当形势有利时，中国战略家会迅速行动，当形势不利时，他会等待"无声的变化"。同时，他会伺机而动，将环境因素转化为对自己有利的因素。最后，最优秀的中国战略家不战而屈人之兵，在"无声的变化"和他的行动所带来变化之后，他的对手因"势"无可奈何地变得消极，不可避免地会失败。这并不是说中国仍然在所有领域使用传统的组织战略方式。

事实上，特别是在自然科学领域，今天的中国采用了从西方自然科学中学习到的方法，这种方法基于伽利略的直觉，即宇宙建立在数学公式为基础的模型上。今天，就方法论而言，中国自然科学家几乎没有什么可以向西方同事学习的，并且已经取得了显著的成果。然而，在公共决策领域，有足够的证据表明，尽管有许多中国研究生和学者（尤其是经济学家和政治科学家）在西方接受过培训，如今在中国的大学、智库甚至政府机关中工作，但中国仍在遵循的传统方式组织战略，如于连展现的那样，这是指导本书研究的主要假设。[50]不过于连认为，今天的中国已开始靠两条腿走路：中国和西方，这种做法有利于中国，尤其是在国际关系中。于连补充了这个最后的评论：

> 难办的是处理(中国和西方之间)在本质或思维方式上的差异("他是中国人","中国人的思维")。我所有的工作都致力于表明，这里的问题是我们经验中没有忽视(中国人的)一贯性，但我们很少发现这一点。[51]

最后一句话。人们可能会认为，上述分析，尤其是法国哲学家弗朗索瓦·于连的分析，过于抽象，因此与本书的主要目的相去甚远。本书旨在发现中国恢复世界大国地位的战略。两位特点迥异的作者——中国历史学家汪晖和法籍华裔经济学家钱法仁(André Chieng)证实了于连和布罗代尔的分析。汪晖证实了于连的"无声的变化"和布罗代尔的"长时段"。[52]钱法仁将于连的分析应用于中国和西方当代商业和公共政策制定的各种情况。[53]有趣的是，在钱法仁书的跋中，于连认为，在他看来，该书把他对中国传统战略分析进行了实证验证。他特别高兴的是，钱法仁使用了他的两个主要概念："潜势"和"无声的转变"。钱法仁支持了于连的想法，这些概念有助于理解当代中国。对他来说，

> 中国没有为未来制订任何计划，特别是没有帝国计划，但它日复一日地利用"潜势"，(在经济、政治和国际所有领域里)充分利用有利因素，以增强实力和国际地位。直到今天，我们才有些惊讶地开始评估中国已经取得的成就。[54]

钱法仁在书中发展并从经验上证实了于连分析的其他一些方面。更具体地说，他坚持准备比行动重要，坚持适应形势的能力，而不是把一个模型投射到现实中，目的(就像我们在西方所做的那样)是通过使现实与模型相一致来行动。在他看来，战略的本质是，一方面，逐渐把竞争对手钳制在战略家可以采取行动的位置；另一方面，不断改变自己的位置，使竞争对手无法理解自己的战略。

此外，和于连一样，钱法仁坚持把握时间的重要性，这不是西方意义上的机会或命运，而是"时机"。顺势而为才能最有效率；更准确地说，通过将形势有利时的"为"与没有可能将要素变得对己有利时的"不为"结合起来。为了行动有效，必须等待有利情况、有利时刻，此时此刻才可能也必须"有所为"。但这并不意味着战略家必须被动地等待机会的出现。相反，通过把握现实——"无声变化的前阶段"，中国战略家因势利导。这是最有效的策略。这显然与把握的概念有关，即为了促进有利和预期结果出现而改变环境。中国战略家不会坐等"机会"（在西方意义上）的出现；而是通过尽可能在"前阶段"发力来引发机会。[55]

当代中国的战略受到了一些西方人的强烈批评，如国防政策顾问、美国前政府官员白邦瑞（Michael Pillsbury）。[56]白邦瑞精通中文，既懂中国经典兵法，又了解于连的著作，他首先通过强调汉语本质上的模糊性批评汉语：

> [没有字母表……]用来描述尺寸的词（大小）把"大"字和"小"字结合在一起。……声调增加了这种复杂性。声调的作用是给一个字赋予四种可能的含义。……这种语言非常复杂，就像一套密码。……我们[美国人]必须做得更好，不仅要看（中国领导人）的讲话，还要看这些讲话的背景，需要寻找更大的隐含意义。半个多世纪以来，美国人一直没有做到这一点。……我们相信美国可以援助羸弱的中国，其领导人和我们想法一样，会帮助中国成为一个民主与和平的大国，没有主导地区甚至全球的野心。我们低估了中国鹰派的影响。……中国几乎使我们所有美好的期望落空。[57]

显然，对白邦瑞来说，美国帮助中国是希望她会变得像美国一样。然而，中国：

> 为了获取情报、军事、技术和经济援助，误导和操纵了美国

决策者。……目标是为历史上受到外国的屈辱报仇或雪耻。然后中国将建立一个对中国公平的世界秩序，一个没有美国全球霸权的世界，并修改"二战"结束时在布雷顿森林和旧金山建立的美国主导的世界经济和政治格局。中国鹰派认为，中国只有通过欺诈，或者至少拒绝任何可怕的计划，这个规划才能成功。[58]

因此，在白邦瑞看来，这一点很清楚，中国的欺诈和秘密政策对美国的全球霸权构成了威胁。然而，他承认（显然带着一些遗憾和担忧），中国领导人开始更公开地谈论他们的战略目标，"也许是因为他们意识到，美国要跟上步伐可能已经太晚了"；正如于连和钱法仁所解释的，[59]这是明确承认了中国战略的效力。

白邦瑞的分析可能正确。的确，与中国相比，美国的战略更公开。但他的分析忘记一点，美国之所以可能做到战略公开，是因为美国几乎在所有方面都拥有非凡的优势，尤其是军事和文化资源（约瑟夫·奈的软实力，将在第二章讨论），以及很长时间内经济资源也是如此。此外，美国的一些政策并不像人们想象的那样公开。官方公布的军事基地数量（总数惊人约为650个），很可能隐藏了另外250个公众不知道的军事基地。[60]此外，五角大楼的预算并非透明、清晰的榜样，美国已经在世界各地开展了多次军事或准军事秘密行动。最后，美国以建立民主、人权和自由市场经济，或者更确切地说是资本主义为借口，多次进行颠覆行动，旨在诱导"政权更迭"，建立更有利于美国利益的政府。

市场经济与资本主义[61]

考虑到自20世纪70年代末以来，中国已经引入了一些市场机制，并已逐步融入全球经济体系，即全球市场经济或资本主义，明确这些概念的含义和现实十分重要，否则很难理解中国恢复世界大国地位战略的一些重要方面。中国经济的本质是什么？为了实现恢复世界大国地位的目标，中国经济融入全球经济会带来什么后果？经济史表明，市场经济有不同的形式，很可能从古代就开始了，因此资本主义不能被视为市场经济的唯一形式。在过去几十年里，出版了许多关于资本主义、资本主义的起源和主要特征的书。[62]然而，对我而言，费尔南·布罗代尔的作品做出了最有趣和最令人兴奋的分析。[63]

布罗代尔对经济活动发展的分析基于几乎可以追溯到"历史开端"的历史分析。事实上，布罗代尔的方法驳斥了对市场经济和资本主义的出现及发展的许多解释，他抱怨太多分析缺乏历史视角。[64]布罗代尔选择导致资本主义在世界不同地区出现的长期趋势进行了历史分析。[65]他的这种做法非常接近于连"无声的变化"，他发现了三个世界，他没有把这三个世界看作三种理想类型（在韦伯意义上），而是看作历史上出现的真实现象：第一，物质生活世界（市场还不存在）；第二，市场世界；最后是资本主义世界。[66]而且，第一世界往往在市场经济和资本主义出现和发展之后仍然存在，市场经济往往在资本主义发展之后仍然存在。此外，这三个世界处于一个等级体系中，在这个过程的最后，更准确地说，在工业革命期间，资本主义成为上层和支配层。

此外，经济主体、行为和心态在这三个层面上不一样，更有趣的是，市场经济的法则，尤其是古典经济学所描述的自由竞争，在上层很罕见，而上层是算计和投机盛行的地方。这里有一个"阴影区"和"圈内人员"活动区，这就是布罗代尔认为"资本主义"这个词所掩盖的现象的根源，资本主义并不是真正的市场经济，而是其明显的对立面。[67]因此，对布罗代尔来说，资本主义的特点是缺乏透明度和竞争，这距离自由主义者和新自由主义者在大学、大众媒体和政治辩论中的主导话语很远！基于布罗代尔的分析，我将资本主义定义为一种经济体系，在这种体系中，私人资本为了盈利而投资，成为生产和消费过程中的上层和支配层。当资本家成功地把他们的价值观、利益和目标强加给社会的其他部分，包括政体时，我们可以认为相应的社会已经成为资本主义社会。

布罗代尔的分析对评估中国经济的真实性质有什么重要性？许多观察家认为，引入我所说的"市场机制"相当于引入市场经济。此外，对他们来说，市场经济等同于资本主义，他们得出结论认为，中国经济已经成为资本主义，即使他们不得不使用"国家资本主义"这一表述来限定这一说法。在我看来，这个结论有点太草率，而且确实相当肤浅。布罗代尔的《文明与资本主义》的另一段话非常有用：市场经济的部分特征可能是由于物质生活的重要性，或者是由于国家可以参与生产以供自己使用，或者甚至是货币的作用，它可以用成千上万种不同的方式人为地干预价格的形成；因此，市场经济受到物质生活自下而上的限制，受到资本主义和国家干预自上而下的限制。[68]事实上，按照布罗代尔的方法，谈论"中国市场经济"只是部分正确。

此外，西方学者和记者通过用"市场经济"来描述中国经济，有可能给人留下中国经济与西方经济相似的印象，或者至少中国正朝着这个方向发展。我认为，把这些创新称为引进"市场机制"比采用"市场经济"更准确。[69]我的意思是，1978年以来中国出现的经济组织形式绝不是资本主义市场经济，而是与西方的"资本主义市场经济"大相径庭的"社会主义市场经济"。

新中国经济和政治的许多特征都指向这个方向。第一，新中国成立初期资本家的自由受到党领导的国家的限制，没有得到党领导的国家的明确或含蓄的批准，在经济领域什么也做不了。还必须记住，与苏联集团发生的情况相反，引入市场机制的经济改革已经由共产党领导的国家决定、实施、发展和控制了30多年，取得了我们所看到的成功。有证据表明，大多数中国资本家没有理由反对中国共产党，因为党领导的国家政策似乎是他们经济和社会成功的条件。[70]第二，土地在中国仍然是集体财产，这是党掌握的指导和控制经济和社会发展的有力工具。第三，正如我在其他地方已经指出的那样，至少自2002年以来，党领导的国家已将其公共政策从"经济发展优先"的战略转向"以人为本"的战略，明显偏离了20世纪90年代在卫生和教育等战略领域实施的新自由主义政策，同时用现代社会保障体系取代了毛泽东时代国有企业的社会职能。[71]第四，银行系统(包括中央银行)仍然处于党领导的国家政治掌控之下，尽管采取了几项措施来提高经济效益，给西方观察家的印象是，银行系统正在逐步改革，以符合资本主义标准。[72]

党领导的国家占主导地位非常清楚地表明，中国经济绝不是资本主义经济。与西方的情况有几个明显的不同之处，在西方，资本主义经济的力量实际上决定了政治议程的基本项目和公共政策的基本内容，西方管理2008年危机的方式证明了这一点。

总之，就目前而言，中国和西方之间具有本质差异，这两种制度不能被视为"资本主义经济"类型中的简单变体。这也不意味着将来中国的制度可能不会向资本主义经济发展，但是目前许多指标指向相反的方向。[73]

这些基于布罗代尔对市场经济和资本主义分析得出的关于中国经济真正本质的观点，得到了两位中国知识分子——崔之元和汪晖的认同。[74]崔之元最近有力地肯定了公共财产和私有财产之间不一定存在矛盾。[75]此外，崔之元援引约翰·斯图亚特·穆勒、亨利·乔治和"小资产阶级社会主义"的严肃倡导者皮埃尔-约瑟夫·普鲁东等人的理论，佐证马克思主义革命后无产阶级无法保持无产阶级性质的观点。但是崔之元提出，其他社会群体可能构成旨在实现"社会主义市场经济"和"相对小康社会"的中国社会主义社会的基础，特别是那些被邓小平的发展战略搁在一边的群体——农民、下岗工人、农民工、学生、新兴中产阶级等。

事实上，崔之元认为"社会主义市场经济"明确提到"小资产阶级社会主义"。[76]更具体地说，他引用密尔在《政治经济学原理》(第三版)最后一章中用到的工人和资本家在美国成为生意伙伴的例子，提出自20世纪80年代以来已在中国农村存在的"股份合作制"作为伙伴关系的例子。[77]此外，崔之元认为，"小资产阶级社会主义"是分析中国出现制度创新的必要条件，它与作为党和国家主要目标的"小康社会"和"社会主义市场经济"的概念一致。最后，对崔之元来说，"小资产阶级社会主义"并不等同于社会民主，在社会民主中，政府(这里崔更具体地指西方国家)促进以二次分配为重点的公平(即在市场进行收入初次分配之后的再分配政策)，从而接受资本主义的主导作用。共产党在2002年代表大会上通过的平衡效率和公平的政策需要另一个理论框架，即允许社会化资产与市场经济相结合的框架。从这个意义上说，中国经济实际上是"社会主义市场经济"。

在崔之元看来，中国经济改革取得的成功不能用市场化或私有化来解释。他坚持认为，必须认真对待中国的"社会主义市场经济"——这不是一种政治妥协。"社会主义市场经济"的实质是市场经济条件下社会化资产的运作，而这恰恰是中国相对成功的系统性机制。[78]此外，崔之元坚持制度创新，为此，中国应该利用西方和中国的试验，从而也证实了于连关于两种文化可以相互交流思想和试验以实现互利的观点。

汪晖提出的观点与于连和布罗代尔都有一些共同点。汪晖对新自由主义和"发展主义"的上升趋势持尖锐的批评态度。他审视了中国共产党领导的国家为应对新的国际环境带来的挑战而实施的战略，认为尽管中国共产党自20世纪50年代以来犯了错误，但重要的是，它通过不断调整国家政策，成功地奠定了中国政治主权和独立的基础，"这些调整本质上是为了应对现实要求和问题的自我调整，而不是受外部力量驱使或指导。"他得出的结论是"没有现成的改革或政策模式，'摸着石头过河'的概念是正确的"。[79]

对汪晖来说，缺乏现成的模型一直是整个中国革命的一个特点。因此，他与于连的观点相当一致，正如我们在上面看到的那样，于连认为中国的战略不是基于一种模式，而是基于对形势的仔细评估，因此也基于适应形势的能力。然而，汪晖提出了以下问题："没有任何基本的价值取向，谁知道'摸着石头过河'会把我们引向何方。"显然，汪晖指的是一些基本价值观(很可能是平等)，这些价值观应该指导中国的战略，但肯定不是为了寻找一个模式。

在分析国际背景时，汪晖认为有两个相互依存的趋势，即市场化和全球化。[80]在市场化和全球化盛行之前的历史背景下，国家的作用是"代表大众和绝大多数人的普遍利益，这导致国家或政府与特殊利益之间的分裂"。[81]这就是汪晖认为的中立的国家的作用和本质。然而，市场化和全球化缩短了国家和特殊利益集团之间的距离，限制了社会主义政策。[82]对汪晖来说，新的国际形势有几个特点很重要：资本的跨国流动和规则机制，如世贸组织规则，这些机制使中国在2001年年底加入世贸组织后融入了世界经济。在这方面，汪晖与布罗代尔的观点一致，布罗代尔表示，资本和信贷一直是占领和控制外国市场的最可靠方式。早在20世纪之前，资本输出就已经成为日常生活，而早在13世纪佛罗伦萨已经如此，[83]这就产生了汪晖认为的中国悖论：

> 一方面，中国有效治理的能力得到广泛认可；另一方面，官员和人民之间在某些领域出现了矛盾。……关键问题是，这种矛盾往往被放大成大规模的、广受争议的合法性危机。……这个问题与作为政治合法性来源的民主密切相关。[84]

因此，即使汪晖说得不清楚，上文简要介绍的他的分析也非常接近布罗代尔对资本主义自我更新能力的分析，这种能力对社会主义市场经济的建设构成威胁。但是，汪晖和崔之元一样，认为中国不应该模仿西方的民主模式来解决这些问题，因为"西方出现了普遍的民主危机，与市场化和全球化条件密切相关"。[85]在中国和西方，国家机器受到并一直受到特殊利益集团的"强烈渗透"。面对这种中立性的丧失，该如何做？这些问题的答案必须基于中国的自立日益增强，不是民族主义和种族中心主义倾向，而是沿着不同的路线重建价值观和政治——准确地说，这是一种新的国际主义。考虑到民主和市场的普遍危机，这一探索的全球意义应该是显而易见的。[86]

注释：

[1] 我不打算在此讨论"中国哲学或中国思想"的适应性。我把这个问题留给汉学家和哲学家。我对发现中国人的"思维方式"感兴趣，这有助于理解中国恢复世界大国地位的战略。

[2] 白邦瑞的书是一个很好的例子，他引用了弗朗索瓦·于连的主要著作，第246页，注20。他不仅汉语流利，而且从理查德·尼克松和亨利·基辛格的时代起，就担任美国政府的高级国家安全官员，并借鉴了他几十年来与中国军事和情报机构的接

触：*The Hundred-Year Marathon. China's Secret Strategy to Replace America as the Global Superpower*, New York, Henry Holt & Co., 2015. 更多关于白邦瑞的信息，请参见下面的注释 56。

[3] Guy Sorman, *The Empire of Lies. The Truth about China in the Twenty-First Century*, New York, Encounter Books, 2008; R. Bernstein and R. Munro, *The Coming Conflict with China*, New York, Vintage, 1998; Bill Gertz, *The China Threat. How the People's Republic Targets America*, Washington, DC, Regnery Publishing, 2000; Susan L. Shirk, *China*, *Fragile Superpower*, Oxford, Oxford University Press, 2007; Gordon Chang, *The Coming Collapse of China*, New York, Random House, 2001。

[4] Guy Sorman, *Economics Does Not Lie. A Defense of the Free Market in a Time of Crisis*, New York, Encounter Books, 2009。

[5] 正如我将在下面解释的那样，尽管西方的主流观点是市场经济和资本主义实际上是一回事，但根据费尔南·布罗代尔的著作，市场经济和资本主义经济之间有显著的区别。

[6] Milton Friedman, *Capitalism and Freedom*, Chicago, IL, University of Chicago Press, 1962 (1982 with a new Preface by the author); Michele Salvati, *Capitalismo, mercato e democrazia*, Bologna, Il Mulino, 2009. See also Fareed Zakaria, "The rise of illiberal democracy", *Foreign Affairs*, Vol. 76, no. 6, November-December 1997, pp. 22-23。

[7] Ian Easton, *Strategic Standoff. The U.S.-China Rivalry and Taiwan*, Arlington, VA, Project 2049 Institute, March 2016, p. 1。

[8] 以下评论基于弗朗索瓦·于连, Conférence sur l'efficacité, Paris, Presses Universitaires de France, 2005, pp. 9-11。

[9] 对于那些在恶劣条件下被驱赶到美洲，像商品一样当作奴隶出售的非洲人来说，情况也是如此。如果印第安人和非洲人的后裔想要生活得更好，并最终达到社会等级的顶端，他们应该完全融入西方文化，就像美国前国务卿康多莉扎·赖斯、科林·鲍威尔将军和美国总统巴拉克·奥巴马那样。

[10] 最典型的例子是意大利(米兰)本地人郎世宁(Giuseppe Castiglione)，他是耶稣会修士、画家和建筑师。卡斯蒂利亚翁于 1715 年 12 月从澳门抵达北京。正是在雍正(1723—1735 年)和乾隆(1736—1795 年)统治期间，卡斯蒂利亚翁以中文名字郎世宁在北京声名鹊起。由于在皇宫的工作，卡斯蒂利亚翁被乾隆皇帝任命为三品官，并被授予皇家园林总管的荣誉称号。卡斯蒂利亚翁于 1766 年 7 月 16 日去世，葬在北京最古老的欧洲传教士墓地，位于今天北京阜成门外，自 1610 年以来耶稣

会士就葬在这里。乾隆皇帝为葬礼拨了一大笔钱（300 两银子），并将卡斯蒂利亚翁追谥为侍郎（副部长）。所以，他由西方人变成了中国人，而不是相反。乾隆皇帝委托卡斯蒂利亚翁在他的避暑山庄（圆明园，富丽堂皇的花园）设计几座西式宫殿。花园和宫殿在第二次鸦片战争中被英法联军摧毁。参见 Giuseppe Castiglione, 1688—1766. Peintre et architecte à la cour de Chine, Paris, Thalia, 2007, 第 9-10 页；另请参阅以下书籍的题目，强调卡斯蒂利亚被认为是中国画家的事实，Michel Cartier（ed.）, Giuseppe Castiglione dit Lang Shining, 1688—1766. Jésuite italien et peintre chinois, Paris, Favre, 2004。

[11] 法语原文如下："Nous continuons de croire que l'Occident qui a dominé le monde demeure la pensée de référence porteuse d'une exigence d'universalité et même l'a érigée en loi de la raison. Aussi même quand on croit avoir ébranlé cet ethnocentrisme culturel, lui demeure-t-on encore soumis, sans même s'en rendre compte" F. Jullien, "Postface", in André Chieng, La pratique de la Chine, en compagnie de François Jullien, Paris, Grasset, 2006, p. 302. 也参见 François Jullien, De l'être au vivre. Lexique euro-chinois de la pensée, Paris, Gallimard, 2015, pp. 8-10。

[12] Jullien, "Postface", 同前引, 第 302-303 页。

[13] 举一个例子。1662 年，康熙皇帝发布圣谕，允许基督教传教士在中国传教。不幸的是，1715 年 5 月 19 日，克雷芒十一世发布了一个谴责中国仪式的敕令，使它们与天主教信仰不相容。据说，康熙皇帝在阅读教皇敕令的中文译本时，增加了一条注释说：览此条约，只可说的西洋等小人如何言得中国之大理。况西洋等人无一通汉书者，说言议论，令人可笑者多。今见来臣条约，竟与和尚道士异端小教相同。彼此乱言者，莫过如此，以后不必西洋人在中国行教，禁止可也，免得多事。Jacques Gernet, Chine et christianisme: La première confrontation, 2nd edn, Paris, Gallimard, 1991, 第 252-253 页（本人从法语意译），Pirazzoli-T'sSerstevens, 引自 Giuseppe Castiglione, 同前, 第 9-10 页。

[14] 确切的法语为, "（Pour nous Européens, il s'agirait de）'remettre à distance la pensée dont nous venons, de rompre avec ses filiations et de l'interroger du dehors. Autrement dit de l'interroger dans ses évidences, dans ce qui fait son impensé（et de）remonter dans l'impensé de notre pensée'". Jullien, Conférence sur l'efficacité, 同前, 第 14 页。

[15] 确切的法语句子为, "je ne vais pas en Chine par fascination de la distance ou le plaisir de l'exotisme, mais je recours à elle comme à un opérateur（ou révélateur）théorique en vue d'inquiéter la pensée; en vue de rouvrir d'autres possibles dans notre esprit et, par

suite, de relancer la philosophie. Jullien, Conférence sur l'efficacité》，同前，第 15 页。

[16] 同上，第 18-19 页。

[17] 一些读者可能会惊讶地发现没有提到一些著名经济学家的名字。绝大多数经济学家的问题是，他们嵌入自己的模型中，大部分时间与历史没有联系。除了少数例外，它们对我们的研究不是很有用。

[18] "Fernand Braudel et les différents temps de l'histoire", interview published by Jalons, ORTF (Collection: Signes des temps), 30 October 1972：http://fresques.ina.fr/jalons/fiche-media/InaEdu04649/fernand-braudel-et-les-differents-temps-de-l-histoire.html（2004 年 3 月 21 日访问）。据我所知，布罗代尔是于连引用的唯一经济史学家。

[19] Nicolas Zufferey, *Introduction à la pensée chinoise. Pour mieux comprendre la Chine du XXIe siècle*, Paris, Hachette, 2008。

[20] 从拉丁语的"同情"而来，即共同受苦，对别人的痛苦感同身受：www.treccani.it/vocabolario/compassione_%28Sinonimi-e-Contrari%29（2016 年 5 月 4 日访问）。

[21] Max Weber, *Economy and Society*, 2 vols（ed. by Guenther Roth and Claus Wittich），Berkeley, CA, University of California Press, 1978：关于埃及，参见第 964、971-973、1401-1402 页，关于中国，第 431、477、964 和 1401 页；Etienne Balazs, La bureaucratie céleste. Recherches sur l'économie et la société de la Chine traditionnelle, Paris, Gallimard, 1968。

[22] *The Chinese Expedition: Victor Hugo on the Sack of the Summer Palace*, available at: www.napoleon.org/en/reading_room/articles/files/477511.asp。带中文译本的法语版原文在以下网址获得：www.chine-informations.com/mandarin/vocabulaire/index.php?id=1618。雨果用下面一段有趣的评论结束了他的信：在历史上，有两个强盗，一个称为法国，另一个称为英格兰。但是我抗议，我感谢你给我这个机会！领导者的罪行不是被领导者的错；政府有时是强盗，人民从来不是。法兰西帝国将这场胜利的一半纳入囊中，今天，它带着一种礼仪上的天真，展示了夏宫(译者注：圆明园)里华丽的小摆设。我希望有一天，得到解脱和净化的法国将把这些战利品归还给被掠夺的中国。与此同时，还有了一起盗窃案和两个窃贼。

[23] "Looting China: propaganda then and now", *The Economist*, 2 March 2009：www.economist.com/blogs/charlemagne/2009/03/chinese_loot_propaganda_then_a（2016 年 5 月 4 日访问）。这篇文章还说，"作为一名 1998 年至 2002 年间派驻北京的新闻记者，查理曼记得曾看到中国青年被带到颐和园的废墟周围，这是他们爱国主义教育的一个重要部分"。我可以证实这一点，这是经常参观颐和园的人所熟知的。

[24] 在《经济学人》的这篇文章中,作者还写道,"但令人不舒服的事实还有,无论是英国人、法国人还是中国人都不应该感到圆明园的废墟那么好。对圆明园的袭击早于确知外国人质被杀害,这是第二次鸦片战争末期一场混乱的权力游戏的一部分,一段不光彩的插曲,主要是关于在中国处于弱势之际,外界要求进入这个封闭的王国。第一次袭击圆明园几天后,外国人质的死亡被宣布,此时下令烧毁圆明园作为报复"。同上。

[25] 尽管大多数西方评论家认识到中国人有一些很好的理由记住"耻辱",但他们中的许多人对中国人仍然记得历史上那段悲伤的时期感到惊讶。例如,根据章家敦(Gordon Chang)的说法:"在中国,任何事情一旦与历史的恶魔联系在一起,都会变得情绪化。……是的,英国人烧毁了圆明园,中国人有权生气。然而英国人也烧毁了美国首都,但是你最后一次听到有人抱怨1812年战争是什么时候?" Chang, *The Coming Collapse of China*, 同前, 第190-191页。但是章家敦忘记了, 毕竟, 美国人赢了那场战争, 并且战争只持续了几年(就像"二战"期间纳粹对法国的占领), 而西方列强(包括美国)对中国的"羞辱"持续了100多年, 从1838年到1949年, 甚至更久。把这与美国人回忆起"9·11"恐怖犯罪袭击时的感情相比, 这场袭击引发了长期的反恐战争。参阅,例如: Zhang Wang, *Never Forget National Humiliation. Historical Memory in Chinese Politics and Foreign Relations*, New York, Columbia University Press, 2014。

[26] 有关该盛会可从以下网址获得 http://english.cntv.cn/program/cultureexpress/20101020/101379.shtml and http://english.cntv.cn/english/special/yuanmingyuan150/home/index.shtml; 七集英语和法语纪录片可在以下网址获得 http://cctv.cntv.cn/2015/03/24/VIDE1427160602937520.Shtml。

[27] 我已在另一本书中论及了这个观点, Paolo Urio, *China, the West and the Myth of New Public Management. Neoliberalism and Its Discontents*, London and New York, Routledge, 2012, pp. 92-96。

[28] Zufferey, *Introduction à la pensée chinoise*, 同前. 我从法语译过来的。也参见 Anne Cheng, *Histoire de la pensée chinoise*, Paris, Seuil, 1997。

[29] 同上,第15-18页。我不参与讨论孔子的具体教导到底是什么;我也不会讨论儒学的发展。关于儒家思想的起源及其在历史上经历的转变的解释,见弗朗索瓦·毕来德, *Contre François Jullien*, Paris, Allia, 2006, 特别是 Zufferey, *Introduction à la pensée chinoise*, 同前。我只是考虑一下汉学家普遍确认的一点,即构成皇权基础的儒家思想实际上是对孔子的一种解释,并不完全忠实于孔子的教导。这一点参

见 Zufferey，*Introduction à la pensée chinoise*，同前，第 60-61 页。

［30］参见我在 Urio，*China*，*the West*，同前，第 20-21 页提到的逸事。

［31］参见例如：Ian McGill and Liz Beaty，*Action Learning. A Guide for Professional*，*Management and Educational Development*，London，Kogan Page，1995. 事实上，McGill 是我们在"行为习得"研讨会上的一位专家。

［32］Zufferey，*Introduction à la pensée chinoise*，同前，第 22，49-51 页。

［33］同上，第 178-187 页。

［34］在弗朗索瓦·于连出版的无数本书中，我引用了那些对我理解中国思想更有用的书：*Procès ou création. Une introduction à la pensée chinoise*，Paris，Seuil，1989；*In Praise of Blandness. Proceedings from Chinese Thought and Aesthetics*，New York，Zone Books，2008；*The Propensity of Things. Towards a History of Efficacy in China*，New York，Zone Books，1999；*A Treatise on Efficacy. Between Western and Chinese Thinking*，Honolulu，University of Hawai'i Press，2004；*Conférence sur l'efficacité*，同前，*The Silent Transformations*，London，Seagull，2011；and "*Postface*"，同前，第 301-313 页。

［35］Jullien，*De l'être au vivre*，同前，第 7 页。更有诗意的法语原句是："Il vient un temps dans son travail-un moment de la vie peut-être-où il convient de commencer de nouer entre eux les divers fils；ou，disons，de faire le tour de son chantier"。

［36］Billeter，*Contre François Jullien*，同前，the response by François Jullien，*Chemin faisant*，*connaître la Chine*，*relancer la philosophie*，Paris，Seuil，2007，以及一本支持于连的合著：Jean Allouch et al.，*Oser construire. Pour François Jullien*，Paris，Seuil，2007。

［37］关于中国古典谋略的文献数量很多，这些谋略往往被简化为一些用于战争、经济谈判和竞争中的"诡计"。我一直试图通过依靠那些了解中国传统方法去处理非常复杂的战略思想的作者来避免这个问题，比如弗朗索瓦·于连（第一章）和胡鞍钢（第三章）。当然，也可以参考众多中国古代兵家的翻译。让我从一位众所周知的人开始：孙子。Sun Tzu，*The Art of War*（translated by Ralph D. Sawyer），Boulder，CO，Westview Press，1994；Sun Zi，The Art of War，谢国梁少将评论，Beijing，Panda Books，1995；General Tao Hanzhang，*The Modern Chinese Interpretation. Sun Tzu's Art of War*，New York，Sterling，2000；Fumio Ota，"Sun Tzu in contemporary Chinese strategy"，J*oint Force Quarterly*，2nd Quarter 2014，pp. 76-80。http：//ndupress. ndu. edu/Media/News/News-Article-View/Article/577507/jfq-73-sun-tzu-in-contemporary-chinese-strategy（2015 年 6 月 25 日访问）（太田文雄博士是日本

防卫厅防卫情报部主任)。也可参考一本讲孙子和另一名著名的兵法家孙膑的书：*L'art de la guerre de Sunzi, L'art de la guerre de Sun Bin*, Beijing, Editions Chine Populaire, 1994。

[38] Jullien, *Procès ou création*, 同前, 第11-17页, 于连此处参考了王福至(音译)的作品。

[39] Jullien, *Les transformations silencieuses*, 同前, 第 11-17、26、31、34、82-87、102-107、124 ss。

[40] Fernand Braudel, "La longue durée", *Annales. Histoire, Sciences Sociales*, Vol. 13, no. 4, October-December 1958, pp. 725-753; "Fernand Braudel et les différents temps de l'histoire", 同前; 也参见 Dale Tomic, "The Longue Durée and world-systems analysis", *Colloquium to Commemorate the 50th Anniversary of Fernand Braudel*, "Histoire et sciences sociales: La longue durée", Annales E. S. C., Vol. 13, no. 4, 1958, Fernand Braudel Center, Binghamton University, Binghamton, NY, 24-25 October 2008; David Armitage and Jo Guldi, "The return of the longue durée: an Anglo-American perspective", published in French in Annales. Histoire, Sciences Sociales, Vol. 69, 2014。

[41] Jullien, *The Silent Transformations*, 同前, 第 43, 66-67 页。

[42] 同上, 第 68 页。

[43]《易经》最初是西周时期(公元前1046—公元前771年)的占卜手册, 在战国时期和帝国早期(公元前500—公元前200年), 它被转化为一个文本, 其中有一系列被称为"十翼"的哲学解释。根据维基百科 https://en.wikipedia.org/wiki/I_Ching, 在公元前2世纪成为五经的一部分后,《易经》成为学术评论的主题, 也是远东数百年来占卜实践的基础, 并最终在西方对东方思想的理解中发挥了重要作用。Wikipedia: https://en.wikipedia.org/wiki/I_Ching (accessed 30 August 2017)。

[44] Jullien, *The Silent Transformations*, 同前, 第 82-83 页。也参见于连对袭击双子塔的解释, 同上, 第120页, 以及资产阶级的兴衰, 同上, 第69页。

[45] 同上第9章, 第 116-135 页, 名为"事件的神话"。

[46] "Fernand Braudel et les différents temps de l'histoire", 同前, 第 4 页。

[47] 同上, 第 4-5 页, 我对法语的意译。

[48] Jullien, *The Silent Transformations*, 同前, 第70页, 这也是本人在《中国与西方的新公共管理》一书中得出的结论。然而有一个问题仍然悬而未决：有"中国模式"吗？……根据本书的发现以及我对中国改革的评估, 我能给出的初步答案暂时是否定的。没有中国模式, 或者更准确地说, 也许矛盾的是, 中国模式是没有模式,

而是这个伟大国家的思维方式和管理现代化进程的不断转变。Urio, China, *the West*, 同前, 第 209-210 页。

[49] Li Cheng, "China's new think tanks: where officials, entrepreneurs, and scholars interact", *China Leadership Monitor*, no. 29, 2009: www.hoover.org/publications/china-leadership-monitor（2009 年 10 月 20 日访问）。李成注意到，在国外培养的学生很难在党和国家的最高层组织担任高级官员。

[50] Jullien, "Postface", 同前, 第 312 页（我对法语的意译）。

[51] 引用于连和布罗代尔的汪晖是清华大学中国语言文学系的教授。他的研究重点是中国当代文学和思想史。从 1996 年 5 月至 2007 年 7 月，他（和黄平一起）是有影响力的杂志《读书》的执行编辑。2008 年 5 月，美国杂志《外交政策》将他列为世界 100 名最出色的公共知识分子之一。汪晖获得了许多奖学金，并在几所大学担任访问教授，其中包括哈佛大学、博洛尼亚大学、斯坦福大学、加州大学洛杉矶分校和伯克利分校：https://en.wikipedia.org/wiki/Wang_Hui_%28intellectual%29（2016 年 6 月 1 日访问）。

[52] André Chieng, *La pratique de la Chine, en compagnie de François Jullien*, Paris, Grasset, 2006, 这本书翻译成了中文。钱法仁出生在马赛，父母是中国人。他的家庭给了他中式教育，他在法国学校体系中读到顶尖的法国著名的综合理工学院、国立统计与经济管理学院和政治科学研究所。他专攻经济学，并在中国教授该学科（1978—1980 年）。回到法国后，他成为最早与中国进行贸易的法国公司之一——布拉贝拉贸易公司的总经理，并于 1988 年成为该公司的总裁。2001 年，他搬到北京。他是法中委员会和法中对外贸易委员会副主席，荣誉骑士，也是北京文化发展研究每年组织的中国十大经济人才的第六位获奖者。

[53] Jullien, "Postface", 同前, 第 310 页, 我从法语意译而来。

[54] Chieng, *La pratique de la Chine*, 同前, 第 181-182、196、210、214、218-223、225 页。

[55] Pillsbury, *The Hundred-Year Marathon*, 同前, 白邦瑞是哈德逊研究所中国战略中心主任, 兰德公司前分析师, 也是外交关系委员会和国际战略研究所成员。里根执政期间，精通中文的白邦瑞是负责政策规划的国防部长助理，负责实施被称为里根主义的秘密援助计划。1975—1976 年，作为兰德公司的分析师在《外交政策和国际安全》上发表文章，建议美国与中国建立情报和军事联系。该提议得到罗纳德·里根、亨利·基辛格和詹姆斯·施莱辛格的公开赞扬，后来成为卡特和里根政府时期的美国政策。白邦瑞在 1978 年至 1984 年和 1986 年至 1991 年期间曾在四

届美国参议院委员会任职。任职期间，白邦瑞起草了参议院劳动委员会版的立法，该立法 1984 年创立了美国和平研究所。他还协助起草了创建美国国家民主基金会的立法和国防部关于中国军事力量报告的年度报告。1992 年，在乔治·布什总统的领导下，白邦瑞担任国防部长办公室亚洲事务特别助理，向评估办公室主任安德鲁·马歇尔汇报工作。白邦瑞是外交关系委员和国际战略研究所的成员。2015 年，一位前中情局局长透露，"白邦瑞所做的工作为他赢得中情局局长杰出表现奖，名为《百年马拉松》的书是根据他的工作所作。"官方网站：www.100yearmarathon.com，已经解密了阐释这本书的文件和照片。白邦瑞在三次总统行动中发挥了作用——美中军事和情报联系、向阿富汗运送毒刺导弹的决定、中国研究和五角大楼年度报告[(https://en.wikipedia.org/wiki/Michael_Pillsbury (2016 年 6 月 4 日访问)]。

[56] Pillsbury, *The Hundred-Year Marathon*, 同前, 第 5-7, 58 页。

[57] 同上, 第 12, 59 页。

[58] 同上, 第 16 页。

[59] Louis Jacobson, "Ron Paul says U. S. has military personnel in 130 nations and 900 overseas bases", Politifact, 14 September 2011：www.politifact.com/truth-o-meter/statements/2011/sep/14/ron-paul/ron-paul-says-us-has-military-personnel-130-nation（2016 年 4 月 19 日访问）。罗恩·保罗（Ron Paul）当时是来自得克萨斯州的共和党参议员议员。

[60] 这一节中使用了我在其他地方更深入的研究：Urio, *China, the West*, 同前, 第 28-32 页。

[61] 参见, 例如, Ellen Meiskins Wood, *The Origins of Capitalism*, revised and expanded edition, London, Verso, 2002; Peter A. Hall and David Soskice（eds）, *Varieties of Capitalism. The Institutional Foundations of Comparative Advantage*, Oxford, Oxford University Press, 2001; Gosta Esping-Andersen, *The Three Worlds of Welfare Capitalism*, Princeton, NJ, Princeton University Press, 1990; Daniel Bell, *The Cultural Contradictions of Capitalism*, 20 周年纪念版, 有作者的新后记, New York, Basic Books（Perseus Books）, 1996; Joseph E. Stiglitz, *Globalization and Its Discontents*, New York, W. W. Norton, 2002. 关于市场经济的兴起和"国家财富"的国际比较, 在大量文献请参阅：Immanuel Wallerstein, *The Modern World System*, 2 vols, New York, Academic Press, 1974-1980; David S. Landes, *The Wealth and Poverty of Nations. Why Some Are So Rich and Some So Poor*, New York, Norton, 1999（有两章关于中国和日本）; Ha-Joon Chang, *Bad Samaritan. The Myth of Free Trade and the Secret*

History of Capitalism, New York, Bloomsbury, 2008。

[62] Fernand Braudel, Ecrits sur l'histoire, Paris, Flammarion, 1969 (英文版: On History, Chicago, IL, University of Chicago Press, 1992); Civilization and Capitalism: 15th-18th Century, Vol. 1: The Structure of Everyday Life; Vol. 2: The Wheels of Commerce; Vol. 3: The Perspective of the World, Berkeley, CA, University of California Press, 1992. 关于《文明与资本主义》的主要观点概括, 参见1976年在约翰霍普金斯大学的三次会议的英文版文本(在《文明与资本主义》三卷本出版之前出版): Afterthoughts on Material Civilization and Capitalism (The Johns Hopkins Symposia in Comparative History), Baltimore, MD, Johns Hopkins University Press, 1979. 伊曼纽尔·沃勒斯坦进一步发展了布罗代尔的观点(尽管有一些显著的不同), 他在2005年之前一直担任纽约宾汉顿大学费尔南·布罗代尔的经济、历史体系和文明研究中心的主任。

[63] 伊曼纽尔·沃勒斯坦(事实上是布罗代尔思想的继承者)在一篇短文中很好地抓住了布罗代尔对资本主义分析的重要性和独创性, 这篇短文的标题翻译了布罗代尔分析的革命性: "Braudel on capitalism, or everything upside down", Journal of Modern History, no. 6, June 1991, pp. 354-361. 关于布罗代尔对欧洲中心主义偏见的批评, 见Jack Goody, "The theft of 'capitalism': Braudel and global comparison", in The Theft of History, Cambridge, Cambridge University Press, 2006, 第180-211页。古迪(Goody)承认, 布罗代尔在欧洲优势问题上(比韦伯和马克思)更隐晦, 然而, 他认为"他的材料不可避免地大部分是欧洲的, 分享了关于欧洲优势的一些偏见"(同上, 第184页)。同意, 然而, 这并没有降低布罗代尔对资本主义本质分析的价值, 我在这一章和这本书中使用了这一分析。

[64] Braudel, Afterthoughts, 同前, 第5页。

[65] 据我所知, 布罗代尔是于连提到过的唯一经济史学家。

[66] 法语原文如下: Je suis sûr que cette division est tangible, que les agents et les hommes, que les actes, que les mentalités ne sont pas les mêmes à ces étages différents. Que les règles de l'économie de marché qui se retrouvent à certains niveaux, telles que les écrits l'économie classique, jouent beaucoup plus rarement sous leur aspect de libre concurrence dans la zone supérieure, qui est celle des calculs et de la spéculation. Là commence une zone d'ombre, de contre-jour, d'activités d'initiés que je crois à la racine de ce que l'on peut comprendre sous le mot de capitalisme, celui-ci étant une accumulation de puissance (qui fonde l'échange sur un rapport de force autant et plus que la réciprocité des besoins), un parasitisme social, inévitable ou non, comme tant

d'autres.［……］Pour cette zone qui n'est pas la vraie économie de marché, mais si souvent sa franche contradiction, il me fallait un mot particulier. Et celui qui se présentait irrésistiblement, c'était celui de capitalisme。

Civilisation matérielle, économie et capitalisme, Vol. 2, 第 8-9 页；也参见第 542-546 页。

［67］法语原句为：Le caractère partiel de l'économie de marché peut tenir, en effet, soit à l'importance du secteur d'autosuffisance, soit à l'autorité de l'état qui soustrait une partie de la production à la circulation marchande, soit tout autant, ou plus encore, au simple poids de l'argent qui peut, de mille façons, intervenir artificiellement dans la formation des prix. *Civilisation and Capitalism*, 同前, 第 262 页。

［68］我很高兴看到，在阅读约瑟夫·斯蒂格利茨关于这场危机的书时，他提到东亚国家，包括中国，引入改革时也使用了"市场机制"：Joseph E. Stiglitz, *Freefall: America, Free Markets, and the Sinking of the World Economy*, New York, Norton, 2010, p. 245. 尽管如此，中国长期以来一直试图获得西方国家对其"市场经济"的承认。原因很可能是，如果它成功了，就更不容易被指责为扭曲全球市场运行，如为出口公司提供国家补贴等。参见，例如：Wendy Wu, "China knocks on the door of Europe's free market club", *South China Morning Post*, 13 January 2016: www.scmp.com/print/news/china/diplomacy-defence（2016 年 5 月 10 日访问）。

［69］以下文章基于中国企业家样本访谈的研究结果：Jie Chen and Bruce J. Dickson, "Allies of the State: democratic support and regime support among China's private entrepreneurs", *China Quarterly*, Vol. 196, December 2008, pp. 780-804。

［70］Urio, *Reconciling*, 同前, 第 119-152 页。我们要注意到安全网仍然处于发展阶段，但到今天覆盖面已经几乎普遍了，尽管很有限。参见 Urio, *China, the West*, 同前, 第 6 章。

［71］在评论中国对 2008—2011 年危机的反应时，巴里·诺顿在为斯坦福大学有影响力的胡佛研究所的《中国领导人观察》撰稿时认为：有强大的政治力量受益于政府赞助和政府权力的扩大，这些利益集团丝毫没有退缩的迹象。……一些棘手的问题、削减政府控制的权力和资源(……)长期得不到解决，让大多数经济学家越来越沮丧。……从一个看起来自身如此成功的政治体系中进行变革非常困难。Barry Naughton, "The turning point: first steps toward a post-crisis economy", *China Leadership Monitor*, no. 31, Winter 2009-2010, p. 7. 在随后一期的《中国领导人观察》(第 32 期)中，诺顿在评论温家宝总理向中国人大提交的报告时，确认了他的说法："这可能是自 1992 年 9 月'社会主义市场经济'一词被纳入中国官方言论以

来，再次强调用中央集权和行政手段管理经济的最明确的举动"；Barry Naughton，"Reading the NPC：post-crisis economic dilemmas of the Chinese leadership"，*China Leadership Monitor*，no. 32，Spring 2010，p. 5. 诺顿的论文可查阅：www. hoover. org/publications/China leadership-monitor。亨利·森德在英国《金融时报》发表的一篇文章中认为，中国商业银行"尽管公开交易，但仍是国家的工具"，Henry Sender，"China's listed banks still at behest of state"，*Financial Times*，7 December 2010。

[72] 在这种背景下，值得引用费尔南·布罗代尔的话，对他来说，"资本主义的力量在于能够从一种伎俩转变为另一种伎俩，从一种做事方式转变为另一种方式，根据经济形势的变化十次改变其计划——因此，保持相对忠诚，与自身保持一致"。Braudel，*Afterthoughts*，同前，第114页。

[73] 此处是概括，对这两位作者更详细的分析见 Urio，China, the West，同前，第38-42页。

[74] Cui Zhiyuan，"How to comprehend today's China"，*Contemporary Chinese Thought*，Vol. 37，no. 4，Summer 2006，第30页（译自发表在《读书》上的中文稿，*Dushu-Reading*，no. 3，March 2004，第3-9页）。也参见他的"Privatization and consolidation of democratic regimes：an analysis and an alternative"，*Journal of International Affairs*，Vol. 50，no. 2，Winter 1997，pp. 675-692，他在文中评估了俄罗斯和东欧的私有化战略，并为中国提出了替代战略。在芝加哥大学获得博士学位后，崔之元在美国哈佛法学院做了几年访问学者；他现在在清华大学公共政策与管理学院教授公共政策。他还担任了一年（2010—2011年）重庆市——中国发展最迅速的城市之一的政府顾问。

[75] 关于崔之元的"小资产阶级社会主义"的更多细节，见其文"Liberal socialism and the future of China：a petty bourgeois manifesto"，in Tian Yu Cao（ed.），*The Chinese Model of Modern Development*，London，Routledge，2005，pp. 157-174. 在最近的一篇文章中，李民骐以一种更激进的方式，开始考虑当前资本主义的发展使无产阶级（再次）成为推翻资产阶级的力量："随着亚洲的大规模无产阶级化，世界历史条件终于接近了，按照马克思的观点，将导致无产阶级的胜利和资产阶级的垮台"，Li Minqi，"The rise of the working class and the future of the Chinese revolution"，*Monthly Review*，Vol. 63，no. 2，June 2011：http://monthlyreview.org（2011年7月15日访问）。也参见他的最近一本关于中国未来的书，*China and the 21st Century Crisis*，London，Pluto Press，2016。

[76] John Stuart Mill，*Principles of Political Economy*（with Chapters on Socialism），New

[77] Cui, "How to comprehend today's China", 同前, 第 4 页.

[78] Wang Hui, *The End of the Revolution. China and the Limits of Modernity*, London, Verso, 2009, 第 17 页. 也参见他的其他作品: *China's New Order. Society, Politics, and Economy Transition*, Cambridge, MA, Harvard University Press, 2003; *The Politics of Imagining Asia*, Cambridge, MA, Harvard University Press, 2011; *China from Empire to Nation-State*, Cambridge, MA, Harvard University Press, 2014; and *China's Twentieth Century. Revolution, Retreat and the Road to Equality*, London, Verso, 2016.

[79] 汪晖用这个方法对西藏问题进行了卓越的分析, 对西藏情况感兴趣的人应该读: Wang Hui, "The 'Tibetan question' East and West: orientalism, regional economic autonomy, and the policy of dignity", in The *Politics of Imagining Asia*, 同前, 第 136-227 页.

[80] Wang Hui, *The End of the Revolution*, 同前, 第 xxv 页.

[81] 同上, 关于利益集团在中国的角色, 参见 Scott Kennedy, *The Business of Lobbying in China*, Cambridge, MA, Harvard University Press, 2005.

[82] Braudel, *Afterthoughts*, 同前, 第 113 页.

[83] Wang Hui, The End of the Revolution, 同前引, 第 29 页.

[84] 同上, 第 30 页.

[85] 同上, 第 32 页.

第二章

新时代国际关系中的权力

在道义上,一个国家是否有权为了惩罚有罪的人以维护正义而对另一个国家进行军事干预,是我们这个时代最难解答的问题之一,因为我们知道,这样做会杀死一些甚至许多无辜的人。如今许多人接受了出于"人道主义原因"在其他国家进行军事干预的做法,因此这个问题变得更加紧迫,而这并非一个新问题。在西方奔走征服世界之初,天主教神父巴托洛姆·德·拉斯·卡萨斯(Bartolomé de Las Casas)目睹了西班牙"征服者"对印第安人的屠杀后,做出了如下明确的回答:"为惩罚有罪的人而伤害和杀害无辜者,是应当受到永世谴责的罪孽,因为这样做违背了正义。"[1]本章无意从道德和哲学的视角来阐释这一问题(无论如何,这超出了作者的能力),而是向读者提出一些理论和方法工具,帮助他们认识一个国家通过什么手段、在什么情况下受到驱动,对另一个国家进行军事干预。

我在这里提出的权力理论基于一个信念,即没有明确的权力理论,就无法理解对任何领域(包括外交关系)所作的公共政策的透彻分析。我深信,如果没有一个分析权力的总体框架,就无法理解中国从(19世纪和20世纪间西方列强帝国主义政策强加的)半殖民地状态到21世纪初成功恢复世界大国地位的转变。这里,我们遇到了第一个也是最严重的理论难题,因为西方文献中存在许多不同的,并在某些方面相互冲突的权力理论。讨论这些不同的权力理论超出了本书的范围。相反,我将提出自己的权力理论,以便读者能够理解我的理论框架对分析中国恢复世界大国地位的战略是适宜的。我的目的不是单方面强加一种观点,而是让读者根据自己的理解接受或拒绝这种观点。[2]

界定权力概念主要有两种方式：一是试图对权力出现的各种历史环境以及由此产生的不同形式或类型的权力进行分类，另一种是试图首先界定这种存在于任何历史情形下权力现象的核心特征。第一种解决方案常常导致分类模糊，或者荒谬，如潜在权力和实际权力之间的区别，或者把不同维度或不同层面的权力相提并论。[3]我宁愿认为，一个令人满意的概念并非通过将权力的不同方面相加而得到，而是通过考虑权力的结构性生产和再生产这些不同环节的辩证统一得出。[4]

软权力与巧权力：韦伯式的评论

当查阅国际关系文献中权力的使用时，我们会遇到美国著名政治学家、哈佛大学的约瑟夫·奈提出的一种特殊的权力路径。[5]这种路径试图定义国家可能很想使用的三种权力：经济、军事和软权力，用来将自己的意志和国家利益强加于其他国家甚至整个国际体系。[6]前两种权力无须解释。对后者来说，提到以下这点就足够了：

> 软权力取决于塑造他人偏好的能力。……确定偏好的能力往往与无形资产有关，例如有吸引力的人格、文化、政治价值观和制度，以及被视为合法或具有道德权威的政策。……软权力也是吸引力，而吸引往往会导致默从。[7]

而且，

> 在国际政治中，产生软权力的资源很大程度上来自一个组织或国家在文化中表达的价值观、内部做法和政策树立的榜样以及处理与他人关系的方式。[8]

尽管这种路径很有趣，提出这个想法的人不仅是一名学者，而且还是美国政府最高级别国际外交和军事关系的高级公务员和顾问，我仍将采用另一条路径，如下文所述。[9]

首先，正如我们在上文所见，"软权力取决于塑造他人偏好的能力"；换句话说，这是一个控制人的思想的问题，让他们的思想和行为如我们所愿。这显然至少和奈所谓的"硬权力"一样难，甚至更难。我举一个中国历史的例子。19世纪，西方列强通过使用一些"硬权力"（经济实力，尤其是军事实力）得以打败中国。但与发生在美洲的情况相反，落败并没有摧毁中国文化，中国人的思维、语言和行为方式。

正是由于它的文化，中国才能够开启恢复世界大国地位的长征，同时保持自己的语言、思维和行为方式。美洲的原始居民从未能够取得类似的结果。美洲历史清楚地表明，当文化被摧毁时，人们唯一的生存方式就是适应占主导地位的文化。在这种情况下，引用中国人民大学政治学教授杨光斌的一句话很有意思，据新华社报道：

> 杨指出，美国前总统德怀特·戴维·艾森豪威尔曾经警告要反对"军工复合体"，现在"军工复合体"正在绑架美国的内政和外交。杨说，"军工复合体"自然需要战争和军事扩张，导致伊拉克战争、"阿拉伯之春"以及与俄罗斯和中国日益紧张的关系。杨还批评美国贩卖意识形态，已经给一些非西方国家的精英洗了脑。[10]

此外，奈的方法前后矛盾，因严重的理论、实证问题受到削弱。例如，奈认识到观念和现实的统一性，他承认：

> 硬权力和软权力相关，都是通过影响他人行为来实现自己目的的能力。它们之间的差别只是程度上的，既表现在行为的本质上，也表现在资源的有形性上。

但他也表示,"软权力不依赖于硬权力",根据具体情况,一些资源可以用作软权力或硬权力的资产。此外,奈在(以上引用的)多部著作中使用软权力和他最新的权力概念,把"软权力和硬权力"(即经济和军事权力)结合起来置于"巧权力"的总概念下,这样做的结果有问题——过分坚持使用"好的"(软/或巧)权力,从而掩盖了权力的真实性质:即不可避免地建立了支配关系,正如我们将在下文用马克斯·韦伯的权力观分析的那样。在权力关系中,硬权力充其量是一种明示或暗示的威胁,或者在最坏的情况下,也就是在软权力无法"达到目的"时实施的工具。[11]奈认为"软权力不依赖于硬权力"。然而,他在2004年发表的一篇文章中写道,"一个遭受经济和军事衰退的国家很可能会失去塑造国际议程的能力和吸引力",这是软权力的特征。这里不清楚奈指的是哪个国家。不是指美国,因为2004年人们还没有完全认识到美国在阿富汗和伊拉克的失败。但很明显,通过这个表述,奈非常强烈地暗示,没有军事力量,软权力就不会成功地"塑造他人的偏好"。而且奈肯定过于乐观,他认为:

> 根据2003年伊拉克战争后进行的民意调查显示,大多数对美国持反对意见的人表示,他们针对的是美国政府及其政策,而不是对美国做出总体反应。大多数国家的人民仍然欣赏美国的技术、音乐、电影和电视。[12]

通过提及"伊拉克战争后",奈暗示战争已经结束,可以再度用软权力来"塑造他人的偏好"。然而,撰写本书的时候,"伊拉克战争后"已经13年了,不仅战争仍在继续,阿富汗战争和其他代理人的战争仍在叙利亚、也门和乌克兰继续。此外,美国正在增加其在东欧、远东和非洲的军事力量,前任和新当选的美国总统都认为需要进一步提高和发展核能力。[13]

毫不奇怪,软权力的概念由唯一超级大国的学者提出,这个国家依靠发展(而且经常是实际使用)一系列令人印象深刻的军事手段确立了自己的唯一超级大国地位,这在人类历史上前所未有。毫无疑问,如果没有如此高水平的军事资源,美国将无法实现其国家利益。此外,它不仅不断改进军事技术,增加在欧洲和远东的军事存在,而且还鼓励远东盟友增加军事开支和集结。这清楚表明,光有软权力是不够的。

在2011年出版的书中,奈试图通过引入"巧权力"这一术语,厘清软权力的概念。他将"巧权力"定义为"强迫和收买的硬权力与说服和吸引的软权力的结合",即"硬权力和软权力结合成为成功的战略"。[14]因此,"巧权力"与"巧战略"同义。但是由于没人会梦想建立一套"笨战略","巧权力"实际上是战略的同义词。现在,战略是一个学者们用了2500多年的强概念,他们用这个概念来解释为了实现目标,人、组织和国家如何构建自己的想法和实施行动。

那么,用一个新术语取代一个强概念的目的何在?这个新术语的唯一优点是(如软权力)时髦,能够让政治家用来掩盖权力的"不愉快"层面?通过确定能够实现个人目标的各种资源,并发现在何种战略下开发、组织和实施这些资源来明确权力的概念,难道不是更好吗?很明显,奈在书中分析了将(自己的)意志强加于他人的各种资源,以及它们如何在"巧权力"战略中结合起来,并承认"软权力并不是解决所有问题的办法",而且"力量总是取决于背景"。[15]因此,他承认,在某些情况下,为了实现目的,有必要采取强制手段。不幸的是,通过将权力解构为三种不同类型,他忘了权力是一种整体现象,在这种现象中,在或明或暗的威胁或实际实施的形式下,武力是一种永恒的资源。因此,这种权力概念("软"和"巧")的结果(也可能是目的)是隐藏不愉快的权力表现。

最有趣的批评之一,指向奈使用软权力的另一个问题,出现在2013年有影响力的《外交事务》杂志发表的一篇文章中,题为《虚伪的终结》。[16]公平地说,我们必须记住,奈已经看到了这样一种危险,即"看起来虚伪、傲慢、无视他人意见的国内外政策或拘泥于狭隘的民族利益的政策会削弱软权力。"[17]这里他指的是伊拉克战争,但在下面这句话中,我在上面已经重复了,他提到美国"软权力"时带着自满:"大多数国家仍然钦佩美国。"不幸的是,对奈的"软权力"来说,机密材料的泄露向世界揭示了美国"软权力"在外交政策的某些方面的使用没那么有吸引力。在此机密披露之前,根据法雷尔(Farrell)和芬内摩尔(Finnemore)的说法:

大多数专家已经猜测美国对中国进行了网络攻击，窃听欧洲机构，并监控全球互联网交流。这些揭露削弱了华盛顿行事虚伪并逃脱惩罚的能力……当然，美国远远不是国际政治中唯一虚伪的国家，但是美国的虚伪比其他国家的虚伪更重要。因为当今世界大部分地区都在美国创建的秩序之内，这个秩序由美国支持并且由自由思想合法化。美国对法治、民主和自由贸易的承诺根植于该国在"二战"后帮助建立的多边机构……这个体系需要虚伪的润滑油来使齿轮转动……美国不能仅靠武力强加霸权。但正如最近的泄密材料显示，华盛顿也无法一贯遵守它鼓吹的价值观。

美国在许多场合一直使用思想和行为的"双重标准"，明确与之相关的例子有：俄罗斯吞并克里米亚与美国主导的肢解南斯拉夫的干预行动，最近对阿勒颇战役和摩苏尔战役的政策和评论截然不同，以及美国政府和主流媒体在俄罗斯涉嫌干预2016年总统竞选后的愤怒，而至少自第二次世界大战结束以来，美国毫无羞耻地干预了全球数十个选举进程。[18]

应当承认，这种赞成使用"软权力和巧权力"来描述一国外交政策某些方面的偏见并不仅限于美国政治家和记者，至少在冷战结束后，它更有可能与那些当权者面对的普遍诱惑一样。最好能够从自己的"臣民"那里获得接受命令的社会心理预设，这样就没有必要使用武力……条件是武力威胁作为一种有效的"警告"，可能最终武力用作获得服从的最后手段，这将在关于马克斯·韦伯的下文中看到。如果我们审视一下美国和中国在远东已经持续了至少20年的竞争，很明显，这种态度并不仅限于美国政客。基于19世纪羸弱的中国军队被欧洲列强打败并在其后国家遭受奴役的惨痛经历，并且考虑到美国在远东(离中国边境不远)部署的重要军事资产，中国已经在着手改善和发展军事资产。这不仅引起了一些邻国的担忧，也引起了美国的担忧。长期以来，美国一直认为自己在远东有一些重要的国家利益。如上所述，尽管实际上美国已在远东地区部署重兵，但是美国政治家用软权力和巧权力的术语将美国在远东地区的外交政策笼罩在令人愉悦的和平光芒下。在这种情况下，看到中国政治家使用同样的术语描述中国在远东地区的政策,没人会感到吃惊。美国学者和记者都很了解,中国也非常善于把自己的对外政策宣传为"巧权力"战略,或者是和平崛起。[19] 颇具影响力的《华尔街日报》上有这样一段有趣的评论:

> 奥巴马政府曾宣传,使用"巧权力"将提高美国在全球的影响力。值得注意的一幕是中国在经济外交上正在击败美国。北京从不掩饰对支票簿政治的信念,近年来,它为了追求地区抱负花费巨资,为发展经过中亚的贸易,投入400亿美元设立丝路基金,为领导与巴西、俄罗斯、印度和南非成立的金砖开发银行注资410亿美元,向东南亚发放数十亿的软贷款,这是一条横跨印度洋港口的"海上丝绸之路"。中国最近的风险投资是为亚洲基础设施投资银行注资500亿美元,这笔钱将用于为亚投行估计未来十年内本地区所需的8万亿美元项目中的一些融资。奥巴马政府自然反对亚洲基础设施投资银行,但它的反对请求被忽略了。[20]

这一分析恰当地证实了文化、经济和军事资源不可分割。

在第一章中,我用两种方法探索解释中国恢复世界大国地位的战略,第一种用"无声的变化"的概念,第二种是市场经济和资本主义的区别。我现在转到韦伯的权力理论提供的第三步。马克斯·韦伯已经发展出一套清晰明确的权力理论。[21] 韦伯的这套理论是为了解释民族国家内的权力,因此我需要将其用于国际关系领域。在定义了全面的权力观,认为系统地使用武力是权力概念中获取服从的主要手段后,韦伯认为,任何权力的表现形式都试图使自己合法。这是因为当合法性获得保障时,多数情况下,无须使用武力,在人民的支持下,资源可以转用于实现政策目标。只有在遇到极端反对时,才使用武力获取服从,但在这种情况下,大多数人认为使用暴力具有合法性。因此,下面的问题是,权力如何能变得合法?第一,韦伯定义了发生在统治者和被统治者之间,可能用于权力合法化的三个社会心理过程,即从"权力"转变为"统治",尊重传统、追随领袖的非凡性格(魅力)和尊重法律(法律—理性)。所以,韦伯并没有界定三种权力,像人们常常理解的那样，而是定义了三种使权力合法化的方式，这完全不是一回事。这是获得被统治者支持的第一种方式。第二，韦伯认为，如果统治者没有足够的经济和行政手段来实现他们打算执行的政策，那么合法性就无法维持下去。此外，韦伯认为武力并没有消失，而是停留在权力系统中作为最后的手段。对于韦伯来说，权力和体现权力的政治制度，基本上是一种支配现象。[22]

因此，在韦伯看来，权力有两个基础，一是合法性的社会心理过程，另一个是拥有物质（经济和管理）手段，两者对于权力的合法化都是必要的。因此，经济形式（如市场经济、资本主义和计划经济）和权力之间有联系。[23]甚至，对韦伯来说，权力结构由两个相互混合的子结构构成：一个与经济及经济中表现出的利益格局相关，另一个结构基于合法化的社会心理过程。正如我以后会讲到，这个结构中有个体之间和群体之间的关系，由于使用经济资源和管理资源，及通过社会心理过程，单个行为体或行为体联盟可以在这里对他人行使权力，接受方内化了服从义务。我们也许可以得出结论，这种情况适合于任何政治体系，包括国际政治体系。

一位中国同事提醒我注意到，韦伯定义的合法权力的三个来源也许可以看作软权力的三种形式，这当然是不可以接受的反对意见。韦伯定义的三种类型实际上是三种不同的社会心理手段，也许可用于无须寻求武力而获得服从，但并不是软权力的形式或类型。而且，这些社会心理过程不能涵盖权力的全部现实，不能用于建构三种不同的权力。事实上，这给人一种印象，似乎有一种武力不存在的权力形式，因此模糊了权力的本质。实际上，正如韦伯所说，武力仍然存在，作为一种有效的威慑，它强烈暗示服从更好（受到更少伤害），否则将最终使用武力。国际关系史中这样的例子不胜枚举。这里提醒细心的读者，注意一下在纽约双子塔被袭后，导致第二次伊拉克战争的系列事件就足够了。正如美国前国务卿奥尔布赖特骄傲地宣布：

（对伊拉克）使用武力的威胁以及我们在那里的集结将在外交背后施力。但是，如果我们不得不使用武力，那是因为我们是美国，一个不可或缺的国家。我们站得高，比其他国家看得更远，我们看到了这里我们所有人将面临的危险。[24]

从一开始，武力就作为一种威胁存在，当外交劝说（双边、多边）无法取得想要的结果，即对伊拉克的军事资源进行有效的深度调查，那么就得使用武力。[25]

此外，如上所述，韦伯清醒地认识到，合法性（传统的、克里斯马式的或者法律——理性的）不足以执行符合一个国家内的人民及组织（如政党和利益集团）及国际体系内的国家期望的公共政策。韦伯在谈论国家时，提到行政和经济手段，并没有提到军事手段。但是，这些显然包括在行政和经济手段的总类别中，特别是在处理国际关系时。[26]最后，如前所述，一位经常担任美国政府高级顾问和公务员的美国学者提出了"软权力"的范畴，这相当令人惊讶（或者真的令人惊讶吗？）。[27]

话虽如此，我们的任务是确定一个国家在国际舞台上可以将意志强加于他国的所有潜在手段，然后找出国家间在国际竞争中实际运用什么手段来实现国家目标和利益。从这个角度看，有必要找出各种手段的使用顺序，以及这一顺序是否随国际局势的变化而变化，即在何种战略框架内实施权力手段。

让我们以"二战"时美国在远东的对外政策为例，在不涉及太多细节的情况下，面对轴心国强加的战争状态，首先，美国对日本实施禁运，支持英国，并提高了军事能力。[28]鉴于轴心国在欧洲、非洲和亚洲的军事侵略行动持续不断，美国因此向轴心国发出了明确信息。其次，在遭受日本入侵珍珠港后，美国对日宣战，并使用传统却又先进的武器，出兵参与了第二次世界大战。最后当美国领导人认为，使用传统武器的军事行动不够有效（太费时，没有给日本造成足够的损失，造成美军伤亡过多），先是决定对日本城市（特别是东京）使用凝固汽油弹轰炸，最终在广岛和长崎投下原子弹，[29]然后日本投降。这一事件被普遍认为是美国的一大成功，结束了远东第二次世界大战。但并非所有人都这样认为。例如，在国际关系中特别有影响力的美国著名杂志巨头、拥有数家媒体的亨利·卢斯认为，使用原子弹是一个严重的战略错误。如果入侵亚洲大陆，打败那里的日本军队，帮助蒋介石打败毛泽东领导的共产党，在战略上效率更高。这一战略的结果和好处将是"通过使中国站在西方一边赢得中国"。相反，毛泽东取得了内战胜利，继而帮助朝鲜成功抵抗了美国领导的、支持韩国的国际联合部队，朝鲜战争1953年结束。[30]根据这个解释，有人也许会说，第二次世界大战不是1945年结束的，而是1953年。

权力的不对称

除了马克斯·韦伯具有启发性的权力分析外，我还很欣赏法国人类学家乔治·巴兰德（Georges Balandierd）的一段简单陈述，在他看来，"权力，即使可能松散，也意味着社会关系中的不对称"。[31]当然，在我看来，这并非意味着一个行为体必然缺乏对抗另一个行为体的任何可能性，而是说行为体可能采取的行为在权力关系中不一样。这种理念带来的第一个问题是识别比其他行为体有更强行动能力的行为体，从而使他们能够更好地引导他人行为而不是受后者引导。第二个问题是决定这种能力的大小以及对其他行为体、全球体系权力结构的影响。最后，第三个问题是确定解释不同行为体行为能力差异的原因。[32]

韦伯或巴兰德等人的明晰见解指出了权力的基本特征——社会权力关系的不对称性。因此，与双赢国际安排的意识形态或战略伙伴关系的叙事相反，国际关系中的权力意味着一种社会秩序，这种秩序可以解释为一种等级制度，我们必须找到造成这种秩序的原因。为了实现不对称，有理由假设在全球体系的主要行为体之间，即国家，应该再加上超国家组织，如欧洲联盟（欧盟）和某些特征没有均等分布的国际组织，但经验表明，大多数时候后者由一个国家或国家联盟主导。[33]和许多其他作者一样，我建议把这些特征称作资源，既可以是物质资源，也可以是非物质资源。权力可以被视为构成国际体系的一种复杂现象，从而确定一个或多或少稳定的框架，在这个框架内，权力结构的逻辑或理性（即"游戏规则"）在一系列互动过程中引导行为者的行为,在这些过程中,行为体利用不同类型的资源(权力手段)。更准确地说,权力手段是在给定权力结构框架内发生的过程,在这种过程中,一方面,行为体利用他们的资源进行干预;另一方面,同样的过程在全球体系内产生和分配资源。将来,在交互过程中产生和分配的资源构成在这些相同过程的框架内使用的新手段。如此产生的资源分配可以导致权力结构和过程的改变或确认。因此,一个行为体的权力首先由定义他的理论自由的权力结构来决定,其次由互动过程的结果以及最终定义这些互动过程实际自由的实现所进行的资源分配来决定。因此,权力结构事实上决定了一个行为体在与其他行为体互动中所用的自由的限度和数量。如果资源分布不均衡,那么行为体会从不同程度的自由中受益,结果他们会在权力结构和互动过程中拥有不同的行动能力。他们获得维护或改变权力结构的能力也会大不相同。

出于这些考虑,我在图 2.1 中总结了权力的不同手段,可以看作理论上一个行为体可以支配的所有资源的汇总。从左到右看这个图,第一列表

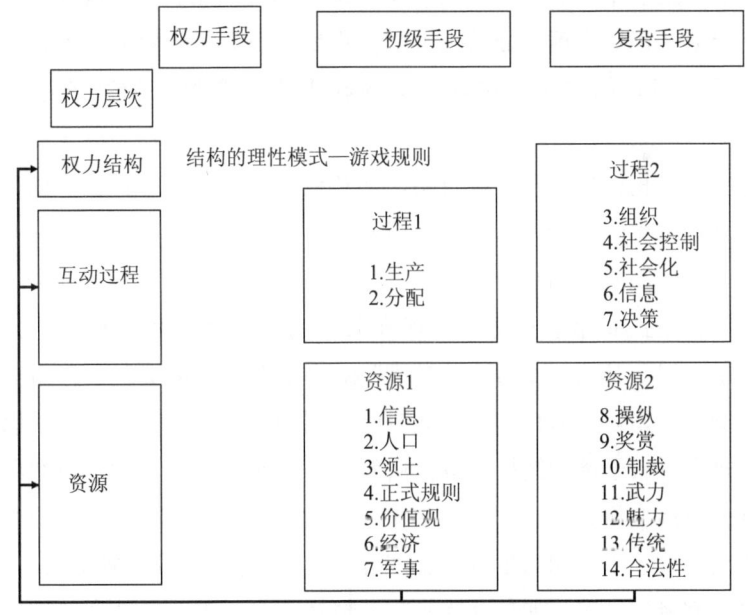

图 2.1 权力结构、互动过程与资源

示我前面提到的权力的三个层次：权力结构、互动过程和资源。在结构层面，我们发现权力体系的特点随着时间流逝获得一定的稳定性，并限制了行为体的自由。这个结构决定了游戏规则（即其理性），在这个规则内，互动过程在第二个层面发生。

权力的五个子结构

从分析的角度来看，权力结构可以细分为五个子结构，每个子结构都有自己的逻辑或理性模式。但是从综合的角度来看，应该分析子结构之间可能发生的相互作用，并找到一个全局逻辑来说明包括所有子结构的整体权力结构的理性模式，从而考虑上述权力的整体性。

我建议将与结构功能主义者的功能需求概念相对应的以下五个子结构分离出来，即没有这些功能，国际体系就无法存在。五个子结构是社会—生物结构、经济结构、法律结构、文化结构和传播结构。[34]这些子结构中的每一个对于确定全球领域的权力都很重要，因为尽管它们是上述互动过程的结果，但它们也引导国际行为体在下文将要评论的互动过程中的行为。

这些子结构的特征在一段时间内相对稳定，这就是为什么识别这些子结构对于理解国际行为体在每个子结构中享有的自由，以及了解它们有哪些有利于或限制权力的积极和消极特征很重要。然而，尽管这五个子结构相对稳定，但正如弗朗索瓦·于连和弗尔南·布罗代尔所提出的，它们"无声的变化"。因此，识别"长时段"内"无声"的变化很重要，因为高明的战略家据此发现权力结构向可能对己有利的方向变化，以及能够以适当的成功机会进行干预的结构要素，从而有助于使整体权力结构向有利于政策目标的方向变化。

毋庸置疑，于连和布罗代尔的见解一定不仅是高明的战略家的指南，而且是研究者的指南。如果这些研究者想效率高，需要注意到子结构并非完全静止，而是根据他们应该会发现的"无声"现象，随时间变化。同样，他们必须有能力辨别国际行为体为了改变权力结构的某些因素使之有利于自己而采取的行动,即使这些行动大多数情况下以喧闹的事件出现。最后,子结构发挥作用的结果取决于国际体系内的均势,即图2.1中所列资源在进程中的分配和组合,以及将在下文讨论的资源1和资源2。

就目前而言,考虑到全球治理[35]应确保人类的生存,我建议子结构应满足以下功能要求:

第一,社会—生物子结构应通过适当的政策确保人类的生存,确保社会以健康的物质环境支持生物繁衍,为每个人的物质生存提供足够的基本手段(即食物),从而确保人口与农业之间的和谐。例如,这一子结构指导行为体在关于以下政策谈判中的行为:关于消除贫困和向弱势群体提供食物、饮用水和基本保健的政策谈判,以及在不污染空气、土壤和水的情况下提高农业效率、限制二氧化碳排放等政策。这也与控制生育有关。

第二,经济子结构应该通过向所有成员公平地分配商品和服务来保证人类的生存。这个子结构在全球化时代尤为重要,因为西方国家通过建立世界贸易组织(WTO)等国际组织来塑造全球化进程,这些组织制定全球资本主义经济的规则,从而为所有国家,甚至像中国这样不符合西方资本主义经济和自由民主模式的国家的行为确定方向。可以预期,国际体系在努力协调不同经济体制国家的行为,以此避免紧张局势和冲突时会遇到一些困难。这对像中国这样的国家尤其重要,中国经济的发展令人瞩目(它的权力资源之一),增加了与世界其他国家的经济交流,并足够巧妙地加入了世贸组织。其他经济实力较弱的国家,如古巴和伊朗,因为封锁政策,基本上被排除在全球化之外。难怪将这些国家与经济全球化的发展隔离开的政策由最强大的资本主义国家——美国主导。

此外,我们应该考虑到,经济结构也与军备发展相关联,在一些国家,军备是国民经济最重要的部门之一。因此,军事经济部门不仅作为外交政策资源对国家很重要,而且对国内私人经济利益也很重要,这些利益可能会试图游说国家增加军备支出,并着手执行可能需要额外军备的外交政策。美国就是如此,20世纪形成了一个庞大的"军事工业综合体"。[36]此外,美国通过发展网络能力,将"军事工业综合体"扩展到今天谈论"军事工业网络综合体"更合适的程度。[37]但至少近10年来，中国也一直在发展军事经济和网络能力。我将在关于美国和中国外交政策的实证章节中阐述这一重要观点。

最后一段提出分析军事资源时需要考虑的另外两个因素。一是军事力量可以看作不同类型军备的组合，步兵、海军、空军、常规武器、核武器等，和其他资源一起分析。考虑到地缘战略环境，在分析美国和中国的远东战略时，这一点尤为重要，因为控制海路对于决定双方竞争的结果至关重要，或是一种新的均势，如冷战时期；或者相反，是一国对他国的支配。正如彼得·纳瓦罗非常清楚地指出的：

> 谁通过狭窄而危险的马六甲海峡控制了南海通往印度洋的门户，谁就控制了南亚——或许东亚也是如此，因为点亮日本和韩国灯的大部分石油必须首先通过南海。[38]

很显然，纳瓦罗担心美国盟友日本和韩国的石油供应。但很明显，中国也需要从中东进口石油(以及其他商品)。因此，控制海上航线对中国和美国都至关重要。鉴于美国海军规模庞大，可以预测，中国除了其他武器(导弹、潜艇等)外，也将发展自己的海军，这些加在一起可以与美国军队相匹敌。二是一个国家可能决定在国外建立军事基地，在能够建造不同种类的军事装备并利用它们发动军事行动的地点，或者只是建造将来可能发展和用于军事目的的基础设施。我们将在第四章看到，美国在世界各地形成了一个令人印象深刻的军事基地网络，而中国刚刚在吉布提建立了第一个军事基地。

此外，我们可以进一步发展"军事—工业—网络复合体"的概念，增加另一个重要方面，即文化资源，特别是媒体，使其成为"军事—工业—网络—媒体复合体"。这意味着没有媒体的支持，外交政策无论得到其他资源多么有力的支持，都几乎没有成功的机会，特别是但不仅仅是在开放社会中，如西方自由民主国家。当一个国家考虑对竞争对手采取一些如经济封锁甚至战争的强硬措施时，这一点尤为重要。在这种情况下，政府必须能够说服民众，采取的措施在道德上可以接受，并且符合国家价值观和利益。我们马上可以看到，为了获得公民的支持，政府可能会试图操纵事实，就像发动第二次伊拉克战争那样，用伪造和谎言来获得美国民众和美国盟友的支持。

我们在这里着手探讨"综合国力"的概念，我们将在第三章第五节深入讨论，甚至是"无限制战争"的概念。美国对这个观点的讨论是由两位中国上校写的一本书翻译出版引发的。[39]虽然这本书出版于2007年，但据我所知，直到最近，它才受到美国作家、记者和政治家的高度重视。[40]凯文·弗里曼(Kevin Freeman)引用了白邦瑞和其他几位美国作家的话，他非常理解"无限制战争"的含义。他恰当地认同了中国上校的基本理念——各种资源都可以用来赢得战争，不仅是军事资源，还有股市崩盘武器、知识产权盗窃、货币战等，在"大战略"的框架内都可同时使用。[41]这与前述奈提出的不同权力类型的观点相矛盾。事实上，关于"无限制战争"概念的讨论表明，使用"文化资源"比"软权力"更合适。为了简单起见，我建议使用"文化权力""军事权力""经济权力"等表达方式，这意味着实际上是由于文化资源、军事资源或经济资源而实现的权力。此外，"无限制战争"方式很好地表明，在国际权力结构中，文化、经济和军事权力资源并不相互孤立，而是根据不同的组合相互作用，这取决于存在于任何特定时刻的国际体系的结构和关系特征。必须使用前面讨论过的，图2.1所总结的分类来发现这种混合。

第三，法律子结构应界定指导个体、群体和国家行为的正式规则。在这里，我们可以列出联合国及其下属组织，如国际劳工组织、粮食及农业组织、儿童基金会等，在布雷顿森林设立的国际全球组织(即世界银行、国际货币基金组织)以及世贸组织；超国家组织，如欧盟；地区性组织，如北大西洋公约组织(北约)、上海合作组织、亚太经济合作组织(亚太经合组织)和东南亚国家联盟(东盟)等区域组织。我们还应该包括国际法的机构工具，如国际法院、国际刑事法院、国际海洋法法庭等。还有一些全国利益集团协会(雇主和雇员都有)，他们通过游说参与国际谈判的本国政府来捍卫或推进自己的利益，或者甚至应本国政府(或从本国政府获得)的要求，参与与他们利益攸关的国际谈判，还有必要加上雇主、投资者以及工会的国际组织的活动。这些组织特别积极地参与了下文将要提到的大型贸易和投资条约的谈判。事实上，还有一个复杂的国际条约网络(双边或多边)将各国联系在一起，这是它们在特定经济领域合作意愿的宝贵标志，但同时也对它们的自由构成了一些限制。这里有必要特别关注最近成立或正在谈判或批准的区域组织或协定，即自由贸易和投资组织，如北大西洋自由贸易区(NAFTA)，特别是两个大型贸易和投资条约，即跨太平洋伙伴关系(TPP)和跨大西洋贸易和投资伙伴关系(TTIP)。巴拉克·奥巴马总统在2016年1月13日向美国国会发表国情咨文时明确承认了这些伙伴关系的重要性：

> 有了TPP，中国不能在该地区制定规则，我们能制定。你想在这个新世纪展示我们的力量吗？批准这个协议，给我们实施它的工具。这是正确的做法。(掌声)[42]

第四，文化子结构应为其成员提供智力手段，理解他们所生活的世界和全球社会，以及国际行为体应遵守的基本价值观、信仰和行为规范。这些是奈在"软权力"一词下提到的要素，如民主、人权等。正如奈在他的众多著作中所解释的那样，价值观和声誉对于吸引和说服国际体系中的行为体了解一个国家的道德标准是必要的，那有助于批准符合该国利益的(国家或国际)政策。例如，第二次世界大战结束后，尽管对日本平民使用了凝固汽油弹和核弹，但美国不仅军事和经济实力非常强大，而且声誉也非常好。1944年，非凡的军事、经济和文化资源水平使美国得以建立起布雷顿森林协定，建立了世界银行和国际货币基金组织，并在其中占据主导地位，更重要的是，确立了美元作为唯一国际货币的地位，至少在由西方主导的世界如此。从那时起，美国的许多倡议[如用于欧洲重建的马歇尔计划、西方军事组织(北约)等]都受到了热烈欢迎，几十年来，这一声誉几乎为西方所有人所接受(除了共产主义者和左翼社会主义者)。此外，从20世纪初开始，美国通过非政府组织和智库的活动，以及通过吸引外国学生进入美国大学(特别是在经济商务管理方面),寄希望于等他们回国后传播美国的价值观。[43]此外,这些活动的总体效果(以及很可能的目的)是使美国价值观被国际社会接受,成为具有普世的价值观。美国经常用这些价值观来为其外交政策辩护,特别是禁运、政权更迭、训练盟国军队、向与"独裁者"作战的"叛乱分子"提供武器、特种部队有限的军事干预,甚至公开的战争行动。[44]

然而,越南战争以来,美国的声誉遭受了几次挫折,如在阿富汗资助恐怖组织反对俄罗斯;与君主专制政权结盟,在他国政府不支持实现美国利益时使用颠覆性策略和行动,如在拉丁美洲(最典型的例子是1973年的智利),以及最近在格鲁吉亚、中东、北非和乌克兰。此外,美国民主模式的一些特征也受到严厉批评,如金钱在政治舞台上(特别是在选举和立法过程中)过度重要,利益集团(尤其是银行、保险、农业企业、杀虫剂和转基因生物、石油等领域的跨国公司)的力量日益增强。非洲裔美国人少数民族的公民权利和政治权利问题尚未解决,大量非洲裔美国人被排除在"美国梦"的繁荣之外;日益扩大的经济和社会差距;越来越多的人生活在贫困线以下;犯罪和入狱人数的增加;药物过量导致的死亡增加;最后但同样重要的是,2016年总统竞选的悲惨场面,配不上一个成熟的民主国家。[45]

尽管如此,对于那些拥有相同价值观并受益于美国外交政策、赞成新自由主义全球化或仍指望美国保护他们免受其他国家伤害的个人、企业、利益集团和国家来说,美国的声誉仍然很高,就像在一些东欧国家或远东国家的情况一样,在这里,一些国家担心中国和俄罗斯的实力日益增强及其外交政策更加自我。因此,人们可能会认为美国这一声誉也与美国权力的其他来源——经济和军事资源有关,从而证实了权力的统一性,正如我们已经提到的那样。难怪在这种情况下,中国政府不仅开始改善经济和军队,而且也开始改善文化资源,例如,通过设立孔子学院促进中国语言和文化海外传播,这一举措类似于德国歌德学院、法国学院和英国文化委员会。[46]

第五,传播子结构应确保国际体系行为体之间的信息流通和交流。后者可以细分为智力交流手段(语言、符号、理论等),以及传播的技术支持(大众媒体、报纸、广播、电视、互联网和社交媒体等设备)。我们认为,这一结构是国际行为体竞相让自己的价值观被他人接受的地方。如果他们成功做到这一点,这些价值观将成为普世的价值观,并可用作一种资源,从其他行为体那里获得其执行政策所需的支持,这控制大众媒体变得至关重要。此外,它可以得到智库、非政府组织和大学提供的信息(报告、信件、声明)支持。因此,需要对这些机构进行控制。这并不一定意味着直接控制,而是形成共同的世界观和基本价值观,多数情况下通过上同一所学校和大学以及参加如俱乐部、教会、政党等各种其他团体和其他有组织的社会活动获得。此外,从更广的角度来看,这些推广价值观的活动可以整合为一项包括非政府组织和投资公司推动的受到杰出政治家和高级官员的支持、利用互联网和社交网络实现政权更迭的协调行动。[47]

权力将在每个子结构中运行。主导这些子结构的国际行为体(如国家或国家联盟)将对世界其他地方拥有权力。尽管这一行为体必须主导五个子结构中的每一个(因为它们应该行使全球体系生存所必需的功能),但在某种历史条件下,只控制一个子结构也有可能为行为体提供权力的"核心资源"。经济子结构可能就是这样,它以科学知识为基础,能够生产军事资源。在其他子结构(如文化子结构)中具有优势对于实际使用经济或不必要使用军事资源是必要的,正如我在上文论述"软权力"和"巧实力"的概念时所解释的那样。

第二次伊拉克战争再次提供了一个很好的例子。在双子塔遭到犯罪袭击后,美国收到了来自世界各地,特别是许多自由民主国家的同情和哀悼。这当然不仅仅是因为这一事件的恐怖和许多人遭受痛苦。也是因为这一攻击被视为对"我们西方的基本价值观"的攻击,这些价值观根植于我们的政治文化和传统基督教传统。美国政府确认这次袭击的实施者为基地组织,认为伊拉克是恐怖分子开展犯罪活动的好地方,而且他们声称有证据表明伊拉克正在发展大规模杀伤性武器。在这一点上,美国显然开始实施奈所谓的"软权力",因为他们诉诸"价值观资源"来获得其他国家的国际支持,特别是北约内的盟友。美国和欧洲的大众媒体支持美国。国际社会对伊拉克施加了相当大的压力,要求对据称伊拉克具有大规模杀伤性武器进行有效检查。检查进行了,然而美国认为检查不够深入,并制造了一些伊拉克存在大规模杀伤性武器的所谓证据。最后,由于美国对核查结果不满意,向国际社会提议对伊拉克进行军事干预。正是在这一点上,"价值观资源"开始失去效力。一些欧洲国家,尤其是法国,反对军事干预。美国大众媒体仍然支持他们政府的新(即军事)政策取向,开始怀疑为什么法国人不支持一个有共同基本价值观的盟友。他们继续惊讶地说,法国人不应该忘记美国在第二次世界大战期间拯救了他们,9·11恐怖袭击后,他们为什么不帮助美国呢?没有讨论美国向国际社会提供的证据是伪造的这一事实,也没有意识到美国军事干预的真正原因。这一案例表明"价值观资源"是有限度的。就第二次伊拉克战争而言,在危机开始时,价值观资源在获得其他国家(如欧洲国家)的支持方面当然非常有效,但一旦美国表明打算不管国际社会同意不同意都要发动战争时,一些国家就认为其他价值观(以及非常可能其他利益)岌岌可危。

权力手段:互动过程与资源

现在,让我们回到图2.1。在本章中,没有必要详细评论七个互动过程和14种资源,毕竟其中有些不言自明。相反,为了厘清它们的内容,我会在必要的时候进行简短评论,并且提供一些事例来说明我打算如何在本书的实证章节中使用它们。图2.1的第二列和第三列列出了权力手段,细分为初级(手段1)和复杂(手段2)的过程和资源。第二栏(手段1)显示了权力的初级手段。在互动过程层面,它包括两个"过程1",即初级资源的生产和分配。即使在最不发达的权力结构中,生产和分配也是必要的。例如,即使在所谓的原始社会,军事资源(如木剑、标枪或箭),也是在一个简单的生产过程中生产的,很可能是由士兵自己或商店里熟练的工匠生产的。在这里,等级是有限的或不存在。除了对质量和价格有特殊要求的顾客之外,工匠可以在不受任何其他人干涉的情况下做出决定。在一个更发达的社会里,武器更复杂(如步枪、大炮、战斗机、潜艇、原子弹),生产过程需要得到第三栏中列出的至少一个或几个"过程2"的支持,如组织、决策和信息。

初级互动过程与资源

虽然资源的生产对评估一个国家的实力很重要,但当一个国家需要加强其盟友时,资源的分配对理解其战略很重要。例如,一个有野心在广大地区甚至整个地球上部署力量的国家,如果认为盟友能够(或必须)为实现自己的目标做出贡献,就必须将部分资源转移给盟友,就像美国在第二次世界大战结束后向西欧国家转移大量资源以应对苏联所代表的威胁那样。不同类型的资源可以从一个国家转移到另一个国家,当然有军事装备,但也包括经济援助、技术(经济和军事)、冲突情况下的援助承诺等。当然,在经济和军事特别发达和复杂的时代,生产和分配过程需要由更复杂的"过程2"来补充,我们将在下面讨论初级"资源1"之后看到这一点。

初级资源(资源1)第一是信息,包括所有种类和所有层级的信息,如知识、能力、情报、科学和技术。在国际体系中,有一种信息特别重要——情报,即搜集到的关于其他行为体的信息。人们可能认为情报搜集只针对竞争对手或敌人,但最近由于维基解密而爆发出的丑闻显示,美国甚至长期监视最亲密的盟友,包括国家元首和总理在内的最高级别。了解其他国家的想法是确定一个国家国际战略方向的基本知识,特别是如果这个国家有全球抱负的话。[48]信息也可以细分为"低层级信息",如士兵的数量,以及"高层级信息",例如将士兵组织成一支高效军队的能力,能够实施高效和有效的战术和战略。在这种情况下,领导人可以被认为是"更高层级信息"的特殊知识。此外,某种类型的信息(如科学知识)可能发展为不同的效率层级,并被用于不同的领域。例如,中国是第一个发现火药的国家,但是它用于武器(除了烟花)的效率并没有达到西方列强在19世纪的水平,这一点和其他资源决定了中国军队在鸦片战争中的失败。

第二是人口。人口是一个国家非常重要的资源,因为它可能会改变权力关系。首先是人口数量。19世纪初,中国有3亿人口,英国只有1100

万人,到了1850年,中国又增加了1亿人口。但是这种资源不足以避免两次鸦片战争(1839—1842年和1857—1860年)的失败。尽管人口规模存在巨大差异,西方列强(尤其是英国和法国)毫不犹豫地发动了两次鸦片战争,因为他们知道对中国发动战争的风险实际上为零。今天,中国人口已达13.5亿人。如果它仍然是1850年的那种社会,今天甚至没有人会梦想谈论"中国威胁",西方列强可能会像19世纪那样再次试图攻击中国。与19世纪相比,目前的情况是,中国已经形成了一系列资源,即使在某些方面(如军事方面)远远落后于美国,也没有人认真考虑冒险与中国进行公开军事冲突。[49]

既然仅有人口规模是不够的,就应该考虑适合提高民族国家权力的其他人口特征:首先是人口的士气。在这方面,中国又是一个好例子。中华人民共和国于1949年成立,在经历了一个世纪的外国侵略后,成功地收回了主权,这些侵略使中国沦为半殖民地。新的领导人宣布收回主权和实施新政策(如土地改革),提高了中国人民的士气,使他们对自己的伟大文化、历史和命运重新充满信心。不幸的是,"大跃进"(1958—1961年)和"文化大革命"(1966—1976年)损害了中国人民的士气。当时国家已没有能力和平调节政治和社会内部的紧张局势和冲突。似乎国家、政党、经济和民间社会(即人民)之间彼此没有关联,或者更糟的是,它们已经彼此陷入一种长期的矛盾之中。中国人民的士气处于鸦片战争以来的最低水平。这是一种极其危险的局势,可能会使中华人民共和国走向进一步的冲突和混乱,并最终走向崩溃。为了避免这种悲惨的结果,有必要重建、彻底改造中国社会、国家和经济,因为历史永远不会重演;换句话说,寻找调和国家、市场和公民社会的手段。[50]

正是在中国历史的这个节点上,对国家实力尤其重要的另外两个人口特征:健康和教育,成为中国领导人的宝贵财富。只有身体健康、受过良好教育的公民才能为国家的经济发展做出贡献,并参与政治进程。"文化大革命"后,邓小平推出了新政策,通过引入市场机制和部分放弃计划经济来发展中国,他取得了非凡的成就,因为他可以依靠身体健康、文化水平和令人满意的人口。邓小平的优点之一是通过逐步开放经济和给予最具企业家精神的中国公民"致富"的巨大期望来恢复中国人民的士气。

然而，迅速引入市场机制和竞争导致国家组织（尤其是国有企业，但也包括国家官僚机构）大幅裁员，数百万员工下岗。[51]这造成了失业率高企，以及新形式的贫困出现，可能抵消或部分抵消改革带来的贫困显著减少。[52]这一趋势，特别是新形式贫困的出现，也对犯罪，特别是轻罪的增加产生了影响。最后，从指令性经济向新经济体系的过渡，在新经济体系中，市场机制（以及企业之间的竞争）被迅速引入，这使政府免除了国有企业过去向员工提供社会服务的义务，不仅是卫生和教育，还有住房和养老。结果，这种新情况不仅给家庭预算带来额外负担，而且对许多家庭来说，成为获得这些服务的严重障碍，最后也是导致新形式贫困的原因之一。换句话说，很大一部分中国人口被排除在新经济之外，无法受益于其惊人的发展。他们需要得到保障，这样他们才能为中国经济和社会的发展做出贡献，旧的团结体系，卫生、教育、住房和养老金体系，需要被新的城乡安全网体系所取代。这是后来中国政府通过开始发展现代社会保障制度实现的。[53]

第三是领土，事实上，一整套资源。首先，地理位置——纬度和经度（与盛行的气候相关）、面积、与邻国的边界性质（边境线长度、自然保护等）。其次，土地资源——自然资源、天然气、金属、农业资源、水、森林等。例如，不列颠群岛拥有抵御外来入侵的天然屏障，但仅有这一重要资源本身并不够，正如罗马人和诺曼人入侵所证明的那样，但在拿破仑战争和两次世界大战期间发挥了非常好的作用。这是因为其他资源在运作，比如高效的海军和空军。这里，民众的士气，得到克里斯马式的领导人的支持（就像第二次世界大战期间的英国），是维持防御性军事战略和士兵士气不可或缺的资产。此外，英国是由美苏组成的强大联盟的一部分，这两个大国将在第二次世界大战中崛起为超级大国。

这些例子再次表明，单一的资源通常不足以决定一个国家相对于其他国家的权力。相反，不列颠群岛的两个例子表明，资源组合是必要的，资源的效率不仅取决于资源的组合及国家战略，还取决于形势和竞争对手或敌人的力量。

☆第二章　新时代国际关系中的权力☆

当没有足够的国内资源，必须从国外进口资源时，拥有获得资源的途径对许多国家来说非常重要。此外，能够向国外出售本国商品是获得外汇的有效途径，外汇可用于获取其他资源和投资国外市场。中国显然如此。由于其发展的规模和速度，中国经济需要（现在仍然需要）进口大量的自然资源，如石油和天然气，并将制成品销往海外，其中一条路线是必须经过马六甲海峡。在这方面，中国将面临一个严重的问题，即最强大的竞争对手美国在中国海的军事力量（海军、空中机动部队、军事基地和盟国）。这解释了为什么中国已开始将军队（传统上是步兵）转变为现代空军和海军，发展核能，并开始在远离周边但靠近非洲一些主要贸易伙伴的吉布提建立第一个军事基地。[54]此外，中国还开始修建几条从中国到欧洲穿越欧亚大陆的铁路。这条路线不仅更安全，而且比海路更快。在这一章中，只要提到我们处在中国对抗美国战略的核心位置就足够了，由于"一带一路"（OBOR），控制欧亚大陆成为获得世界大国地位的最佳手段。在最后一章中，我们将必须从各个方面、问题和前景来理解这一战略。[55]

第四，如上所述，我们必须考虑到联合国、世贸组织和劳工组织等国际组织制定的正式规则，以及规范国际行为体在军事冲突中行为的日内瓦公约等国际条约。正式规则可以用来迫使一个国家接受某些类型的行为，例如，不进行倾销或不实施人为提高本国企业在全球市场上的竞争力，从而扭曲市场经济"正常运作"的政府政策。至此我们谈到了分析中国战略的一个重要问题。事实上，至少从15世纪到20世纪上半叶，经济游戏的规则是由西方国家、主要是由欧洲国家制定的，从那时起，美国在欧洲盟国的支持下制定了经济游戏的规则。

然后，在毛泽东时代的计划经济时期，为了恢复世界大国地位，中国开始开发资源。即使毛泽东的继任者邓小平已经将市场机制引入中国经济，一些专家仍然认为中国不是"真正的市场经济"。事实上，我的评价是，中国是混合经济的特例，与西方国家的混合经济相比有相当大的差异。在西方，混合经济由私营企业及其协会主导，它们指导和干预政治进程，以便公共政策不干涉资本主义经济的运作，这在2008年经济危机期间和之后变得很明显。相反，在中国，国家政党仍然主导着政治和经济领域，这是许多西方专家不把中国视为市场经济的主要原因。如果是这样的话，那么随着中国越来越融入全球经济，而全球经济运行基于市场经济的规则（或者更准确地说，资本主义的规则），它将不得不解决许多问题。

与上述观点相反，中国新马克思主义者李民骐认为，中国已经是一个资本主义国家，因此完全融入了资本主义全球经济。[56]这两种情况都没有阐明中国为了再次成为世界大国正在遵循（或应该遵循）的战略。事实上，它将面临许多困难的处境。例如，它是否应该加入美国倡导的跨太平洋伙伴关系，将太平洋地区的12个国家联合成一个单一的自由贸易和投资区？即使特朗普总统最早的决定之一是将美国从TPP中撤出，未来特朗普或他的继任者再次提出TPP也并非不可能。在这种情况下，如果中国置身其外，将面临被孤立的风险。如果中国加入（如果美国允许的话），它将面临被迫按主要竞争对手美国所决定的规则行事的风险。[57]为了应对美国的这一战略，中国正在采取与几个亚洲国家制定一项双边和多边协议的战略，如果该条约最终获得有关国家的批准，就可能会限制TPP的影响。此外，这一战略补充了"一带一路"倡议。

最后，我们有社会价值和规则、经济和军事手段，在处理相应的子结构时，其重要性已经在上面解释过了。

复杂互动过程与资源

在前面的段落中，我们已经看到了七种初级资源是如何在两个初级过程1——生产和分配中产生的。此外，生产和分配过程也生产和分配更复杂的资源2。由此产生了国际行为体控制这些进程的重要性，这导致我们考虑手段2。这些是更复杂的手段，意味着实施过程需要组合手段1和更复杂的资源2产生的结果。

让我来举例说明这一点。只要生产完全由一个制造商（工匠）控制，如上文提到的木剑、标枪或箭等，军事装备的生产就可以用简单的方式组织。这基本上是在工业革命之前的情况，尽管事实上造船厂早在工业革命之前就已经建立，如在意大利的海上城市热那亚和威尼斯。[58]当时，"过程2"实际上不存在或范围非常有限。但是，两次革命——科学革命和工业革命，再加上科学管理原则的发现，极大地改变了能够生产的武器类型以及生产武器的组织形式。后者通过在专业化原则即分工的基础上塑造组织过程，以在生产过程中追求更高效率为目标。

生产过程现在被细分为基本的组成部分，每个部分分配给不同的工人，并且需要一些更复杂的组织能力。实施这些更复杂的"组织手段"需要使用信息、能力、正式规范来保证生产过程中某类行为、协调专门任务、控制生产活动的执行以及使用物质产品等。此外，为了有效地支持生产过程，有必要将组织过程整合到一个组织战略中，包括其他过程，即信息、决策、社会控制、社会化，后者除其他功能外具有合法化的作用。当我们把话题限定在使行为体的政策合法化时，如果组织过程能够利用文化子结构或现成的资源1(知识、信仰等)或资源2(领导人魅力、传统或合法性)，那么组织过程就能够对生产过程做出贡献，当然，前提是这些资源是现成的。

如上所述，根据正式规则(作为过程1和资源1的一部分)，一个国家可能拥有可用于获取国际体系内其他现有资源的资源，并确保这些资源的实施有利于自己的政策目标。事实上，我在此遵循沃齐米尔兹·韦索洛夫斯基(Wlodzimierz Wesolowski)的建议，即只要一个国家能够控制和指导其他行为体，包括国家和国际组织的生产与分配过程，它并不总是需要生产实现目标所需的所有资源。[59]例如，一个国家可以通过联盟增强自己的实力，或者从盟友或从国际组织那里获取资源。在那些国际组织中，它能引导制定、使用对其他国家具有约束力的国际规范以及经济和军事手段；通过在它能够主导的国际组织内强加决定；操纵信息并用于宣传目的；[60]通过控制大众媒体，传播对己有利的信息、图像和价值观；通过向它控制的大众媒体发布有利于政策目标的虚假信息；通过分配奖励(物质或非物质的)；通过(单独或与盟国合作)威胁或实际实施对其他国家的制裁(即封锁)；通过(单独或与盟友一起)威胁或实际使用武力；通过在国际舞台上树立声誉使其外交政策合法化，这基于领导人的魅力、对传统的尊重或对正式规则(国内和国际规则)的尊重，以及通过签署有利于国家利益的国际条约。很容易找到许多历史事例来说明上述战略。[61]

在这种情况下，有必要回到已经提到过的非政府组织和智库，分析国家可以用来获得其他权力资源的两种特殊类型的组织。第一种，援助发展中国家的国家机构，如美国国际开发署(USAID)，它"诞生于进步精神、创新精神，体现了美国人的价值观、特征和做正确事情的基本信念"，其"使命声明强调了两个相辅相成、内在联系的目标：结束极端贫困和促进能够实现潜力的、有活力的民主社会的发展"；[62]"领导英国结束极端贫困，应对时代的全球性挑战，包括贫困和疾病、大规模移民、不安全与冲突的工作"的英国国际发展部(DFID)；或目标为减少贫困的瑞士发展与合作署(SDC)。他们旨在促进经济自力更生和国家自治，帮助改善生产条件，协助找到解决环境问题的办法，并提供更好的教育和基本医疗服务。

其他西方机构基本上目标相同，这些目标不仅值得称赞，而且非常必要，因为极端贫困至今仍在世界许多地方持续存在。这些活动是西方国家战略的一部分，目的是改善贫困国家和地区受到几十年殖民主义和帝国主义损害的形象，从而提高获得赞成这些西方国家关心的国际目标的能力。但有时这些组织因被用来实现不太值得称赞的目标而受到东道国的制裁，2012年美国国际开发署被俄罗斯驱逐就是一例。[63]

第二种，特殊类型的智库包括三边委员会、外交关系委员会、彼尔德伯格集团和更加非正式的会议，如世界经济论坛等组织。一般而言，这些组织并不直接关注具体的政策选择，但它们提供了(在职或退休的)政治和经济决策者会面并讨论一些世界最重要问题、进行思想交锋并最终就解决这些问题的总体战略达成一致意见的场合。

外交关系委员会于1921年在美国成立，专门研究美国外交政策和国际事务。其成员包括高级政治家、十几名国务卿、中央情报局局长、银行家、律师、教授和资深媒体人士。外交关系委员会促进全球化、自由贸易、减少对跨国公司以及北大西洋自由贸易区等国际自由贸易和投资条约的金融监管，并制定反映这些目标的政策建议。外交关系委员会的会议召集政府官员、全球商界领袖以及情报和外交政策界的知名人士讨论国际问题。外交关系委员会还出版双月刊《外交事务》并管理戴维·洛克菲勒研究项目，该项目通过向总统行政当局和外交界提建议、在国会作证、与媒体互动和出版外交政策期刊来影响外交政策。

外交关系委员会一直是关于主权以及众多阴谋论的辩论主题。这主要是由于其成员中有许多高级政府官员(以及世界商业领袖和著名媒体人士),以及其成员参与了美国外交政策的许多方面。……针对这些指控和影射,外交关系委员会的网站上有涉及其事务的"常见问题部分"[64]一栏。

三边委员会是一个非政府组织,由戴维·洛克菲勒和兹比格涅夫·布热津斯基于1973年7月成立,旨在发展北美、西欧和日本之间的合作。该委员会招致了右翼和左翼的批评。右翼的共和党参议员巴里·戈德华特批评该委员会是一种巧妙的协调力量,目的是在控制和巩固四个权力中心:政治、货币、知识和教会,并促进建立一个高于所涉民族国家政治政府的世界性经济力量。左翼人士的批评甚至更加尖锐,诺姆·乔姆斯基把三边委员会描述成:

知识精英的自由派,即来自欧洲、日本和美国的自由国际主义者。……三边委员会关心的是试图诱导他们所谓的"更温和的民主"——让人们回到被动和服从的状态,这样他们就不会对国家权力等施加太多的限制。[65]

彼尔德伯格集团(又称彼尔德伯格大会、彼尔德伯格会议或彼尔德伯格俱乐部)成立于1954年,是一年一度的私人会议,有120—150名欧洲和北美政治精英以及来自工业、金融、学术界和媒体的专家参加。第一次会议于1954年5月在荷兰奥斯特贝克的"彼尔德伯格酒店"举行,目的是促进"大西洋主义",即增进美国和西欧文化之间的了解,以促进政治、经济和国防事务方面的合作。[66]

只要查看这三个智库的成员或与会者的名单(可在其网站上查阅),以及出版物的数量和政治取向就可看出其重要性。因此,他们引起怀疑,甚至阴谋指控是可以理解的。例如，根据《纽约时报》"竞选站"博客在网上发表的一篇文章，备受争议的美国众议院共和党议员罗恩·保罗（Ron Paul）1990年在国会休会期间，在美国有线电视C-SPAN录制的节目中说，"有充分的证据表明，参与三边委员会和外交关系委员会的人通常最终会掌权。我相信这是真的"。根据这篇文章，

> 保罗接着强调了各种"洛克菲勒三边主义者"之间微不足道的差异。长期以来，这三个特定团体——三边委员会、外交关系委员会和洛克菲勒家族——统治世界的观念一直是极右翼，特别是极端主义的约翰·伯奇学会（John Birch Society），是宣扬的阴谋理论的核心。[67]

在以唐纳德·特朗普当选结束的总统竞选中，这种观点再次出现，提出："特朗普：他是在控制还是被控制？"[68]

我不打算讨论"阴谋论"的严重性。虽然在没有实证的情况下，不能无视阴谋存在的论点，但是对一个学术研究者来说，这项任务显然相当困难。事实上，有必要进入阴谋的圈子，从一个内部人士那里收集信息，他很可能会匿名发言，从而使论证显得依据道听途说，这在学术研究中是无法接受的。此外，就我的研究目的而言，对发现阴谋的兴趣相当有限。如果我能凭实证评估国内和国际经济及政治进程的结果，就心满意足了。[69]

最近，约瑟夫·斯蒂格利茨（Joseph Stiglitz）发表了一篇引人注目的短文，证实了这种可能性。这篇短文论述了两个学派关于什么决定收入分配的争论，自由派认为市场具有竞争性，因此效率高；另一派认为不受约束的市场趋于垄断，这是由它们的权力决定的，即"行使垄断控制权的能力，或者在劳动力市场上对工人行使权力的能力"。斯蒂格利茨确认，直到最近一直占据主导地位的前一学派无法帮助我们通过竞争的视角来理解经济过程。……在大多数行业中，……标准衡量显示市场集中度大幅提高——在某些情况下，增幅惊人。这是因为，

☆第二章　新时代国际关系中的权力☆

例如，大型银行游说美国国会修改或废除将商业银行业务与其他金融领域分开的立法。……今天市场的特点是持续的高垄断利润。……结果在数据中显而易见，在各个层面，不平等现象都在加剧，不仅是个人之间，也包括企业之间。[70]

将这一分析从国内转到国际舞台，我将评论跨国公司在国际层面的游说，以及支持跨太平洋伙伴关系和跨大西洋贸易和投资伙伴关系等国际大型条约。

此外，学术研究者并非没有获取了解这些智库一些活动的资源。事实上，调查记者们写了一篇有趣的文章，他们没有义务说出信息来源。相反，保护线人是他们的道义责任。[71]当然，尽管调查记者们的调查提出了一些有趣的问题。学术研究人员在使用他们的调查结果时必须非常小心。我将参考上述类型智库的出版物，如外交关系委员会，因为他们向政府提供关于如何界定和实施外交政策的分析、评论和建议。由于他们的成员往往是前任，甚至是现任政府、经济领域、军界和媒体中的位高权重者，他们的出版物是非常宝贵的信息来源。这是一个公私部门重叠的例子，有人称之为"国家私有化"。[72]

在得出结论之前，我们应该界定国家及其外交在权力结构中发挥的作用，以及如何处理胁迫和合法化之间的关系。

国家、外交、合法化与胁迫

在这里，有必要设定几种先决条件。第一，上面形成的权力概念基于图2.1中总结的资源分类。为了简要说明资源如何干预国际权力系统，我用过许多例子，在这些例子中都提到了通过利用这些权力资源的组合来干预权力关系的行为体。在这些行为体中，国家仍然发挥重要作用，尽管其他行为体、国际组织和国际利益团体协会的力量不断增强。

根据韦伯的理论，国家是成功宣称进行合法暴力垄断的政治团体。更具体地说，它拥有两种资源：暴力和合法性，这使它无须动用武力——违反法规的情况除外——就可以使自己的统治被接受。我要指出，在权力的法律理性具有正当性的情况下，国家还将垄断制定指导(甚至决定)生活在其领土上的所有群体和个人行为的正式规范(法律规范)。此外，由于政府的管理，国家干预可以社会化，可以控制信息、生产和资源分配的进程。在国际体系中，由于没有类似于民族国家的组织，情况就更加复杂和多变。没有一个国际机构可以声称拥有合法的武力垄断权，也没有一个国际机构可以声称有权制定对国际体系行为体具有约束力的法律规范，也没有一个组织有良好的法律体系(警察和法庭)来指导、审判和制裁违反国际规范的行为。

然而，在国际体系中，存在类似于民族国家内部发生的过程。这对我们前面讨论过的许多权力资源进行生产、分配、使用和开发将是一个问题。但重要的区别是，在国际体系中，这些过程不太正式，也不太稳定，这给了国际行为体更多的自由来制定能够支持其政策的战略。这些战略可以在"长时段"(布罗代尔)起作用，或者可以遵循中国古典兵法，关注"无声的变化"(于连)，还可以干预行为体有合理的成功机会来产生或控制的资源。根据中国古典兵法，这个过程的最后，实际上是不战而胜。难怪国际行为体(如国家和利益集团)不仅试图增加其国家资源，而且试图影响国际组织的工作，以便采用和分配有利于自己利益的资源。例如，这些资源可以是世贸组织制定的正式规则，禁止扭曲竞争的国家政策；联合国谴责以色列在巴勒斯坦的政策，从北约等组织获得的对盟国军事干预冲突的支持，授权动用军事手段解决一些国际问题，如2003年美国试图从联合国获得对伊拉克进行军事干预的授权，但没有成功。

第二，外交是一种重要的复合资源，各国可以在权力关系中把过程与资源结合起来，如信息和决策过程等，以及操纵信息、许诺奖励、威胁制裁和实际使用武力等一大套资源来实施。千万别忘了价值观，通过诉诸有关行为体的榜样行为(国内和国际)来获取服从。例如，法国为了证明其最近对非洲的军事干预是正当的，提到了其支持民主和人权的历史作用。同样，美国、法国和英国诉诸西方价值观从联合国获得对利比亚进行军事干预的许可。令人十分惊讶的是，俄罗斯和中国没有使用否决权。现在，碰巧这两个国家是那些普遍质疑西方价值观普适性的国家之中最有代表性的两国,在"正常"情况下,他们可能会使用否决权。他们只是弃权了,从而使支持军事干预的决定成为可能,两国只是指望西方大国做出有限干预的承诺。由于西方国家没有信守承诺,可以预期,在未来类似的情况下,俄罗斯和中国将使用否决权。叙利亚的情况就是如此。这些例子表明,在某些条件下,某些价值观的吸引力可能起作用,但这些价值观对于获得合规性的效力,可能会因忽视和违反其他价值观而失效,如违背正式承诺。

第三,合法化和胁迫之间不一定存在对立或矛盾,一方或多或少能以一种清晰的方式战胜另一方。但这并没有改变这样一个事实,即无论合法化和胁迫之间的关系如何,权力在任何情况下都对行为体具有约束力。

尽管事实上(韦伯已经清楚地看到了这一点),权力是通过合法化过程还是通过胁迫来行使,对国际行为体以及对权力的理解并非完全没有差别。但是正如我们用韦伯所说的,武力总是存在的,即使不是实际使用的话,至少是一种威胁。此外,可以注意到,在图 2.1 中,合法化和胁迫并不是权力的形式或类型,而是权力的手段。

国际体系中权力和规则的变化

在根据图 2.1 中的资源分析权力时,我认为,根据现有的结构、交互过程和资源分配的组合,国际体系满足职能要求可以采取不同的形式,这解释了在每个历史案例中发现权力体系基本特征的必要性。根据上述权力的概念,人们必须承认,如果社会由一个权力体系管理,那么一定存在一个控制着大部分权力手段(过程和资源)的实体,它因此成功地维护了权力结构的规则,这些规则充分保证了互动过程不会导致资源的重新分配,进而危及现有的权力结构,并因此危及受益于这种结构的实体的特权地位。因为没有理论或经验上的理由迫使我们将这个实体限定为一个国家、国家联盟或国际组织(理想的是一个世界政府?),因此有必要赋予这个实体一个不同于国家、国家联盟或国际组织的特定理论地位。让我们称之为主导群体(dominant group)。我认为这个术语有几个优点:第一,它很好地解释了权力关系的不对称性。第二，它避免了可能被视为带有意识形态偏见的理论指称，如统治阶级、政治阶级、权力精英或支配(dominating)阶级。第三，虽然赋予这一概念一个非常精确的含义，但它绝不会预先判断权力在历史案例下的实际内容，也不会预先判断主导群体的同质程度。主导群体的概念可以很好地适用于马克思主义意义上的社会阶层，复合精英或多或少不同联盟，它也可以用来识别一个新的主导群体的出现。

自20世纪80年代初以来，我们目睹了国际体系的大规模去重组和重组运动。第一个值得一提的变化是新自由主义政治家的上台以及社会民主党的意识形态和政策不断变化。随着玛格丽特·撒切尔(1979年)的当选，新自由主义意识形态的代表在英国掌权；随着罗纳德·里根(1980年)的当选，新自由主义意识形态的代表在美国掌权。1981年，社会党人弗朗索瓦·密特朗凭借一项基于与共产党合作的左翼共同方案赢得了法国总统选举。该方案没有实施多久。经过一系列国有化政策之后，密特朗于1983年采取了所谓的"紧缩转向"，并开始了第一波私有化。[73]共产党于1984年离开政府，由此证实了在资本主义经济中很难实施左翼政治计划(甚至是不可能的)，尤其是当国民经济越来越多地融入决定着游戏规则的全球资本主义经济的时候。正如格哈德·施罗德在德国、托尼·布莱尔在英国、弗朗索瓦·奥朗德最近在法国和马泰奥·伦齐在意大利实施的政策所证实的那样，这是社会民主党向中间(因此也向右翼)缓慢但稳定运动的第一个迹象。这些"社会主义"政党实际上已经接受资本主义是唯一可能的选择，或者根据玛格丽特·撒切尔著名的声明："TINA，也就是说，别无选择。"[74]

另一个根本性的变化是苏联解体，以及随之出现的单极世界，美国成为唯一的超级大国。有些人甚至认为世界已经走到了历史的尽头，自由民主和资本主义将被所有国家接受和采纳(第4章，第122—129页)。[75]很难知道这一非凡的论断是如何想象出来的，唯一可能的解释是，这是出于不了解世界历史动态，或者是苏联失败后的狂喜。欣喜的时刻没有持续多久。新千年伊始，尤其是自2008年危机以来，出现了一个多极世界。由于这些变化是根据布罗代尔的"长时段"和于连的"无声的变化"发生的，很难预测新的国际秩序将会是什么样：两个超级大国(美国和中国)相互合作或竞争？或者是一个由美国、中国、俄罗斯、印度以及其他一些新兴国家构成的多极世界？[76]更难预测是否会出现我在上面定义的主导群体。然而，人们可以根据今天现有的经验证据，尝试预测这种全球化发挥主导作用的结构重组最可能出现的结果。

为了使实证数据有意义，必须用一个足够有力的理论框架来对数据进行有意义的解释，马克斯·韦伯(Max Weber)在这里也许会有所帮助。[77]韦伯通过历史研究，证明了始于欧洲的理性化进程产生了一种特殊的组织——官僚机构，已经成为现代社会中所有机构(公共和私人)的典型组织形式。更具体地说，在一个国家内，社会受理性化进程的支配，这一进程使社会整体具有一致性，包括以下特征：基于算法的理性经济(市场经济或计划经济)，旨在最大限度地提高行为的可预见性，从而减少不确定性；这种理性经济由理性的国家和理性的官僚机构维持，它们负责执行理性的(即可预见的)法律制度的规则。

官僚机构隶属于"政治"机构(一个国家的国家机关，一家公司的董事会)。然而，韦伯在研究现代理性国家的实际运作中发现，公共官僚倾向于逃避政治控制，这要归功于三种权力来源：它在社会中占据的战略地位、它的专业知识和保密实践。因此，官僚机构成功地将其意志和利益强加于政治机构，事实上是在行使权力。[78]韦伯认为，只有同样受益于三种权力来源的其他一些官僚机构，即私营部门的官僚机构，能够制衡国家的官僚机构。事实上，私营官僚机构也倾向于通过获得战略地位，声称自己拥有其他行为体不具备的能力以及保密实践来避免被控制。那么问题是，与其他行为体(尤其是公共行为体)相比，今天的私人官僚机构是否拥有更高的知识水平？他们是否占据战略地位？他们是否在保密？

20世纪90年代后期，全球化对国际体系结构的影响已经很明显，并且有可能证实，正在发生民族国家向一些经济行为体、跨国公司和经济国际组织，如世贸组织、国际货币基金组织、世界银行和超国家组织如欧盟转移权力。[79]这些国际行为体在全球或区域范围内开展活动，基本上不受民主国家控制，并迫使各国释放其在经济领域的剩余主权。也有可能将金融部门确定为塑造这一惊人进程的主要行为体。这一运动显然是贯彻新自由主义意识形态，因为它的两翼之一（新公共管理——NPM）声称公共部门由于官僚化而效率低下。[80]结果，国家的大部分活动转移到被认为效率更高的私营部门和被认为能够自我纠错的市场手里，解除了管制。与承诺禁止官僚主义的新公共管理的支持者相反，我得出的结论是，我们在见证一些新的国际和超国家官僚机构（上文提到的那些机构）的大发展，这些机构能够在全球或区域层面施加自己的意愿。至于新的主导群体将是什么形式，我无法确定，但我有足够的实证证据表明，权力转移主要有利于上述国际组织。跨国公司试图通过游说政府或这些组织的官僚机构来影响这些组织的活动，尽管那时已经很清楚，跨国公司是这一权力转移的主要受益者之一，但我还没有认识到一场更激进的变革正在进行。

20年后，由于2008年的危机，尤其是在美国和欧洲，形势变得更加明朗，所有的人都清楚地看到国内和国际经济行为体的主导地位。政客们只是遵循私营行为体的"建议"，采取应对危机的政策。全球体系重组最有可能的结果是出现一个新的主导群体：既不是国家，不是国家联盟，也不是一个国际全球组织。在这种情况下，最有可能的结果之一是出现一个由来自世界各地的跨国公司组成的主导集团，拥有行使权力所必需的资源，处于竞争中，但拥有相同的价值观，并对维持赋予它们权力地位的权力结构有明确的共同利益。有些事件（和策略）指向这个方向。没有必要列出所有的经验证据来证明这一点，让我们只举两个例子。

第一个例子，为了克服2008年经济危机的后果，大银行迫使本国政府通过向金融体系注入大量资金来拯救自己，以避免破产。由于他们在经济体系中占据的战略地位，破产将导致整个经济崩溃。简言之，"大到不能倒"。他们能够证明自己在国家和全球经济中占据了战略地位。此外，在声称自己在经济领域有能力的同时，他们在保密和主要评级机构仁慈的积极评价掩盖下，实施了导致危机的高风险投资政策。

第二个例子，上面提到的两项大型条约，即跨太平洋和跨大西洋伙伴关系已经在谈判。[81]尽管这两项条约得到了奥巴马政府和欧盟官僚机构的支持，但众所周知，它们得到了跨国公司及其活跃在美国、欧洲和亚洲所有经济领域的国际关联机构的赞助和大力支持。此外，有证据表明，跨国公司及其国际关联机构是参与谈判并使条约内容对其有利的主要行为体。[82]公民社会的代表被小心地排除在谈判进程之外,尽管这些条约会对他们及其代表的人民产生一些重要影响。谈判在完全保密的情况下进行了很长时间。注意,这些条约最有问题的特征是,如果外国公司能够证明,国家的政策限制了(或未来会限制)他们的利润,就可以向私人法院起诉他们投资所在国的政府。由于这可能发生在医疗、环境保护、教育、能源等部门,跨国公司很有可能在许多对相关人群非常敏感的领域向该国政府发号施令。这两项条约表明,可能获得权力地位,从而成为新的主导群体的三种韦伯资源将会实现。

如果以这两个例子为例的总趋势出现,其后果将是约瑟夫·斯蒂格利茨(Joseph Stiglitz)所称的"公司接管",以及最近的"垄断新时代"。[83]在这种情况下,跨国公司将实现新自由主义的梦想,即不仅民族国家服从他们的利益,而且国际组织进而整个世界服从他们的利益。因此,他们将构成新的主导群体。这种当代情况非常符合布罗代尔对资本主义本质和战略的分析:

> 资本主义一直是垄断性的,商品和资本总是同时流通,因为资本和信贷一直是占领和控制外国市场的最可靠方式。早在20世纪之前,资本输出就已经是日常生活的一个现实,佛罗伦萨则早至13世纪……我需要说金融世界的所有方法、交易和诡计(法语版中为"ruses"p. 118)不都是在1900年或1914年诞生的吗?资本主义对它们都很熟悉,从前和现在一样,它的独特性和力量在于从一种伎俩换到另一种伎俩,从一种做事方式换到另一种方式,它按照经济形势的要求,不断改变计划,从而保持相对忠诚,与自身保持一致。[84]

然而,这个结果并非不可避免。我之前提到,国际体系的重组可能是一个多极世界的出现。但是它会被跨国公司主导吗?或者,一个主要国际行为体(国家、国家联盟或超国家组织)是否有可能结束"公司接管",或者至少限制私营公司的自由,使它们不仅只为了自己的利益,而且也为国际社会人民的利益?目前,美国和欧盟不太可能扮演这一角色,因为它们几乎完全嵌入新自由主义秩序。此外,我已经提到,自20世纪80年代以来,自我定义的社会主义政党一直在实施(并且至今仍在实施)资本优先于劳动力的新自由主义政策。问题是,自由民主制很久以前就在西方出现了,它无法阻止强大的经济国有公司和国际跨国公司以及国际组织的出现,这些国际组织的行为往往以与民主无关的形式发展,已经伤害了(现在仍在伤害)如此多的人,却使小部分人受益。尽管有这些消极和毁灭性的政策,与自由民主并存的资本主义经济,是很难改变的经济形式之一。

因此,变革不太可能来自西方设计师和资本主义的受益者。对远离新自由主义的全球化重新定位,唯一的来源是一场大规模的民主运动或一个强大到足以发挥这一作用的国家。几年来,我们目睹几个西方国家出现了反对资本主义的运动和政党,它们反对新自由主义政府和国际组织实施紧缩政策。但迄今为止,它们没有足够的资源来引导国际社会走向限制或消除新自由主义行为体的自私行为所需的变革。因此,唯一剩下的可能性是中国。我相信,中国文化有许多特征可以实现这一目标,中西价值观之间的妥协至关重要。此外,今天,中国经济足够强大,能够努力改变全球游戏规则,而且,正如我以前说过的,没有人敢用军事手段攻击中国。[85]显然,中国必须在民主和人权方面做出一些重要的改进,好在相关工作正在进行中。因此,另一个更有趣的结果将是,中国成功地在国内引入了更多的自由,同时改变了国际游戏的规则,这样全球经济就能为每个人而不是少数人的利益服务。因此,中国和西方(尤其是美国,但也包括欧盟)的关系对于构建一些新的、更公平的全球体系管理方式变得至关重要。

然而,在西方和中国达成妥协的道路上存在一些严重障碍。首先,许多西方政治家、有影响力的学者和记者认为,中国在民主和人权方面的进步过于温和、缓慢,而另一些人甚至认为,只有在中国共产党垮台之后,中国才会在民主道路上前进。[86]然而,中国共产党的垮台是不可能的。该党正在尽一切努力满足绝大多数公民、团体和组织。此外,中国共产党相信,它是唯一能够引导中国走向更加开放的小康社会,同时维护国家统一和社会政治稳定的政党。如果这一努力取得成功,可以说,西方大国将会理解,在可预见的未来中国共产党的垮台是不可能发生的。然后,该党将能够与其他国际行为体谈判,调整国际体系,使经济及其行为体不仅为自己的利益,也为每个人的利益而工作。

其次,只要西方(特别是美国和欧盟)仍然由新自由主义思想主导,坚信自由民主和资本主义经济不仅是最好的,也是任何想实现其声称保留的基本普世价值观——自由、民主、市场经济(即资本主义)及狭隘的人权定义的国家唯一的选择,[88]就很难达成妥协。因此,如果像新自由主义者和他们最有影响力的知识分子之一米尔顿·弗里德曼那样,认为资本主义是民主的必要条件,那么,中国唯一可能的选择就是融入全球资本主义秩序。[89]许多中国跨国公司那时将成为全球经济的主要参与者,其中一些已然如此。

但是,他们会仍然是中国公司吗?还是会成为一些新的跨国资本公司,和西方公司一样,追求利润最大化这一相同目标,像我们今天在西方看到的,对社会公平带来负面影响?[90]正如法国谚语所说,"钱没有臭味",而且,我要补充的是,钱也没有国籍,所以这些公司很可能会失去"中国特色"。在这种情况下,中国社会很可能具有西方国家在实施30多年新自由主义政策之后获得的相同的基本特征,经济和社会差距不断扩大(或者充其量保持现有水平);越来越多的人生活在贫困线以下;越来越多的犯罪和囚犯;在不稳定的工作环境中,人们的健康状况不佳。[92]中国人的梦想——"社会主义市场经济"的和谐社会,繁荣将在全体公民之间公平分配,将会消失很长时间。新的全球秩序是否会被世界公民接受,作为满足功能要求唯一可能的秩序,还有待观察。

换句话说,维护某种权力结构不仅取决于主导群体满足功能要求的能力,因为这个任务是任何形式的权力的责任,而且最重要的是,取决于主导群体说服全球体系成员,确保主导群体地位的国际体系的权力结构同时也是最好的,能够满足功能要求。因此,占主导地位的群体成功地证明了其不可或缺。[93]

如上所述,我寻求理解中国恢复世界大国地位的战略是基于两种途径，第一种是"无声的变化"概念，第二种是市场经济和资本主义的区别，正如我在第一章中所介绍的。在本章中，我讨论了第三种方法，即从马克斯·韦伯权力理论的开创性工作出发，分析国际关系中的权力。在第四章和第五章中，我将使用这三种方法来分析中美关系。事实上，我要表明，权力资源的使用不仅取决于开发国家资源的能力，而且还取决于能够预测国际体系中权力资源分配在"长时段"内的变化，即发现和理解"无声转变"的发展，并相应地调整自己的战略。此外，最重要的是要清楚了解竞争对手的经济和政治机构，以便能够了解其运作方式，并预测其策略和战略。但是，在我们进入中美外交政策之旅之前，让我们在第三章中介绍一下北京的一位顶级研究员的分析，这将给我们一个有趣的视角，即如何从中国的角度看待中美关系。

注释：

[1] Bartolomé de Las Casas, *The Devastation of the Indians. A Brief Account* (translated by Herman Briffault), Baltimore, MD, Johns Hopkins University Press, 1974 (first published in Spanish in 1552), quoted by Immanuel Wallerstein, *European Universalism. The Rhetoric of Power*, New York, The New Press, 2006. 这段引自第 1 页。也参见 Bartolomé de Las Casas, *In Defense of the Indians* (translated and edited by Stafford Poole, foreword by Martin Marty), DeKalb, IL, Northern Illinois University Press, 1992. 在第 31 章、32 章和 33 章，拉斯·卡萨斯提出了几个论据来支持自己的分析（第 204-220 页），概括为（第 204-205 页）：为了拯救少数无辜者的生命，杀害或伤害大量甚至少量无辜者是不合法的，那些做或允许做这种事情的统治者或总督犯下不可饶恕的罪行，必须赔偿。……因为士兵们已经接受了基督的教导，他们应该意识到无辜的人必须得到宽恕。因此，他们没有正确地区分……因此，他们在上帝面前犯下了最严重的罪行，该遭受永久毁灭。

[2] 我在别处已经详细讨论了这个题目：Paolo Urio, *Le role politique de l'administration publique*, Lausanne, LEP, 1984, ch. 5. 这本书已经绝版，但是关于权力的一章（法语）可以在我的个人网站上找到：http://ecmi.ch/pdf/papers_publications/1984-2_on_

decision-making_and_power.pdf. 这个框架的概要（英语）在 *Reconciling State, Market, and Society in China. The Long March towards Prosperity*, London and New York, Routledge, pp. 156-171. 在这两本书里，权力分析的框架是为了理解一个国家内部的权力而设计的。在接下来的几页中，我将使这个框架适应国际领域的权力分析，同时保持其最初的假定和理论假设。

[3] Robert L. Peabody, *Organizational Authority*, New York, Athernon Press, 1964; Steven Lukes, *Power. A Radical View*, London, Macmillan, 1974。

[4] Stewart Clegg, *The Theory of Power and Organization*, London, Routledge & Kegan Paul, 1979, p. 47。

[5] 佩里·安德森认为，奈关于权力的讨论"不够新颖，他提出的软权力近乎平庸，不值得考虑"，Perry Anderson, *American Foreign Policy and Its Thinkers*, London, Verso, 2015, p. 165, note 8。我非常同意，我必须说，起初，我也想这么做。但我还是决定用几段话来驳斥奈的权力方法，因为他的术语（软、硬和巧权力）现在被所有各方的政治家和记者所使用，因此应该受到尖锐的，即使是简短的批评。

[6] Joseph S. Nye, *The Paradox of American Power. Why the World's Only Superpower Can't Go It Alone*, Oxford, Oxford University Press, 2002. 同一作者，也参见 *Soft Power. The Means to Success in World Politics*, New York, Public Affairs, 2004; *The Powers to Lead*, Oxford, Oxford University Press, 2008; *The Future of Power*, New York, Public Affairs, 2011; *Is the American Century Over?* Cambridge, Polity Press, 2015; 以及最近奈对外交关系委员会的一次访谈："Hard power's essential soft side", Interview of Joseph Nye by Zachary Laub, Council on Foreign Relations, 30 March 2017: www.cfr.org/united-states/hard-powers-essential-soft-side/p38985（accessed 2 May 2017）。了解约瑟夫·奈如何使用硬权力和软权力的概念分析"反恐战"："Hard power, soft power, and the 'war on terrorism'", in David Held and Mathias Koenig-Archibugi（eds）, *American Power in the 21st Century*, Cambridge, Polity Press, 2004, pp. 114-133。必须注意，软权力的起源可以追溯到罗斯福第二个任期（1937—1941）。富兰克林·罗斯福认识到，只有通过与外国交流并赢得他们的支持，美国才能安全。这导致了美国新闻署和美国之音的成立，后来1962年，肯尼迪总统时期成立了和平队。Dilip Hiro, *After Empire. The Birth of a Multipolar World*, New York, Nation Books, 2010, p. 237。

[7] Nye, *Soft Power*, 同前, 第 5-6 页。参见 Nye, *The Future of Power*, 同前, 第 13-18, 3-24, 81-109 页。

[8] Nye, *Soft Power*, 同前, 第 8 页。

[9] 约瑟夫·奈曾为国家情报委员会主席、克林顿政府国防部国际安全事务部长助理，也是外交关系委员会董事会成员。写该文时，他是三边委员会北美分会主席及阿斯彭战略组联席主席。

[10]《人民日报》批评美国是"混乱的根源"，18 September 2016：http://news.xinhuanet.com/english/2016-09/18/c_135695211.htm?utm（2016 年 9 月 22 日访问）。

[11] Nye, *Soft Power*, op. cit., pp. 7, 8, 9, 11-18. 尽管有前面提出的条件，奈定义了三种出色的权力类型，在他的书中第 31 页题为"三种权力"的图表中显而易见。

[12] Nye, "Hard power, soft power", 同前，第 129 页。

[13] 关于奥巴马总统的决定，参见 Lawrence Wittner, "The trillion dollar question", Huffington Post, 17 March 2016：www.huffingtonpost.com/lawrence-wittner/the-trillion-dollar-question_b_9481432.html（2016 年 12 月 5 日访问）。关于特朗普的计划，参见 Michael E. O'Hanlon, "Trump's $54 billion rounding error", *Foreign Affairs*, 1 March 2017：www.foreignaffairs.com/articles/2017-03-01/trumps-54-billion-rounding-error（2017 年 5 月 6 日访问）。

[14] Nye, *The Future of Power*, 同前，第 13-14 页。

[15] 同上。

[16] Henry Farrell and Martha Finnemore, "The end of hypocrisy: American foreign policy in the age of leaks", *Foreign Affairs*, 1 November 2013. 两位作者是乔治华盛顿大学政治与国际关系教授。

[17] Nye, "Hard power, soft power", 同前，第 128 页。

[18] 关于美国对俄罗斯的"双重标准"，参见 Guy Mettan, *Creating Russophobia. From the Great Religious Schism to Anti-Putin Hysteria*, Atlanta, GA, Clarity Press, 2017, 在这本书中会发现对与美苏关系有关的"软权力"的评论。第 260-262、306-309 页。

[19] 关于中国使用"软权力"，参见如："Xi: China to promote cultural soft power", Xinhuanet, 1 January 2014：http://news.xinhuanet.com/english/china/2014-01/01/c_125941955.htm（2016 年 3 月 15 日访问）："President Xi Jinping has vowed to promote China's cultural soft power by disseminating modern Chinese values and showing the charm of Chinese culture to the world"; and Xi Jinping, "Enforcer le soft power culture chinois", in La governance de la Chine, Beijing, Editions en langue étrangères, 2014, pp. 191-193. Li Xiguang, "From American dream to Chongqing dream: the making of soft power in China", speech given at the Watson Institute, Brown University, 11 November 2011：https://news.brown.edu/events/detail/2011-11-11-200000-2011-11-11-213000/

American dream-chongqing dream making soft power（accessed 10 February 2012）；当时李希光是清华大学国际传播研究中心主任、西南政法大学中国与世界议程研究院院长。关于批评性评价，参见 Xie Tao,"China's soft power obsession", *The Diplomat*, 14 April 2015：http：//thediplomat.com/2015/04/china's soft power obsession（accessed 15 March 2016）。"巧权力"已经成为美国学者谈论美中关系时频繁使用的概念，参见如：Raya Koreh,"The Chinese smart power strategy", *Harvard Political Review*, 31 January 2015：http：//harvardpolitics.com/world/chinese-smart-power-strategy（accessed 15 March 2016）；Center for Strategic & International Studies, Commission on China, *Smart Power in US-China Relations*, March 2009。

[20] "China trounces U.S.'Smart Power'：a case study in declining American influence", *Wall Street Journal*, 20 March 2015：www.wsj.com/articles/china-trounces-u-s-smart power-1426806094（2015年3月25日访问）。

[21] Max Weber, *Economy and Society*, 2 vols（ed. by Guenther Roth and Claus Watch）, Berkeley, CA, University of California Press, 1978。

[22] 同上，Vol.I, pp.212-227, and Vol.II, pp.941-955。

[23] 约瑟夫·斯蒂格利茨已经非常清楚地概述了经济形式和权力之间的联系 Joseph Stiglitz,"Monopoly's new era", 13 May 2016：www.project-syndicate.org/commentary/high-monopoly-profits-persist-in-markets-by-joseph-e-stiglitz-2016-05（2016年5月16日）。斯蒂格利茨在谈到决定收入分配的因素和经济如何运行的两个学派时说："第二个学派以"权力"为出发点，包括实行垄断控制的能力，以及在劳动力市场行使对工人的管理权的能力。"

[24] 在全国广播公司的"今日秀"上讲话（19 February 1998），根据 Wikiquote：https：//en.wikiquote.org/wiki/Madeleine_Albright（2016年3月20日访问）。也参见，把美国展示为"不可或缺的国家"，奥巴马总统2014年5月28日在西点军校学员毕业典礼上的讲话（available at：https：//obama whitehouse.archives.gov/the-press-office/2014/05/28/remarks-president-united-statesmilitary-academy-commencement-ceremony），and President Obama's commencement speech at the US Air Force Academy, 2012: 就在20世纪80年代，随着日本和亚洲四小龙的崛起，有人说美国已经失去经济优势。但是我们进行了重新调整，我们投资新技术。我们发起了一场改变世界的信息革命。在这一切之后，你会认为，人们明白了一个基本事实：永远别赌美利坚合众国不行。（掌声）其中一个理由是，美国一直是，并且将永远是世界事务中一个不可或缺的国家。这是美国例外的众多例子中的一个。这是我为什么坚信，如果我们能站在历史

这一刻，如果我们履行自己的责任，那么——就像在20世纪——21世纪将会是另一个伟大的美国世纪。那是我眼中的未来。那是你们能打造的未来。（掌声）https://obamawhitehouse.archives.gov/the-press-office/2014/05/28/remarks-presidentunited-states-military-academy-commencement-ceremony（2017年5月17日访问）。

[25] 在这个问题上，这是对美国外交政策最有利的解释，另一个是从一开始，目标就是入侵伊拉克，以便更好地捍卫美国的国家利益。赞成这一解释的原因之一是，伊拉克政府宣布打算以欧元出售石油，而不再以美元出售。

[26] 参见，例如，Edward Mead Earle, "Adam Smith, Alexander Hamilton, Friedrich List: the economic foundations of military power", in Edward Mead Earle（ed.）, *Makers of Modern Strategy*, Princeton, NJ, Princeton University Press, 1943（paperback printing 1971）, pp. 117-154。也参见彼得·纳瓦罗（Peter Navarro）的一篇有趣的文章，实际上是一篇评论文章，关于获得国际权力的途径（包括中文）："Introduction: crouching tiger-China acts, America dithers", in Fred Fleitz（ed.）, *Warning Order. China Prepares for Conflict, and Why We Must Do the Same*, Washington, DC, Center for Security Policy Press, 2016, pp. 9-23。特别是第20-21页，根据维基百科：彼得·纳瓦罗是一名美国经济学家，时任总统助理、贸易和产业政策主任以及白宫国家贸易委员会主任，该委员会是美国联邦政府行政部门新成立的实体。他曾担任加州大学欧文分校保罗·梅拉格商学院经济学和公共政策教授……众所周知，纳瓦罗坚定地批评中国，坚决支持美国减少贸易赤字。他指责德国和中国操纵汇率，呼吁扩大美国制造业的规模，设定高关税，并调拨全球供应链。他是跨太平洋伙伴关系的强烈反对者。https://en.wikipedia.org/wiki/Peter_Navarro（2017年6月29日访问）。

[27] 参见以上注释9。

[28] 美国加入第二次世界大战的动力受到争议，为了能均衡判断，参见 Howard Zinn, *A People's History of the United States*, New York, Harper, 2015（first edition 1980）, pp. 407-424, 新版序言由安东尼·阿诺维著。

[29] 使用原子弹的事众所周知，用凝固汽油弹轰炸几个日本城市很少有人知道。参见采访美国前国防部长罗伯特·麦克纳马拉 "The fog of war: Mark Danner in conversation with Robert McNamara and Errol Morris": www.youtube.com/watch?v=HGn-Szs-1Fc&nohtml5=False. The opinion of McNamara: 我不指责杜鲁门投了核弹。美日战争是人类历史上最残酷的战争之一？神风敢死队飞行员自杀，难以置信。人们可以批评的是，在那之前以及今天的人类没有真正抓住我所谓的"战争规

则",当时有没有规定说你不应该轰炸,不应该杀人,不应该在一夜之间烧死10万平民? 勒梅(将军)说:"如果我们输了这场战争,我们都会被当作战犯起诉。我认为他是对的。他,我要说我,表现得像战犯。莱梅意识到,如果他的一方输了,他的所作所为将被认为是不道德的。但是什么使你输了是不道德的,赢了是道德的呢? In Errol Morris Films, "Transcription of McNamara's 11 lessons on the fog of war": http://blogspersonals.ara.cat/desdelparadis/2015/08/22/the-fog-of-war-transcript (accessed 2 March 2016). 关于凝固汽油弹轰炸日本的客观描述,参见 Paul Abrahams, "Breathing fire", *Financial Times*, FT Weekend, 4-5 March 2000, print edition。

[30] 根据 Stefano Cammelli, *Quando l'oriente si tinse di rosso. Saggi sulla rivoluzione cinese*, Bologna, Ed. Viaggi di Cultura, 2013, pp. 56-66, and Stephen R. Mackinnon and Oris Friesen, *China Reporting. An Oral History of American Journalism in the* 1930s and 1940s, Berkeley, CA, University of California Press, 1987, p. 21。

[31] Georges Balandier, *Anthropologie politique*, Paris, Presses Universitaires de France, 1967, p.45(我从法语翻译而来)。人类学家的作品非常有趣,因为他们倾向于同时分析所谓的"原始社会"的所有社会层面,从而产生专业学科往往无法提供的非凡见解。

[32] 我在这里将从先前有关权力概念的工作入手,并将它用于国际领域:Urio, *Le role politique*,同前,第 5 章, and Urio, *Reconciling*,同前,第 159-171 页。

[33] 在某些情况下,我们下文可以看到,有经济利益强大的国际组织也可能干预国际体系。

[34] 我用了让-威廉·拉皮尔的这种方法:Jean-William Lapierre, *L'analyse des systèmes politiques*, Paris, Presses Universitaires de France, 1973. 关于不同的但类似的视角,参见马克思主义者 Wlodzimierz Wesolowski, *Classes, Strata and Power*, London, Routledge & Kegan Paul, 1979(译自波兰语),他表明马克思和恩格斯遵循相同的方法,定义了三个功能需求:人类的再生产、消费品的生产和社会组织,第 97-100 页,特别是注释 29。在第一次讨论这个方法时(Urio, *Le role politique*,同前,第 254-282 页;Urio, *Reconciling*,同前,第 157-164 页)。对于国家体系,公式如下:每种功能都由特定的结构产生。首先,确保人类繁衍的社会生物结构。其次,经济结构,确保人类生存所必需的商品和服务的生产,由于积累,最终(但不一定)实现经济发展。再次,规范的结构,可细分为正式规范(或法律结构)的结构,以及社会规范的结构,包括价值观、信仰和行为规范。正是在这个层面上,人们才

能定位政治或意识形态文化。最后，信息结构，保证信息在社会整体内部的流通。后者可以细分为智力交流手段(语言、符号等)和通信技术支持(如大众媒体、报纸、广播、电视、互联网)。每种结构的理性模式构成了互动过程发生的框架(第二层次)，其基本结果是社会系统内部资源的生产和分配(第三层次)。如前所述，这些过程的结果通过确认或修改其合理性而对过程和结构产生影响。在这本书里，我将把这种方法应用于国际关系领域。

[35] 我对全球治理的定义如下，采用迈克尔·斯温(Michael D. Swaine)的定义：全球治理是指在没有全球政府的情况下，在民族国家和非国家行为者之中管理全球事务的方式。它通常指那些结构、过程和规范——通常组成"政权"——为全球社会提供公共产品。"Chinese views on the global governance since 2008-9: not much new", *China Leadership Monitor*, no. 49, 1 March 2016, p. 1。

[36] 军工复合体是一个国家军方和为其供货的国防工业之间的非正式联盟，共同被视为影响公共政策的既得利益。该术语最常用于指美国军方背后的系统，在1961年1月17日德怀特·戴维·艾森豪威尔总统的告别演说中使用后，该术语变得流行起来，尽管该术语适用于有类似发达结构的任何国家。2011年，美国在军事上的支出超过了接下来13个国家的总和。Wikipedia: https://en.wikipedia.org/wiki/Military%E2%80%93industrial_complex (2016年3月17日访问)。

[37] Martin Stabe, Steve Bernard and Marissa Oberlander, "The new cyber-industrial complex", *Financial Times*, 10 October 2011; Joseph Menn, "Defence groups turn to cybersecurity", *Financial Times*, 10 October 2011; Jeff Stone, "Meet the cyber-industrial complex: private contractors may get \$7b windfall from Pentagon's cyberwar on ISIS", *International Business Times*, 7 March 2016。

[38] Navarro, "Introduction: crouching tiger", 同前, 第14页。彼得·纳瓦罗是特朗普政府的首席经济顾问。关于海军重要性的一般性介绍，参见 Margaret Tuttle Sprout, "Mahan: evangelist of sea power", in Mead Earle (ed.), *Makers of Modern Strategy*, op. cit., pp. 415-445. 请注意，即使在今天，马汉的海洋战略也被当代作者提及，如纳瓦罗，同上。

[39] Qiao Liang and Wang Xiangsui, *Unrestricted Warfare. China's Master Plan to Destroy America*, New Delhi, Dehradun, 2007。

[40] 参见，例如，Michael Pillsbury, *The Hundred-Year Marathon. China's Secret Strategy to Replace America as the Global Superpower*, New York, Henry Holt & Co., 2015。

[41] Kevin D. Freeman, "China, unrestricted warfare, and the challenge to America", in

Fleitz（ed.），*Warning Order*，同前，第 55-80 页。

[42] 2016 年 1 月 12 日奥巴马总统的国情咨文讲话：www.whitehouse.gov/the-press-office/2016/01/12/remarks-president-barack-obama% E2% 80% 93-prepared-delivery-state-union-address（2016 年 1 月 27 日访问）。

[43] 我已经分析过了美国非政府组织在中国的活动，详见 Paolo Urio and Yuan Ying，*L'émergence des ONG en Chine. Le changement du rôle de l'Etat-Parti*，Bern，Peter Lang，2014. 关于对非政府组织在发展中国家的角色的全面评价，参见 Centre Tricontinental，*Les ONG：instruments du néoliberalisme ou alternatives populaires?*，Paris，L'Harmattan，1998。

[44] 奥巴马总统明确表示，军事力量是美国力量的必不可少的部分："我早些时候告诉你们，所有关于美国经济衰落的言论都是政治空话。你们听到的所有关于我们的敌人变得更强，美国变得更弱的言论也是如此。我来告诉你们。美利坚合众国是地球上最强大的国家。（掌声）它甚至不是接近最强大。我们的军费开支超过了接下来八个国家的总和。我们的军队是世界历史上最好的作战部队。（掌声）没有哪个国家会直接攻击我们或我们的盟友，因为他们知道那是走向毁灭之路。调查显示，我们在世界各地的地位比我当选这个职位时要高，在每个重要的国际问题上，世界人民都不指望北京或莫斯科来领导——他们称我们为领导者。（掌声）"巴拉克·奥巴马总统的讲话，国情咨文，2016 年 1 月 12 日，同前。

[45] 关于利益集团的作用日益增加，以及他们在扭曲美国最初的自由主义方案上的作用，参见西奥多·洛伊的开创性著作：Theodore J. Lowi，*The End of Liberalism. The Second Republic of the United States*，New York，Norton，1969. 关于美国因过度服用毒品造成的死亡，参见 Josh Katz，"Drug deaths in America are rising faster than ever"，*New York Times*，5 June 2017。

[46] 关于中国软权力的局限性，参见 Joseph Nye，"The limits of Chinese soft power"，10 July 2015：www. project-syndicate. org/commentary/china-civil-society-nationalism-soft-power-by-joseph-s-nye-2015-07?barrier=true（2015 年 8 月 10 日访问）。

[47] 参见，例如，阿拉伯之春之前及之中的美国非政府组织的作用，根据《纽约时报》报道，Ron Nixon，"U. S. groups helped nurture Arab uprisings"，*New York Times*，14 April 2011。

[48] 参见，例如，Pillsbury，*The Hundred-Year Marathon*，同前；以及 Fleitz（ed.），*Warning Order*，同前；Navarro，"Introduction：crouching tiger"，同前；Peter Navarro，*Crouching Tiger. What China's Militarism Means for the World*，New York，Prometheus

Books, 2015；前美国财政部长，Henry Paulson, Jr, *Dealing with China. An Insider Unmasks the New Economic Superpower*, New York, Twelve, 2015; and Robert Lawrence Kuhn, *How China's Leaders Think*, Singapore, Wiley, 2010。

[49]参见，例如，Eric Heginbotham et al., *The U. S. -China Military Scorecard. Forces, Geography, and the Evolving Balance of Power* 1996-2017, Santa Monica, CA, RAND Corporation, 2015。这份报告由美国空军委托，但是独立进行，不一定符合美国空军、美国军方或美国政府的观点或分析。

[50]我撰写的关于中国改革的书：*Reconciling State, Market, and Society in China*, 同前，我的文章，"Reinventing Chinese society, economy and polity: a very short history and interpretation of China's reforms", Politics and Society, Special Issues of *Journal of Central China Normal University*, Wuhan, Vol. 1, no. 2, September 2013, pp. 1-39。

[51]我对这些问题进行了详细分析：Urio, *Reconciling*, 同前，第 45-102 页，特别是第 68-76 页。

[52] World Bank, *China* 2020, 7 vols, Washington, DC, World Bank, 1997; *China: Promoting Growth with Equity*, Washington, DC, World Bank, 2003; *China: Deepening Public Service Unit Reform to Improve Service Delivery*, Washington, DC, World Bank, 2005; *Mid-Term Evaluation of China's* 11*th 5 Year Plan*, 2008; *From Poor Areas to Poor People. China's Evolving Poverty Reduction Agenda-An Assessment of Poverty and Inequality in China*, March 2009, available at: web. worldbank. org。

[53]关于这一点，参见 Urio, *Reconciling*, 同前，第 3 章, 和 Paolo Urio, *China, the West and the Myth of New Public Management. Neoliberalism and Its Discontents*, London and New York, Routledge, 2012, pp. 185-197。

[54] Ankit Panda, "Confirmed: construction begins on China's first overseas military base in Djibouti", *The Diplomat*, 29 February 2016: http://thediplomat. com/2016/02/confirmed-construction-begins-on-chinas-first-overseas-military-base-in-djibouti（2016 年 4 月 17 日访问）。

[55]美国战略家布热津斯基非常理解欧亚大陆的重要性（地理延伸至中东和非洲），在他的许多书中都进行了解释，特别是他的经典作品《大棋局：美国的首要地位及其战略要务》（*The Grand Chessboard. American Primacy and Its Geostrategic Imperatives*), New York, Basic Books, 1997。

[56] Li Minqi, The Rise of China and the Demise of the Capitalist World Economy, New York, Monthly Review Press, 2008, and "The rise of the working class and the future of

the Chinese revolution", Monthly Review, Vol. 63, no. 2, June 2011; available at http://monthlyreview.org (accessed 15 July 2011). 也参见法国汉学家的作品：Marie-Claire Bergère, *L'âge d'or de la bourgeoisie chinoise*, Paris, Flammarion, 1986; *Capitalisme et capitalistes en Chine*, Paris, Perrin, 2007; *Chine, le nouveau capitalisme d'Etat*, Paris, Fayard, 2011。

[57] 再次参见奥巴马总统的讲话，本章前文已引述："有了TPP，中国不能在该地区制定规则；我们能。你想在这个新世纪展示我们的力量吗？批准这个协议。给我们实施它的工具。这是正确的做法（掌声）……"参见注释42。

[58] 当然，我们也有古代集体生产过程的例子，无论是在中国还是在其他地方。但是，除了"公共工程"，如古埃及的金字塔或中国的长城，经济生产的主要部分是在个人（或家庭）的基础上组织的。

[59] Wesolowski, *Classes, Strata and Power*, 同前，第19-20页，把这个区别只用在经济资源上，而我提议把它用在各种类型的权力上。

[60] 关于把信息用于宣传，参见 Mettan, *Creating Russophobia*, op. cit., ch. 8: "American russophobia: the dictatorship of freedom", 第9章: "Semantics and anti-Russian Newspeak"。

[61] 只提三个例子足矣。第二次世界大战结束后，1950—1953年朝鲜战争期间，美国能够获得联合国的支持(很可能归功于美国在"二战"中获取的声誉)，动员其他国家的力量支持韩国对抗朝鲜。在美国的领导下，利用北约的军事力量发动几次军事行动也是如此。同样，苏联建立了华沙条约来对抗西方联盟。

[62] 参见，例如，https://en.wikipedia.org/wiki/Department_for_International_Development 和 www.eda.admin.ch/deza/en/home/sdc/portrait.html（2017年2月12日访问）。

[63] 在俄罗斯官方命令停止活动后，美国国际开发署（USAID）宣布将关闭在俄罗斯的办公室。俄罗斯政府要求美国在10月1日之前结束这项工作，指责美国干涉内政。美国国际开发署在俄罗斯工作了20年，在援助和民主项目上花费了近30亿美元。驱逐发生在政府镇压亲民主团体之后，做出这一决定的主要原因是，开发署官员的工作并不总是遵守发展和人道主义合作的既定目标。外交部在一份声明中说，"我们正在讨论通过赠款影响政治进程的企图"。BBC News, 19 September 2012; www.bbc.com/news/world-europe-19644897（2017年9月12日访问）。

[64] https://en.wikipedia.org/wiki/Council_on_Foreign_Relations（2017年2月12日访问）。参考 Wikipedia。

[65] https://en.wikipedia.org/wiki/Trilateral_Commission（accessed 12 February 2017）. 参考

Wikipedia. The Trilateral book on "moderation in democracy": Michel Crozier, Samuel Huntington and Joji Watanuki, *The Crisis of Democracy. Report on the Governability of Democracies to the Trilateral Commission*, New York, New York University Press, 1975。

[66] https://en.wikipedia.org/wiki/Bilderberg_Group（2017年2月12日访问）。

[67] James Kirchick, "Ron Paul's World", *New York Times*, Campaign Stops, 29 December 2011：https://campaignstops.blogs.nytimes.com/2011/12/29/ron-pauls-world/?_r=0（2017年2月12日访问）。C-SPAN（有线卫星公共事务网络）是美国有线卫星电视网络，由有线电视行业于1979年创建，作为一项公共服务。C-SPAN电视转播了美国联邦政府的许多讨论活动，以及其他公共事务节目。

[68] William F. Jasper, "Trump: will he be controlling or controlled?", *The New American*, 24 May 2016：www.thenewAmerican.com/usnews/politics/item/23238-trump-will-he-be-controlling-or-controlled（2017年2月12日访问）。这篇文章提醒读者，罗恩·保罗博士，……利用他担任政治职务期间，坚定地、不知疲倦地、大部分时间都是单枪匹马地，与联邦政府无情地篡夺美国宪法范围之外的权力进行斗争和反击。这样做时，他在与民主党斗争的同时，也与自己共和党内的人进行斗争。在与美联储和美联储背后运作的华尔街势力的斗争中，众议员保罗用"我"这个大写字母与内部人士对抗，这些政治和金融内部人士不仅在权力大的机构中位高权重，而且分享一个统一的颠覆性愿景，即在一个世界政府、一个新的世界秩序下集中所有全球权力。这些亲世界政府的内部人士通过一些半秘密组织运作，如外交关系委员会、欧洲外交关系委员会、三边委员会、英国皇家国际事务研究所（RIIA，又名查塔姆大厦）、阿斯彭研究所、罗马俱乐部和世界经济论坛，以及诸如彼尔德伯格集团和波希米亚格罗夫等超秘密集会。

[69] 我在评估中国和西方新公共管理的成果时已经这样做了，Urio, *China, the West*, 同前。

[70] Stiglitz, "Monopoly's new era", 同前。

[71] 参见，例如，Holly Sklar (ed.), *Trilateralism. The Trilateral Commission and Elite Planning for World Management*, Boston, South End Press, 1980; James Perloff, *The Shadows of Power. The Council on Foreign Relations and the American Decline*, Boston, Western Islands, 1988; Daniel Estulin, *The True Story of the Bilderberg Group*, Chicago, IL, Independent Publishers Group, 2009 (updated, revised and expanded); Jim Marrs, *Rule by Secrecy. The Hidden History That Connects the Trilateral Commission, the Freemasons and the Great Pyramids*, New York, HarperCollins, 2000。

[72] 参见，例如，Béatrice Hibou（ed.），*Privatisation des économies，privatisation des Etats*？Paris，Karthala，1999。

[73] 有关法国令人印象深刻的国有化和私有化清单，参见 Nicole Chabanas and Eric Vergeau，"Nationalisations et privatisations en France depuis 50 ans"，Paris，INSEE Première，No. 440，April 1996：https：//fr.wikipedia.org/wiki/Priva tisations_en_France（accessed 25 April 2016），and "L'occasion ratée"，in *Manuel d'économie critique*，Paris，Hors série of *Le Monde Diplomatique*，2016，pp. 156-157。

[74] Gilbert Casasus，"Allemagne：la faillite du schöderisme"，L'Hebdo（Geneva），17 March 2016。

[75] Francis Fukuyama，*The End of History and the Last Man*，New York，Free Press，1992。

[76] 福山随后缓和了他对历史终结的预测。在接受德国报纸《时代周刊》的长篇采访时，他坚持认为美国应该停止向全世界宣扬民主价值观。尽管如此，他仍然坚信自由主义是多元化治理的理性解决方案，而且从长远来看，它将会占上风。此外，他坚持认为历史将发展成为一种自由民主资本主义。他在采访结束时说，当谈到历史的终结时，他想说，除了自由民主，他没有看到更好的选择。我对《时代周刊》采访的翻译，于2016年4月7日在L'Hebdo出版。

[77] 我已经分析了韦伯的权力观，Urio，*Le role politique*，第2章第45-59页。此书已绝版，但第二章分析韦伯的权力观，可以在我的个人网站上找到：http：//ecmi.ch/pdf/papers_publica tions/1984-1_on_administration_and_policy_making.pdf，pp. 8-31。

[78] Max Weber，Politics as a Vocation，available at：http：//fs2.American.edu/dfagel/www/Class%20Readings/Weber/PoliticsAsAVocation.pdf。

[79] Paolo Urio，"La gestion publique au service du marché"，in Marc Hufty（ed.），*La pensée comptable. Etat，néolibéralisme，nouvelle gestation pulques*，Paris，Presses Universitaires de France，Collection Enjeux，Cahier de l'IUED，Genève，1999，第91-124页。关于国家的限度与权力的丧失，参见 John Hoffman，*Beyond the State*，Cambridge，Polity Press，1995；Kenichi Ohmae，*The End of the Nation State. The Rise of Regional Economies*，New York，The Free Press，1995。

[80] 另一翼为针对发展中国家的华盛顿共识。

[81] 请注意，20世纪90年代，经合组织内部已经试图在绝对保密的情况下谈判达成一项国际投资协定。在条约的内容因泄露而公之于众后，就放弃了。多边投资协定（MAI）可以在以下网址获得：www.monde-diplomatique.fr/md/dossier/ami。关于对此的评论，参见 Lori M. Wallach，"Le nouveau manifeste du capitalisme mondial"。*Le*

Monde Diplomatique, February 1998, p. 22。洛里·瓦拉克是公众公民全球贸易观察的主任 Washington, DC：www.citizen.org。

[82] 跨大西洋贸易与投资伙伴关系（TTIP）得到了 1995 年在欧盟委员会和美国商务部赞助下成立的跨大西洋商业理事会（TABC）的支持。根据华盛顿公众公民全球贸易观察主任洛里·瓦拉克的说法，"TTIP 的目标，如同公开发表的声明一样，是消除它所称的'贸易刺激因素'，即在不受公共机构干涉的情况下，按照同样的规则在两个大陆上运作"，（我从法语翻译而来：Lori Wallach, "Le traité transatlantique, un typhon qui menace les Européens", Le Monde Diplomatique, November 2013, pp. 4-5）。同样，跨太平洋伙伴关系（TPP）也得到跨国公司的支持，尤其是美国公司，如烟草和制药公司。关于 TPP 条约，参见 Gordon Lafer, "Partnership or putsch?", Project Syndicate, 14 January 2014：www.project-syndicate.org（accessed 15 January 2014）。戈登·拉弗是俄勒冈大学劳动教育和研究中心的教授。关于 TPP 条约，参见 Lori Wallach, "Government by big business goes supranational: the corporation invasion", Paris, Le Monde Diplomatique（English edition）, December 2013：http://mondediplo.com/2013/12/02tafta（accessed 12 January 2014）；Kim Bizzarri, A Brave New Transatlantic Partnership. The Proposed EU-US Transatlantic Partnership（TTIP/TAFTA）and Its Socio-Economic & Environmental Consequences, Brussels, published by the Seattle to Brussels Network, October 2013。跨大西洋商业理事会长期以来一直在推动 TTIP 谈判。跨大西洋商业理事会于 1995 年由美国商务部和欧盟委员会召集，作为美国和欧洲商界领袖与美国内阁秘书和欧盟专员之间的正式对话。成员包括在美国、欧洲和全球运营的美国和欧洲公司的首席执行官或董事长。其成员包括美国和欧洲的主要跨国公司，如美国国际集团、AT&T、奥迪公司、巴斯夫、英美烟草、英国电信、雪佛龙公司、思科、德勤、德意志银行、德国电信、爱立信、埃克森美孚公司、福特汽车公司、英特尔、毕马威、辉瑞、菲利普莫里斯国际、普华永道、高通、SAAB 集团、西门子、意大利电信。根据跨大西洋商业理事会网站：www.transatlanticbusiness.org（2016 年 4 月 15 日访问）。

[83] Joseph E. Stiglitz, "The secret corporate takeover", Project Syndicate, 13 May 2015：www.project syndicate.org（accessed 31 May 2015）；"Monopoly's new era", loc. cit.；and "The free-trade charade", Project Syndicate, 14 July 2013：www.project-sysndicate.org（accessed 25 September 2013）。也参见 Joseph E. Stiglitz, Making Globalization Work. The Next Steps to Global Justice, London, Penguin, 2006；Freefall. America, Free Markets, and the Sinking of the World Economy, New York, Norton, 2010；and The Price

of Inequality. How Today's Divided Society Endangers Our Future, New York, Penguin, 2012. See also Lafer, "Partnership or putsch?", 同前。

[84] Fernand Braudel, *Civilization and Capitalism. Afterthoughts on Material Civilization and Capitalism*, Baltimore, Johns Hopkins University Press, 1979, pp. 113-114。

[85] 再次参见兰德公司受美国空军委托所做的调查报告：Heginbotham et al., *The U. S. - China Military Scorecard*, 同前。然而，再次参见奥巴马总统强调军力是美国权力的重要组成部分(注释引用44)。

[86] 参见，例如，Ian Easton, *Strategic Standoff. The U. S. -China Rivalry and Taiwan*, Arlington, VA, Project 2049 Institute, March 2016。这份报告特别指出，(第一页)美国的政治制度和国家利益与中国根本对立。北京的认知失误包括对美国行为的偏执解读、鹰派意识形态和脱离现实。……过去的(美国)总统徒劳地试图将中国纳入美国领导的世界秩序，显然没有意识到北京对现状怀有敌意。现在应该很清楚，除非中国分享共同的民主价值观，否则它永远不会成为美国的真正朋友。2049项目研究所成立于2008年1月，旨在在21世纪中叶，引导决策者走向更加安全的亚洲。2049项目研究所网站：http://project2049.net/about_us.htm（2016年5月20日访问）。

[87] 世界人权宣言，available at www.un.org/en/universal-declaration-human-rights，包括一系列人权，远远超出了西方政治家和记者大部分时间提到的公民权利和政治权利。例如，第23条：1. 人人都有工作权利、自由选择职业、享有公正和有利的工作条件以及免遭失业的权利。2. 人人都有同工同酬，不受任何歧视的权利。3. 每个工作的人都有权利获得公正和有利的报酬，确保他和家人过上有尊严的生活，并在必要时通过其他社会保护手段加以补充。4. 人人都有权利组织和加入工会以保护自己的利益。以及第25条：1. 人人都有权享有足以维持自己和家人健康和福祉的生活水平，包括食物、衣服、住房和医疗保健以及必要的社会服务，并有权在失业、疾病、残疾、丧偶、年老或其他无法控制的情况下获得保障。2. 母亲和儿童有权获得特殊照顾和援助。所有儿童，无论婚生或非婚生，都应享有同样的社会保护。

[88] Milton Friedman, *Capitalism and Freedom*, Chicago, IL, University of Chicago Press, 1982. 更准确地说：经济自由(因此在资本主义经济中)是保证政治制度自由的必要条件。

[89] Stiglitz, *The Price of Inequality*, op. cit。

[90] 我已经深入分析了中国和西方的这些方面，参见 Urio, *China, the West*, 同前。

[91] This last sentence is word for word the same as the one I used in my 1984 book dealing with power within a nation-state: Urio, Le role politique, op. cit., p. 263: "Le groupement de domination parvient ainsi à faire la prevue du caractère absolument indispensable de son existence", translated in English for my 2010 book as: "The dominant group thus succeeds in proving the indispensable character of its existence", Urio, Reconciling, op. cit., p. 164. It is my pleasure to notice that this sentence corresponds to one of the strongest beliefs of the American establishment about America being the "indispensable nation", a statement made famous, as we have already mentioned, by former Secretary of State Madeleine Albright (see note 24 above). For a critique of the "indispensable US nation" after the end of the Cold War, see Emmanuel Todd, After the Empire. The Breakdown of the American Order, London, Constable, 2004. 最后一句与我在1984年写就的分析民族国家权力的书中的句子一字不差，Urio, *Le role politique*, 同前所述，一字不差。第263页："Le groupement de domination parvient ainsi à faire la prevue du caractère absolument indispensable de son existence"，为我2010年的书翻译成汉语："主导群体因此成功地证明了其不可或缺"，Urio, *Reconciling*, 同前，第164页。我很高兴地注意到，这句话符合美国当权派的最坚定信念之一：美国是"不可或缺的国家"，正如我们已经提到的，前国务卿马德琳·奥尔布赖特发表的声明使其著名（见上文注24）。对于冷战结束后"不可或缺的美国"的批评，参见Emmanuel Todd, *After the Empire. The Breakdown of the American Order*, London, Constable, 2004。

第三章

中国战略抉择：学者的视角

"兵者，国之大事，死生之地，存亡之道，不可不察也。故经之以五事，校之以计，而索其情。一曰道，二曰天，三曰地，四曰将，五曰法。"

孙子 《孙子兵法》

从《孙子兵法》到新中国战略

在第一章中，我证实了如果不参考中国兵家的经典著作，如《孙子兵法》，就不可能理解当今的中国战略。因此，中国发展研究领域中被引用最频繁的当代中国学者之一——胡鞍钢在他和门洪华合著的《现代中国的崛起：综合国力与大战略》的文章中，将上述引文放在了开头。[1]这并不令人惊讶。对孙子不熟悉的读者或许对这句话的深意不甚了了，因此，胡鞍钢与门洪华在文章的头两段就清楚地阐述了中国学者（甚至是中国领导层）对于《孙子兵法》的理解。

在文章中，两位作者首先承认全球化加速了世界经济一体化的进程。其次全球化导致了各个国家之间的竞争，尤其是大国之间的竞争。即使这些国家相互依赖、相互联系，也会不可避免地面临竞争。最后国际竞争表现为国家战略资源的动态变化，从而引起国家实力的变化。这一系列变化的结果，就是世界范围内国家实力此消彼长，进而导致世界格局的改变。

通过分析，胡鞍钢与门洪华提出了以下问题：21世纪什么战略资源重要？在战略资源方面，中国在世界上地位如何？中国与美国、日本、俄罗斯和印度等国家相比如何？最后一个问题，也是最引人深思的问题，中国如何获得更多战略资源，如何充分利用在某些战略资源上的优势，同时不断减少在其他战略资源上的劣势？一系列的分析最终指向一个问题：中国大战略的目标是什么？[2]

胡鞍钢从这些前提出发，就中国应该实施什么战略提出了一系列政策建议，并进行了大量的实证研究，阐述了中国国力的变化和增长，尤其是中美之间的国力对比。本章篇幅有限，在这里不可能总结出胡鞍钢对理解中国恢复世界强国地位战略的全部贡献。但即使有足够篇幅，要从胡鞍钢大量的著述中（书籍、文章、报告、讲座PPT等）总结所有要点也不太可能。这不仅因为其著述几乎涵盖了自1949年之后有关中国发展的方方面面，还因为胡鞍钢的研究处于面向学界的科学研究和为中国领导人的咨政建言的交汇点。

因此，我将只总结胡鞍钢著述中对本书研究目的而言比较重要的几个方面，不区分著述的性质是学术文章还是政策建议类文章。[3]本章将首先选取与分析中国战略有关的著述，然后总结胡鞍钢用历史视角对比中美两国实力的方法的发现。这也是第四章中引言的内容。本章通过提及胡鞍钢的职业生涯及早期研究成果来介绍这两部分内容。这对于理解胡鞍钢从什么样的个人角度和学术轨迹看待中国成为世界大国，以及看待中国有可能超越美国成为新的超级大国是至关重要的。[4]

1953年4月27日，胡鞍钢出生于辽宁省鞍山市。1966年，"文化大革命"爆发，胡鞍钢年仅13岁，他必须中断学业，下乡插队。在农村生活的几年中，胡鞍钢亲身感受到当时中国农民的艰难生活。这样的经历影响了他的整个学术生涯，令他一直强调要建设一个更加平等、更加开放的中国社会，富足[主要用收入和获得社会服务（医疗、教育等）的机会来衡量]由全体人民共享以及经济发展更加尊重环境。1976年，"文化大革命"结束。邓小平做出1977年恢复全国高考的决定后，时年23岁的胡鞍钢得以继续学业，进入大学学习，并在唐山工学院、北京科技大学和中国科学院先后

☆第三章　中国战略抉择：学者的视角☆

获得工学学士、硕士、博士学位。20世纪80年代，胡鞍钢在中国科学院准备博士论文期间，开始了关于中国发展的分析框架研究工作。[5]他的题为《人口与发展》的博士论文后来与另一位学者邹平合作，扩展为一本书于1991年出版。[6]与此同时，他在中国科学院的团队内研究"中国实现长期发展所需的条件"。1992年，其研究成果《生存与发展》的英文版发表。[7]但这本书的中文原版在1988年就已送到了中国领导人的办公桌上。[8]这两部著作是中国学者学术成果的范例，充分利用了中国和西方资料，不仅显示了这个研究团队对其他国家研究成果的开放胸怀，[9]也展示了他们具有高度的知识独立性。

在完成"生存与发展"报告的相关工作后，胡鞍钢于1991年前往耶鲁大学经济系深造，开始为期一年的博士后研究工作。在耶鲁大学，胡鞍钢与另外一名中国学者王绍光合作，于1993年合作撰写了以《加强中央政府在市场经济转型中的主导作用》为题的报告，强调政府政策尤其是财政政策的中央集权。[10]对于"胡王报告"，傅士卓（Joseph Fewsmith）认为，胡鞍钢和王绍光"只强调了政府'汲取财政的能力'，而选择性地忽略了作为国家能力的其他更难发展、但同样重要的能力，包括国家的合法化能力、反腐败能力，以及建设高效政府的能力等。"[11]我认为这种观点并不十分准确。在分析中国日益增大的地区差距方面，胡王二人做了大量研究，并且为实现中国经济与社会的再平衡提出了很多建议。傅士卓本人也承认这一点。[12]

20世纪90年代，这些思想在中国国内流传，之后又翻译成英文发表。[13]不仅如此，自20世纪80年代开始，胡鞍钢就已建立起研究政府与市场关系的理论框架，并得出结论，认为中国的某些领域不能完全交给市场，尤其是那些关系到消除地区差异的领域。这是一个总体的政策选择，后来胡鞍钢不仅将其用于经济政策，而且用于社会保障、医疗、教育及环境保护。在20世纪90年代初的中国，如何把握不断变化的政府与市场关系，是当时中国领导层所面临的最大挑战。学者张旭东这样写道：

　　胡王二人的论证可以看作是最早对中国背景下政府与市场间

· 95 ·

关系进行的系统研究之一。也是对那些东欧转型社会(特别是苏联、南斯拉夫等)经济崩溃、政治垮台以及社会悲剧现象,学界较早的回应之一。[14]

回到1992年的中国。当时,胡鞍钢针对日益加大的中国社会差距提供了大量实证证据,并提出了一系列政策建议。这也为日后中国将为西部地区制定的政策推广到全国提供了科学基础。1993年,胡鞍钢任中国科学院生态环境研究中心研究员,同时任教清华大学。1999年,胡鞍钢成为清华大学全职教授,并创立了清华大学国情研究中心(后来更名为清华大学国情研究院)。作为中国最具影响力的智库之一,清华大学国情研究院写了大量研究和咨政报告(名为《国情报告》),直接送达中国最高领导人。该研究院的一系列研究成果,对中国发展战略由邓小平时代的"以经济建设为中心"到"以人为本"的转变,以及中国五年规划的起草和制定,产生了重大影响。2008年11月,胡鞍钢获得宏观经济学管理领域的杰出贡献奖。

在他的国际发展硕士项目课程介绍中,胡鞍钢解释了他如何进行中国研究。[16]他的研究围绕着一个问题:中国能否实现现代化?胡鞍钢解释说,首先,中国实现现代化这一目标,必须要建立在以下几个条件上:(1)中国的现代化必须从国情出发,中国的现代化进程一定是渐进的,一定不能照搬西方或者苏联的模式。中国应该选择一条独特的、最适应中国国情的社会主义现代化模式和发展道路;(2)中国共产党的决策过程必须建立在集体领导制的基础上;(3)中国的决策者需要听取专家学者的科学意见。其次,胡鞍钢阐述了中国现代化的具体目标:(1)把重点放在关系到全社会的经济、社会发展及进步的最关键问题上来,因为只有有利于大多数人的改革才能被视为真正的改革;(2)改善人民的生活条件,关注下岗失业问题、社会保障问题、农民收入问题以及少数民族地区的贫困问题等重要问题;(3)解放农民、投资农民、转移农民、减少农民数量,使农民富裕起来;(4)缩小地区之间以及地区内部城乡之间的差距;(5)获得相关的科学知识。

胡鞍钢被问及为什么他的建议在提出后不久就被中央采纳。他的回答是，中央的决策从来都不是简单的经济决策，而是经济、社会与政治的决策。因此，研究中国经济问题，不能仅仅从经济角度出发，必须从社会角度、特别是政治角度对这些问题进行审视。对胡鞍钢来说，知识分子的任务是创造知识，不是研究为个人创造财富，而是为人民和国家创造财富。他提供的是一种"公共产品"，即"知识"。但学者的研究成果只有形成公共政策才能影响社会和推动社会向前发展。[17]在这一努力中，胡鞍钢分析了中国现代化进程中的几个颇受争议的问题，包括各种类型不平等问题、公共医疗问题、环境问题、腐败问题以及生态环境保护等问题。[18]胡鞍钢也承认，他一度是"少数派"，但自豪而有理由地宣称，最终他成了多数派。

  基于这样的研究和建议策略，胡鞍钢所领导的国情研究院为中国高层提供了数量巨大的《国情报告》。这些举动也是中国领导人所提倡的总趋势的一部分，即发展一流的智库，提供政策分析，为避免决策失误以及发生失误迅速纠正建言献策。[20]正是在这一背景下，自2000年国情研究院建成以来，已成长为中国最具影响力的智库之一。它不仅直接参与了中国改革开放的实践，还积极参与到中国中长期发展规划的重大决策磋商过程中。由于有了《国情报告》，国情研究院用政策报告，通过提供国情信息和国家政策建议影响了中国的决策者。研究院院长胡鞍钢自第九个"五年计划"以来，一直为相关知识做出贡献。胡鞍钢自2005年以来，一直作为中国国家发展规划专家委员会成员，为"十一五"（2006—2010）、"十二五"（2011—2015）和"十三五"（2016—2020）进行第三方独立评估。[21]

  2014年10月27日，全面深化改革中央领导小组第六次会议将中国特色新型智库的功能界定为"咨政建言、理论创新、舆论引导、社会服务、公共外交等重要功能"，并明确提出2020年目标是"重点建设一批具有较大影响力和国际知名度的高端智库"。2015年12月，25家首批国家高端智库建设试点单位名单公布，目标是"为中央决策提供信息支持和政策建议"。胡鞍钢领导的清华大学国情研究院入选首批国家高端智库建设试点名单，足见其研究及咨政建言工作受到了中国高层的认可。[22]

  总结多年来国情研究院的研究经验，胡鞍钢将其目标和工作方式确定如下：(1)坚持中国特色、高校品牌和世界一流的三个目标定位；(2)坚持基础研究与政策研究相结合、决策咨询与教书育人相结合；(3)推进文化建设、团队建设、平台建设和机制建设；(4)作为高校智库，国情研究院还要进行独立性、前瞻性、专业化的决策知识研究工作；(5)参与五年计划制订过程是研究院参与咨询决策的有效方式，除此之外，还要通过多渠道影响决策。这些渠道包括：(1)为中国最高领导人提供《国情报告》；(2)直接参与国家部委组织的磋商会议，并提出政策建议；(3)通过公布其研究成果提供系统的信息；(4)在新华社、人民日报、光明日报等官方主流媒体发表文章，引导舆论，扩大社会影响力；(5)在国内核心期刊发表学术文章，并引导学界有关学者。胡鞍钢本人也是在社会科学方面文章被引用最多的学者之一。

上述有关胡鞍钢研究活动的介绍已经非常清楚地表明，他不仅是参与中国现代化道路战略研究的重要人员，并且积极参与了这一战略的制定，特别是其对五年计划的编写做出了贡献。难怪他做出了大量有趣的研究，从而帮助我们理解为实现中国正在推行的战略而制定的政策，从长远看，这一战略的目的是重新恢复世界大国地位。

解读早期中国战略

我对胡鞍钢关于毛泽东时代结束后中国的发展问题研究感兴趣。然而，我认为首先要解释清楚"毛泽东时代"是如何，以及在何种程度上打下了一个重要基础，使邓小平得以重新确定中国的发展方向，从计划经济体制逐步转向引入市场经济机制，向世界经济开放。

在我看来，自1949年以来，毛泽东带领中国实现了五项进步：首先，在经历了一个世纪的外国统治，沦为半殖民地国家的中国成功收复主权（进步一）。其次，正如我在第二章所提到的，毛泽东改善了对经济和社会发展至关重要的中国人口的两个特点——教育和医疗。在毛泽东时代，中国人口平均预期寿命从35岁增加到61岁（进步二），成人识字率从20%提高到约70%（进步三）。[24]如果没有这些进步，邓小平时代的发展政策将会

☆第三章 中国战略抉择：学者的视角☆

很难落地，或者需要更长的时间才能实现。再次，就是毛泽东为中国的工业革命奠定了基础（进步四）。正是在此基础上，邓小平才能进一步发展中国经济。最后，是毛泽东定义了集体领导制的特征（进步五）。毛泽东的行为及有关集体领导制的各种论述，其实为毛泽东之后的时代集体领导制的确立奠定了实践和理论基础。[25]

胡鞍钢将毛泽东时代及其之后的中国领导人所提出的发展战略称为"中国三代发展战略"。[26]第一代发展战略（毛泽东时代）是中华人民共和国成立之初提出的。这是计划经济时代的一项传统发展战略，将"赶英超美"定为其发展目标。20世纪60年代中期，毛泽东提出了到20世纪末实现"四个现代化"的目标。通过"高积累、低消费"政策，优先发展包括国防工业和资本密集型产业在内的重工业，实行进口保护。

第二代发展战略是邓小平在20世纪80年代确定的"过渡发展战略"，又称"三步走"发展战略，包括国内生产总值翻两番[27]、贸易投资自由化以及发展市场、鼓励竞争等内容。这个时代的发展战略仍然以物质财富为中心，最先考虑的是发展速度。邓小平主张不平衡的发展，通过集中精力发展沿海地区，"让一部分人先富起来"。这就导致地区之间、城乡之间的差距进一步加大。这种差距不仅体现在收入上，还体现在消费水平和教育、医疗等公共服务水平等方面。

为了纠正第一代和第二代发展战略所造成的一些负面影响，中国领导层于20世纪90年代末实施了"西部大开发"战略，并由此转向第三代发展战略。在之后的10年里，"西部大开发"成为中国政府优先部署的发展战略。[28]发展战略明确，将发展重心从单纯的经济发展转变到社会、经济和生态环境的协调发展，缩小沿海与内陆地区之间的差异。[29]

中国学术研究工作为中国发展战略发生基本转变奠定了基础。[32]从20世纪50—80年代，国家越来越重视高校和智库等机构中知识分子和研究人员的工作。中国科学院和中国社会科学院就是这样的学术机构，而胡鞍钢正是在中国科学院开启了他的国情研究之路。胡鞍钢与中科院同事合著的两本书《人口与发展》和《生存与发展》，很好地说明了胡鞍钢的研究主题和方法论的缘起。在《人口与发展》一书中，作者结合了历史、人口、经济、环境和区域(主要是城乡区域差异)以及当时中国社会和家庭计划生育的视角,为综合分析中国应采取的发展战略奠定了基础,催生了作者的第二本书《生存与发展》。

通过对中国人口情况进行研究,作者得出的重要结论之一,就是不论在理论上还是在经验上,中国都不能生硬照搬别国的模式,尤其是西方国家的人口研究模型。相反,中国进行人口分析和评估,必须结合中国国情和中国特色。[33]一套人口理论,如果不能按照中国的实际情况分析,就注定会犯错误,最终沦为教条主义。因此,作者并没有全盘接受传统的马克思主义发展理论,也没有照搬苏联的发展模式和人口理论,[34]而是基于当时中国社会存在的主要矛盾建立了一套理论模型。当时,伴随着中国人口数量急剧增长的,是生产资料短缺、工业原料增加、就业环境改善、教育科技发展、粮食需求增长以及人民生活水平不断提高的现实。

这种范式的变化,导致中国在20世纪80年代采取了严格控制生育的政策,以期降低生育率,从而消除或者缓和上述人口矛盾。如果不否定当时流行的假设,即经济发展是生育率降低的原因,因此经济发展必须先于生育率下降,这种变化就不可能发生。胡鞍钢和邹平对这种流行假设提出了异议。他们认为,这种观点相当于在两者间建立了一种简单的因果关系,而忽视了其所处的时间、地点和具体国情。[35]两位学者认为,相反地,人口与经济发展之间的关系极其复杂。通过引用魏津生对欧洲生育政策的分析,胡鞍钢和邹平得出结论,生育率的下降不仅仅是经济和文化发展的结果,也是经济、文化、历史、习俗等多种因素共同作用的结果。……在经济和文化相对落后的国家,生育率也开始较早下降。因此,只有在经济发展之后,生育率才能迅速下降的观点不符合历史事实。此外,作者列举了韩国、新加坡、泰国和马来西亚等由于政府政策而导致生育率下降的国家,并得出结论,中国的国情决定了(政府推行的)有效的人口控制将不可避免地为国家经济的腾飞创造有利条件。[36]

《生存与发展》一书从中国人口和土地的条件出发,确定了中国在发展道路上必须面对的根本问题:

人口过多，经济基础非常薄弱，教育、文化、科技落后，自然资源相对短缺，以及相较于世界标准而言，中国人均国民生产总值过低。过去十年的改革中，中国虽然取得了极大的进步，但这些问题却基本没有改善，某些问题甚至更加严重了。[37]

1988年年末，这份研究报告到了中国领导人手里。这份研究报告引人注目，不仅因为分析质量高，而且它指出了经济发展战略存在的主要问题。在20世纪80年代，这些问题已经凸显出来了。然而，在我看来，不幸的是，当时中国政府并没有对这些研究结果及建议做出足够快的反应。因此，到20世纪90年代中期，中国经济发展的负面后果已经到了这样一种程度，90年代后半期采取的措施（并在随后10年进一步强化）见效甚微。[38]至此，中国学者具有想象力和独立性的研究才真正受到中国政府更加重视，并要求学界给出专业意见。

正如上述人口研究所秉承的观点一样，这份报告认为中国所面临的问题归根结底是中国人口与资源之间的矛盾问题。更令人注意的是，早在1988年，《人口与发展》就已经指出了当时经济发展的消极影响对中国造成的四重挑战，并毫不犹豫地将这些挑战称为中国所面临的"前所未有的多重危机"：[39]

1. 尽管政府实施了计划生育政策，但中国人口数量仍继续增长，且老龄化速度很快，从而造成沉重的就业负担；此外，中国的平均文化程度仅为4.6年，这对于那些对劳动力教育背景要求较高的行业来说远远不够；最后，迅速增长的人口会引发长期失业和就业不足问题，尤其是在农村地区，问题将更加严重。

2. 农村资源减少，达到其承载能力的极限，这样的形势在未来会更加紧迫。

3. 环境污染的迅速扩大以及生态系统的持续退化将严重威胁21世纪上半叶中国的生存和发展。

4. 人们迅速增长的粮食需求和增加粮食生产的实际困难。

基于以上分析，报告认为以下政策（部分政策已获政府采纳）应在较长一段时间内推行：

1. 计划生育；
2. 高增长率和适度消费；
3. 发展教育、科学和技术；
4. 节约自然资源、保护环境；
5. 对外开放，保持可持续发展。

不仅如此，报告还清醒地指出，这些政策要取得成功，须以一些重要的环境条件为前提，包括不会再有"文化大革命"之类严重错误发生，没有全国性的自然灾害，没有外来侵略，中国不卷入与其他国家的军事冲突等。[40]报告还坚定认为，中国应该走一条"非传统"的现代化之路，这条路应基于以下条件：

1. 生产过程中资源消耗低；
2. 个人消费适中；
3. 在控制污染、保证生态平衡和合理利用自然资源（生态高效）的同时，持续提高经济效能，实现可持续发展；
4. 保证效率和公平正义的社会体系；
5. 鼓励各领域创新，尤其是科技领域创新的合理技术体系；
6. 融入国际经济体系；
7. 合理开发利用资源、防止污染，确保生态平衡。

作者深知，这个模式并非完美。面对发达国家和地区的"消费效应"，作为"后来者"的中国人，在还未富起来的情况下强行攀比，进行不切实际的消费。中国人对发达国家生活方式的了解将增加他们对生活水平的期望，这就会给中国政府带来更多的压力。因此，通过理智分析，作者得出结论：

☆ 第三章 中国战略抉择：学者的视角 ☆

> 我们必须坦率而真诚地告诉人民，在资源消耗方面，我们没有能力与美国等发达国家相比。……我们无法随意选择，而是受到环境的限制。……这份报告的基调既不是不切实际的乐观，也不是不切实际的悲观，而是相当谨慎和有所保留的乐观。……中国目前的基本条件十分不利，但这也是中国最后一次发展机遇。……报告实事求是地说明了中国的实际情况。……面对未来的发展危机，不论是中国的决策者们，还是工人、学者或者农民，都应达成共识，承认中国的改革发展之路是长期的、艰辛的，甚至是痛苦的。这将产生一股持续而强大的凝聚力，使人民为长期的艰苦奋斗做出更充分的准备，努力摆脱危机、克服困难，最终实现中华民族在 21 世纪的伟大复兴。[41]

后来的人们也许会对报告中作者"有所保留的乐观"感到惊讶，因为他们知道在报告发布后的 10 年中，城市个人消费规模将大幅增长。此外，作者还认为中国各行各业的人们都有必要认识到国家发展所面临的困难，即报告中所指出的主要矛盾。这也从另外一方面表明，中国人所遵循的和谐统一的价值观已经成为其鲜明文化特征，即使在那些从实践中追寻真理的学者们也不例外。更有趣的是，报告几乎确定并分析了中国在 20 世纪 90 年代末所遇到的一系列重大问题，报告中也已经明确地提出了经济效率、社会平等和效率、生态效率以及各领域创新等问题。

1999 年，胡鞍钢创立了中国国情研究院，还建议将"以人为本"这一关键发展理念写入中国第十个五年计划（2001—2005）纲要，并提出改善环境质量是实现可持续发展的先决条件。这种变化将通过引入市场机制和高科技，推动"环境友好型"发展战略取代当时以"高污染、高消耗"为基础的发展模式。这些建议随后被 2007 年中共十七大肯定并采纳。2012 年，中共十八大进一步确定了发展战略的调整方向。强调"以人为本"，这也是"第三代发展战略"的核心。

新的发展战略已经非常明确地表明，中国在 21 世纪面临的最大挑战不是如何继续加快经济增长，而是如何实现持续、公平的增长，如何实现

· 103 ·

"人的发展"。为此,应该关注发展的根本目的,而不能为了发展而发展。"以人为本"的发展方针,就是投资人民,为人民服务,为人民发展经济,促进人民的发展,提高人民的发展能力,增加人民的发展机遇。

2015年10月,党的十八届五中全会采纳了胡鞍钢的建议,首次提出创新、协调、绿色、开放、共享五大发展理念。[43] 在这一新的发展战略框架下,中国向贫困省份和地区投资了数千亿元,并借助"一带一路"倡议(第五章会详细说到),新增了国际层面的发展,带动中国及周边乃至更多国家经济和社会共同发展。

对中国恢复世界大国地位战略的系统分析

现在,我们需要重新回到本章开头引用的门洪华的文章。在对现有的国家实力评估方法进行了简短而仔细的研究后,胡鞍钢提出了自己对国家实力的衡量方法,并将其称为"综合国力"(CNP)。为此,胡鞍钢引用了一些能够量化的"硬"数据,其中大部分是世界银行发布的相关数据。但是,他并没有将其用在建立数学模型上,而是利用这些数据,找出21世纪决定一个国家综合实力的战略性资源是什么。胡鞍钢的研究不需要建立复杂的计量经济学模型,而是进行历史分析、梳理国际权力体系的变化并为其定性,以及确定什么才是21世纪最重要的战略资源。这种办法对中国来说相对容易,因为至少从20世纪初起,许多学者就研究了重要竞争对手——美国的权力来源,冷战结束后,美国成为世界霸主。[44] 胡鞍钢研究的结果是总结出了八种可用于权力关系的资源:[45]

(1)经济资源;
(2)人力资源;
(3)自然资源;
(4)资本资源;
(5)知识技术资源;

☆第三章　中国战略抉择：学者的视角☆

(6) 政府资源；

(7) 军事资源；

(8) 国际资源。

在为八大战略资源定性后，下一步就是如何最大限度地量化这些资源。这一点我会在本章最后一部分讲到。[46]

在第二章中，我提出了一种在国际体系中获取权力的综合方法，这种方法总结出一个国家可能用于获得实力的所有战略资源，而不受特定历史时期的局限。通过为这八类资源定性，胡鞍钢确定了21世纪最为重要的战略资源。但在我们具体分析如何用"综合国力"分析中国战略之前，必须要明确胡鞍钢所谓的"中国战略目标"是什么。

在上文所涉及的文章中，胡鞍钢并没有明确提到中国"恢复世界大国地位"，但他在很多著作中都坚持认为，通过提高所有八类资源，中国应该能赶上西方国家（尤其是美国），所以中国的战略目标应该是恢复世界大国地位。[47]这篇文章提供了一组用于体现八大战略资源的数据，这些数据正是胡鞍钢在其最近出版的著述中所使用的。此外，胡鞍钢还在这八大战略资源的基础上，新增了第九种战略资源——信息资源。通过研究胡鞍钢对于几种战略资源的分析，我们有可能对中国恢复世界大国地位所采取的战略有一个较为清晰的认识。

需要说明的是，胡鞍钢的著作，不仅涵盖了有关中国战略的论述，还包括作者对于中国领导层实施战略的结果评估。通过阅读胡鞍钢的著作，不难发现其著作中有关"中国政府战略实施情况评估"（实践）和"中国为重返世界大国地位应该采取的战略"（理论）两部分内容存在很大重复。这又是一个中国知识分子不把理论和实践明确区分开的例子，但正如我在前文讲过的，知识总是通过行动来体现，"知行合一"方为善。[48]这样的重复极有可能归结于胡鞍钢的学术观念。他一直认为，学术研究所形成的所谓知识，只有成功地引导公共政策，才能对社会发展有所贡献。这一直是他领导的清华大学国情研究院的主要成就。

毛泽东时代结束后，中国开始为重新成为世界大国系统地发展战略资源。毫无疑问，经济是所有战略资源最重要的一种。因此在胡鞍钢的计算方法中，经济指标的权重是其他战略资源权重的两倍。事实上，经济的发展也会促进人口质量的提高（医疗卫生、预期寿命、生活水平、教育水平等），从而进一步推动经济的发展。这就形成了经济发展与提高人口战略特征之间的良性循环。不仅如此，经济要发展，还需要各个领域的科学、技术以及管理能力的进步。第二种良性循环由此建立，科学、技术和经济的发展，会进一步促进军事资源的增长。鉴于中国在19世纪无法抵御西方经济和军事侵略的惨痛经历，考虑到世界上最强大的国家在中国边界存在的巨大的军事和经济势力，我们理解为何中国在"崛起"之初，首先选择大力发展经济，理解为何胡鞍钢首先进行的研究就是中国的经济发展分析。

经济发展固然十分重要，但胡鞍钢从未忘记经济发展本身（尤其是以GDP增长衡量）注定会造成社会、经济和环境问题，这些问题又会演化成政治的不稳定。正因如此，胡鞍钢认为，对经济发展目标的界定，以及对这些目标实现程度的评估，都不能脱离社会各方面的因素，应该在全局战略的角度去考量，将现代化进程中的主要领域都纳入其中。如果人们能够认识到稳定是经济和社会发展的首要条件，那么这些问题的重要性就不言自明了。

事实上，胡鞍钢对中国经济增长的解释涵盖了现代化进程中的所有方面，包括经济、社会、政治和环境，并指出经济增长的条件、积极影响和消极后果，以及其政策建议（胡鞍钢将其称之为"中国大战略"），从而在维持经济发展的同时，保证财富的公平分配，确保社会长治久安。

最后，从中国确定并实施恢复世界大国地位战略的角度来看，我们必须认识到，尽管中国经济向全球开放，中国的经济体系仍然相对封闭，这使得首先发展经济成为可能。中国开放的速度和规模并不由全球新自由主义经济中的市场力量决定，而是渐进的、可控的。特别是，中国根据经济发展的需要限制资本流动。相较于向全球经济体系敞开大门、完全遵循新自由主义市场经济要求的其他亚洲国家，这种相对封闭使中国更好地抵御了1997年的亚洲金融危机。

让我们首先分析胡鞍钢如何研究国家实力的第一个重要方面，即经济资源。他从阿列克德-安德尔·格申克罗[49]的著作出发,从历史的角度探讨其他国家的经济发展,首先研究了一个经济落后国家所具备的优势:

1. 该国可以通过从发达国家进口新技术和设备来将其引入本国经济体系;
2. 该国可以学习发达国家的成功经验和失败教训;
3. 该国可以依靠强大的社会共识来迎头赶上,对人民来说,这意味着他们生活水平提高的前景。

当然,有许多国家具有这些特点,但并非所有国家都成功获得了经济发展。因此,一定还有其他因素来解释后发国家经济发展的成功。胡鞍钢认为,有三个决定性因素可以帮助发展中国家利用这一局面,赶超最发达国家:

1. 该国须具有高储蓄率;
2. 该国须通过向世界其他地区开放,以调动国际资本,但如前文所讲的,必须以可控的方式来进行;
3. 该国须加快技术在其经济体系中的传播。

这三个因素相互关联,有助于获得专门知识和国内外金融手段,从而促进投资,提高投资效率。通过引用有关统计数据,胡鞍钢表示,自改革开放以来,中国一直在缩小其与发达国家之间人均 GDP 的差距。[50] 接下来,是构建一个增长模式。胡鞍钢将其定义为"囊括了资本、劳动力、制度变革和知识的综合性增长框架"。通过这个框架,胡鞍钢得出了三个主要结论:

1. 大约一半的人均产出来自人均资本的增长;
2. 三分之一的人均产出增长来自体制变革;
3. 五分之一的人均产出增长来自知识发展。

在此结论的基础上，胡鞍钢认为，这个框架更好地解释了中国经济增长的来源。它表示可以通过改革刺激体制变革，可以通过开放和技术创新促进知识发展。因此，可以相应地制定政策，以实现未来的可持续增长。这意味着中国应该把技术和知识，而不是资本和自然资源，作为经济增长的动力。[51]

胡鞍钢研究中国经济发展的下一步，有助于我们理解这些变革，即明确了五种能够刺激中国经济增长的效应：

1. 速度效应：在某一时期内，工业化进程中的后起国家实现了比发达国家还要快的经济增长，如二十世纪八九十年代的中国。

2. 结构效应：即在这一时期内，欠发达国家的结构性指标变化快于发达国家。这些指标包括：

(1) 人口从农村向城市地区的转移；

(2) 劳动力从农业向工业和服务业的转移；

(3) 对国内生产总值的贡献从农业到第二和第三产业的转移；

(4) 内需的变化(即家庭和政府消费、资本形成总额和净出口的变化)；

(5) 城乡居民家庭消费结构的变化；

(6) 外贸比率的变化(即出口与进口之间的比率)。[52]

此外，经济加速增长可能会刺激劳动力转向更高层次的生产部门。这种转移总是伴随着物质资本存量的增长、工人技能的提高以及教育和管理专门知识的发展，并将增加经济对国际贸易的开放程度。这一系列提高和改善的最终结果，就是刺激经济进一步增长。[53]

3. 开放效应：实施对外开放，落后国家参与经济一体化要比发达国家速度快。中国在世界出口中所占份额从1985年的1.6%增加到2000年的6.1%。出口的所有组成部分(即初级产品、资源和非资源产品、低技术、中等技术和高技术产品)都有所增加，但更有趣的是，产品构成发生了巨大变化：初级产品的百分比从

1980年的50.2%下降到2000年的4.7%，而制成品的出口在2000年却高达87.1%。低技术产品的百分比从1985年的4.5%上升到2000年的7.6%，而高技术产品的比例从1985年的2.6%大幅增长到2000年的22.4%。[54]

4. 体制效应：体制效应是胡鞍钢研究中最有趣的成果之一。它表明了通过国家采取措施或进行干预以维持经济发展过程中制度建设的重要性。这种效应利用九个领域和24个指标衡量中国市场自由化的程度。[55]

5. 科技赶超效应：科技赶超效应是五种推动中国经济快速增长的效应中的最后一种。它指的是技术落后国家的技术传播速度高于技术先进经济体的技术创新速度。这种差异是因为较不发达国家主要通过从国外进口技术来获得技术，而进口现有技术的成本要低于自主开发新技术的成本。

中国的技术来自以下几个方面：

(1) 直接进口高科技产品；
(2) 通过外国直接投资获得技术和溢出效应；
(3) 中国企业直接为技术研发融资；
(4) 与发达国家进行科技合作。

通过使用不同方法衡量中国的技术发展，胡鞍钢得出结论：总的来说，中国在科技领域取得了重要进展，而这也正是中国保持经济发展的根本。这是因为，赶超发达国家的进程是知识发展和经济增长相辅相成、互相增益的过程。为此，胡鞍钢认为，中国应该从资本驱动型经济向技术驱动型经济转型。这并非不可能，尤其是如果中国能够成功转变为技术自主创新国家的话，这样的经济转型将更容易实现。[56]

中美综合国力对比

鉴于胡鞍钢对中国现代化进程、成就及问题的分析十分复杂,毫不奇怪,他对中美两国实力对比评估的方法特别难懂,正如我们所见,包含九大战略资源(除了前面已经列出的八大战略资源外,胡鞍钢的最后模型把信息资源列为第九大战略资源)。在这里复制胡鞍钢用来评估中美实力对比的所有数据和评论既不可能也没有必要。幸运的是,胡鞍钢用几个表格总结了他的几项主要研究结果,本书附录中有更详细的数据。

总而言之,胡鞍钢得出的最终结论就是,从历史的角度来看现有数据,中国已经赶上美国,甚至在某些领域已经超过了美国。而且,按照总体趋势,可以预计,如果中国未来不出现一些重大失误,将极有可能在不久的将来成为新的世界强国。但是,这并不代表中国将不可避免地取代美国成为新的世界霸主,而意味着中国的崛起将推动世界由冷战结束后的单极世界过渡到多极世界。这个多极世界不仅包括美国、中国、俄罗斯、欧盟等传统大国和组织,还将包括印度、巴西和南非等新兴国家。

胡鞍钢对权力资源的总体评估结果见表3.1、表3.2。[57] 2000年,中国只有人力资源方面远远高于美国,中国占世界人力资源总量比例为27.04%,美国仅为9.46%。除此之外的其他八种战略资源,中国都不同程度上低于美国。2005年时,这一对比并没有发生重大变化。但到2010年,中国已有四种战略资源(人力资源、能源资源、资本资源和信息资源)高于美国。2015年,除军事资源和国际资源外,中国的其他战略资源均已超过美国,而且中国与美国在军事和国际资源之间的差距越来越小。这些数据均反映了中国赶超美国的速度之快。此外,用胡鞍钢的话说,数据显示,自2000年以来,中美呈现相反的趋势:中国"可持续性上升",美国则"持续下滑"。事实上,通过综合这九种资源以衡量其整体影响,胡鞍钢计算出,2000—2010年,中国综合国力从8.76%上升到15.88%,而美国的综合实力则从21.38%下降到15.94%。截止到2015年,中国综合国力达到了世界总量的19.39%，美国则下降到14.94%。战略资源的一个重要方面是发展高科技产业。胡鞍钢在最近的一篇文章中提出，高新技术产业的发展是国家战略性资源中非常重要的一个方面。这一点十分重要，因为大多数关注中国发展的观察家仍然认为中国在这方面落后于美国。[58]但胡鞍钢的研究结果并非如此：

> 中国高新技术产业在产业附加值、出口量和出口附加值方面迎头赶上，甚至超过了美国。这主要是因为高新技术产业与经济发展之间的互补性和互利性，反映在其生命周期的兼容性上。此外，高科技还具有很大的外部性，即增加经济和制造业增长的科技含量，促进经济结构转型，拉动贸易增长，加快贸易结构升级以及创造技术溢出效应等。[59]

表3.1 中国和美国战略资源占世界总量的百分比及整体对比

	2000	2005	2010	2015	2020	2000—2015
经济资源						
中国	7.43	9.83	13.99	17.21	19.9	9.78
美国	20.57	19.33	16.72	15.67	14.6	-4.90
美国/中国	2.78	1.97	1.20	0.91	0.74	
人力资源						
中国	27.04	29.26	30.27	28.36	26.60	1.32
美国	9.46	8.93	8.43	7.94	7.49	-1.52
美国/中国	0.35	0.31	0.28	0.28	0.28	
自然资源①						
中国	10.68	16.40	20.42	22.92	25.74	12.24
美国	24.63	21.48	18.76	17.35	16.04	-7.28

---

① 此处原文为"energy resources"（能源资源），但考虑到前后一致性，因此应译为前文提到过的九大战略资源之一的"自然资源"。——译者注

续 表

	2000	2005	2010	2015	2020	2000—2015
美国/中国	2.31	1.31	0.92	0.76	0.62	
资本资源						
中国	5.31	8.49	18.11	30.29	40.00	24.98
美国	30.60	27.17	17.43	20.06	23.07	-10.54
美国/中国	5.76	3.20	0.96	0.66	0.57	
知识技术资源①						
中国	3.97	9.29	15.78	24.17	29.31	20.20
美国	25.63	24.58	22.64	19.66	17.06	-5.97
美国/中国	6.46	2.65	1.43	0.81	0.58	
政府资源						
中国	7.45	8.67	10.38	13.23	16.85	5.78
美国	18.61	18.35	16.24	12.73	9.98	-5.88
美国/中国						
军事资源						
中国	7.30	7.95	8.60	9.92	11.12	2.62
美国	21.95	22.29	22.65	21.01	19.51	-0.94
美国/中国	3.01	2.80	2.63	2.12	1.75	
国际资源						
中国	2.99	5.56	7.98	10.67	14.26	7.68
美国	16.21	13.03	11.31	12.03	14.26	-4.18
美国/中国						
信息资源						
中国	8.40	14.20	19.32	19.95	19.92	11.55
美国	22.03	14.33	8.15	6.98	5.87	-15.04

① 此处原文为"scientific resources"（科学资源），但考虑到前后一致性，因此应译为前文提到过的九大战略资源之一的"知识技术资源"。——译者注

续 表

	2000	2005	2010	2015	2020	2000—2015
美国/中国	2.62	1.01	0.42	0.35	0.29	

数据来源：主要来自世界银行数据库以及胡鞍钢对 2020 年数据的预估。

表 3.2　中国和美国综合国力占世界总量百分比的整体对比（2000—2020 年）

	2000	2005	2010	2015	2020
中国	8.76	11.93	15.88	19.39	22.61
美国	21.38	18.98	15.94	14.94	14.14
美国/中国	2.44	1.59	1.00	0.77	0.63

资料来源：主要来自世界银行数据库、WTO 数据库和联合国数据库，以及胡鞍钢对 2020 年数据的预估。

正是基于以上研究成果，胡鞍钢对中国政府带领中国走向世界大国地位的能力抱有极大信心。[60]当然，这种态度也引起了一些批评，尤其是在高校学术圈中。但即使是对中国政治制度和中国共产党持更加批评态度的观察者们也承认，胡鞍钢为中国战略研究和现代化进程做出了杰出贡献。不仅如此，几位颇有影响力的中国商人也与胡鞍钢持同样的积极态度。[61]

在我看来，胡鞍钢对中国战略的分析及其对中国综合国力的评估都有助于深刻理解中国"重返世界大国地位"的战略。从这些看法出发，我们需要了解中美对抗的实质。虽然中美之间不乏"战略伙伴关系""合作双赢"等辞令，但中美对彼此所采取的战略从"竞争"的视角更容易理解。这并非意味着像某些人所预测的那样，"两个主要世界大国之间必然爆发一场军事冲突"，然而，历史经验告诉我们，新崛起的大国从不接受按衰落大国的条件重塑世界秩序。现在，我们只能希望，在世界迈向新的国际体系的过程中，各方的合法利益都能得到认可。分歧一定会存在，但最终能够通过对话和互相理解得到妥善解决，无须像历史上屡屡发生的那样，用"普世价值观"作借口，掩盖国家和地方利益。

至少自第二次世界大战结束以来，美国一直是两个主要大国之一。苏联解体后，美国成为世界唯一霸主。因此，为了展示实力，美国会首先考虑获得，现在是保住其"世界第一"的战略。但21世纪以来，国际体系发生明显变化，美国在世界范围内的领导力受到挑战，这在2008年金融危机爆发之初已现端倪。另外，在当今世界多极化的进程中，最大的改变毫无疑问来自中国，中国已经崛起为国际体系中的一支重要力量。在本章中，我们已经看到，中美两国之间的权力资源差距越来越小。"美国主导的自由国际秩序"一度令美国独大，美国将如何保住这种秩序呢？

注释：

[1] 胡鞍钢、门洪华，《现代中国的崛起：综合国力与大战略》。文章发表于2004年3月19—20日在首尔举办的"中国崛起与东亚经济"国际会议上，本文由作者提供。文章中文原版发表于《战略与管理》2002年第三期。该文章可在维基百科英文词条"Comprehensive National Power"中查阅。

[2] 出处同前，第1-2页。与我在第一章前两节中谈到的中国传统的战略处理方式相对比。

[3] 在本书第一章中，我引用了尼古拉斯·祖弗利(Nicolas Zufferey)的观点，提到中国思想家们认为知行合一。"知"总是通过"行"来体现，知道如何有道德地、讲政治地行事。重要的不是"知"，而是"行"；Nicolas Zufferey, *Introduction à la pensée chinoise. Pour mieux comprendre la Chine du XXIe siècle*, Paris, Hachette, 2008, pp. 15-18。

[4] 在本章第一部分，我会复制或者总结一些笔者曾经发表过的观点。详见 Paolo Urio, *Reconciling State, Market and Society in China. The Long March towards Prosperity*, Abingdon and New York, Routledge, 2010, pp. 60-64, 101-111。此外，我还会补充一些胡鞍钢在笔者清华访问期间(2016年9—11月)提供的非正式信息(讨论、未发表的论文及其已发表文章的英文译本)，以及胡鞍钢所著的出版物：*China in 2020. A New Type of Superpower*, Washington, DC, Brookings Institution, 2011; *Roadmap of China's Rise*, Abingdon, Routledge, 2011; *China Innovative Green Development*, Berlin, Springer, 2014; *China's Collective Presidency*, Berlin, Springer, 2014 以及《2030中国：迈向共同富裕》，(北京：人民大学出版社，2011)。特别感谢陈亚利(音)和齐正(音)为我翻译胡鞍钢的几篇文章和论文。

[5] 胡鞍钢，《人口与发展》，中国科学院自动化研究所，1988年7月。

[6]胡鞍钢、邹平,《中国的人口发展》(北京:中国科学技术出版社,1991)。

[7]中文版发表于 1989 年。

[8]胡鞍钢、王毅,《生存与发展》(北京:科学出版社,1992),中文版首次发表于 1990 年。胡鞍钢和王毅是该书中主要报告的作者,附录由胡鞍钢、李立贤、王毅和陈锡康撰写。该报告曾在 1988 年年底、1989 年年初作为内刊在政府内部传阅,并向一位中共中央政治局常委呈送。当时在国家科学技术委员会工作的邓楠将该报告的复印版送至其父亲邓小平处,邓小平阅后对报告做了重要批示。

[9]除了马克思经典著作之外,胡鞍钢的引用中还出现了很多西方著名学者的名字:T. R. Malthus, Alfred Sauvy, Joseph Needham, Montesquieu, S. N. Eisenstadt, J. W. Forrester, Charles Kindelberger, Simon Kuznets, Wassily Leontief, W. W. Rostow 等,以及若干世界银行报告。

[10]王绍光、胡鞍钢,"加强中央政府在市场经济转型中的作用",《中国国家能力报告》,(沈阳:辽宁人民出版社,1993)。

[11]Joseph Fewsmith, *China since Tiananmen*, Cambridge, Cambridge University Press, 2001, p. 134。

[12]出处同上,pp. 137-141.

[13]出处同上,关于更多的中国研究资料,参见 Wang Shaoguang and Hu Angang, *The Political Economy of Uneven Development*. The Case of China, New York, M. E. Sharpe, 1999; Wang Shaoguang and Hu Angang, *The Chinese Economy in Crisis. State Capacity and Tax Reform*, New York, M. E. Sharpe, 2001。

[14]Zhang Xudong, "The making of the post-Tiananmen intellectual field: a critical overview", in Zhang Xudong (ed.), *Whither China. Intellectual Politics in Contemporary China*, Durham, NC and London, Duke University Press, 2001, p. 57。

[15]Hu Angang, "Corruption: an enormous black hole-public exposure of the economic costs of corruption", in Economic and Social Transformation in China, Abingdon, Routledge, 2007, pp. 217-223。

[16]胡鞍钢,"国际发展公共管理硕士课程,中国的经济发展:理论与实践——我是如何研究中国国情的",2005。文章由作者提供,自清华大学网页上打印。

[17]在此,我们可以看到,正如我在本章第一部分和注释 3 中讲到的,胡鞍钢作为一名中国学者,并没有明确将理论和实践区别开来。

[18]Hu Angang, *Economic and Social Transformation in China*, Abingdon, Routledge, 2007。

[19]胡鞍钢,"通向哥本哈根之路的全球减排路线图"(A new approach at Copenhagen),

引自中外对话网站：www.chinadialogue.net(2009 年 9 月 7 日访问)。

[20] 有关该中心活动的信息主要来自胡鞍钢参加的讨论会，以及胡鞍钢、姜佳莹和鄢一龙合著、未发表的文章《智库对中国中长期战略规划的影响——以清华大学国情研究院为例》。感谢几位作者慷慨提供有关材料。

[21] 2005 年，中国国务院成立国家发展规划专家委员会。该委员会由包括胡鞍钢在内的 40 余位中国最优秀学者组成。

[22] Hu Angang et al., "The influence of think tanks", op. cit., pp. 9-10。

[23] 胡鞍钢曾著有一部专门讨论毛泽东时代中国政治和经济历史的书：胡鞍钢，《中国政治经济史论(1949—1976)》，(香港：天窗出版社，2013)。该书客观分析了毛泽东的政策，承认了毛泽东的历史成就与失误。中国共产党同样对毛泽东做出了公允的评价，有关资料可参见胡绳，《中国共产党简明历史英文版》，(北京：外文出版社，1994)。

[24] 数据为近似值，根据多数学者的说法，这一时期的数据并不完全可靠。但有关这几项改善的数据范围没有争论。有关此类数据的深入分析，可见 Chris Bramall, *Chinese Economic Development*, Abingdon and New York, Routledge, 2009。关于中国经济的书籍很多，欲全面了解中国经济，除 Urio, Reconciling, op. cit 外，还可参见 Rongxing Guo, *Understanding the Chinese Economies*, Amsterdam, Elsevier, 2013。

[25] 20 世纪 50 年代时中国有关人口增长和计划生育问题的讨论，就是体现集体领导制的一个很好的例子。中国的政治领导人和高校学者、专家讨论多年之后，决定暂缓实施计划生育，最终于 20 世纪 80 年代推行。详见胡鞍钢、邹平，《中国的人口发展》，67-109。

[26] 胡鞍钢，清华大学会议，2005 年 1 月。

[27] 按计划，该目标将分三步解决：第一步，1981 年到 1990 年实现国民生产总值比 1980 年翻一番；第二步，1991 年到 20 世纪末国民生产总值再增长一倍；第三步，到 21 世纪前 30—50 年，国民生产总值再翻两番。

[28] Gregory C. Chow, *China's Economic Transformation*, Oxford, Blackwell, 2002, p. 168。

[29] 参见 Heike Holbig, "The emergence of the campaign to open up the West: ideological formation, central decision-making and the role of the provinces", *The China Quarterly*, 2004, pp. 336-357。

[30] Chow, *China's Economic Transformation*, op. cit., pp. 169-180。

[31] 我在别处找到了赞成这些战略的原因：Paolo Urio (ed.), Public Private Partnerships. Success and Failure Factors for In-Transition Countries, Lanham, MD, University Press of

America, 2010, chs 1, 2 and conclusion。

[32] 关于此类研究组织的作用，我曾在自己有关中国改革的著述中介绍过。在该书第四部分，我提到这些组织有助于收集最相关的理论思想和经验实例，从而使中国领导层能够部分调整其意识形态的基础，重新定义其发展战略。详见：Urio, *Reconciling*。

[33] 胡鞍钢、邹平，《中国的人口发展》，1979，84-85。作者引用了中国著名人口统计学家马寅初的人口理论。

[34] 出处同前，第 62 页。他们拒绝马克思主义"人类发展的条件直接由不同社会组织的结构决定"的理论。作者这样写道：对我们来说，人口的历史演变既不完全由社会经济生产方式决定，也不完全由社会的上层建筑决定。在特定条件下，人口本身和外部环境具有决定性作用。

[35] 出处同前，第 153 页。

[36] 出处同前，第 155 页；另见：Wei Jinsheng, *Historical Experiences of the Changes in the Fertility Rate in Foreign Countries Merits Attention*, a report by the Population-Economic Development Strategy research group under the State Science and Technology Commission, Beijing, 1988。

[37] 胡鞍钢、王绍光，《生存与发展》，第 xi 页。

[38] 世界银行对中国"十一五"规划所取得的成果进行了评估，结果证明了中国要实现规划中"经济再平衡"这一主要目标的困难之大。详见世界银行，《"十一五"规划实施中期评估报告》，2008，www.worldbank.org（2009 年 7 月 15 日访问）。尽管中国在各个领域都给予了极大的政策支持，取得了显著的进步，但"在改善整体增长模式方面收效甚微，这反过来限制了完成其他目标的工作进展"，出处同前，第 5 页。

[39] 胡鞍钢、王绍光，《生存与发展》，第 12-13 页。

[40] 出处同前，第 14 页。

[41] 出处同前，第 16-17 页。

[42] 胡鞍钢，清华大学会议，2005 年 1 月。

[43] 胡鞍钢对"五大发展"的排位顺序。详见："President Xi calls for 'people-centric' reform"："中国深化改革必须以人民为中心，"中国国家主席习近平周一在中央全面深化改革领导小组会议上指出，"把以人民为中心的发展思想体现在经济社会发展各个环节，做到老百姓关心什么、期盼什么，改革就要抓住什么、推进什么，通过改革给人民群众带来更多获得感。"新华网，2016 年 4 月 18 日：http://news.xinhuanet.com/english/2016-04/18/c_135290561.htm（最后访问日期 2016 年 4 月 20

日）。此外，习近平指出，要推动落实新发展理念。要按照五年规划所提出的，采取措施支持创新、协调、绿色、开放、共享的新发展理念。习近平在周二召开的中央领导小组会议上深化整体改革会议时强调，"必须加强协调，确保新模式的有效实施，因为它在2020年夺取全面建成小康社会的过程中发挥着不可或缺的作用。"新华网，2016年3月22日：http://news.xinhuanet.com/english/2016-03/22/c_135213227.htm（2016年4月20日访问）。

[44] 需要注意到，这种方法与约瑟夫·斯蒂格利茨（Joseph Stiglitz）的研究方法不谋而合。在分析各国为应对2008年金融危机所采取的措施时，约瑟夫写道：我曾预测，2008年经济大衰退后，如果一个国家不能采取更加有力的财政刺激措施（欧洲和美国都没有这样做），那么其复苏的步伐将会非常缓慢。近年来的事实已经证明了这种预测的正确性。在做出这种预测时，我更加强调基础经济的力量，而非复杂的计量经济学模型。Joseph E. Stiglitz, "Trumpian uncertainty", Project Syndicate, 9 January 2017：www.project-syndicate.org（2017年1月15日访问）。

[45] 胡鞍钢、门洪华，"现代中国的崛起"（出处同前）。

[46] 学界对衡量国家实力提出了很多方法，本书无意一一列举，只在此介绍密歇根大学的David Singer的方法：衡量国家综合能力的六大指数：国家总人口比例、城市人口比例、国家生产钢铁比例、初级能源消耗比例、军费开支比例以及军事人员比例。参见https://en.wikipedia.org/wiki/Composite_Index_of_National_Capability（2017年2月6日访问）；Hyung Min Kim, "Comparing measure of national power", International Political Science Review, Vol. 3, no. 4, 2010, pp. 405-427；Ashley J. Tellis, Janice Bially, Christopher Layne and Melissa McPherson, Measuring National Power in the Postindustrial Age, Santa Monica, CA, RAND Corporation, 2000。

[47] 关于这一点，可见胡鞍钢最近出版的著述：*China in 2020*（出处同前），以及*Roadmap*（出处同前）。

[48] Zufferey, *Introduction à la pensée chinoise*, op. cit., pp. 15-18。

[49] Alexander Gerschenkron, *Economic Backwardness in Historical Perspective*, Cambridge, MA, Harvard University Press, 1962。

[50] "人均GDP"指产出；"资本"指人均资本存量；"劳动力"指就业参与度，反映人口变化对劳动力供给的影响；"制度"指制度性积累（十项指标）；"知识"指知识性积累（十项指标）。更多数据及分析，详见：Hu Angang, *Economic and Social Transformation in China*, op. cit., ch. 1, pp. 9-32。

[51] 出处同前，p. 17。

[52]数据出处同前，p. 20。

[53]出处同前，p. 19。

[54]数据及胡鞍钢评价出处同前，p. 21。

[55]见 Urio, *Reconciling*, op. cit., p. 63. 书中表格总结了通过该方法获得的结果，表明在所有领域中，中国市场在适应市场经济机制方面已经取得了相当大的进步。

[56]我记得，胡锦涛主席在 2007 年中国共产党全国代表大会上演讲时强调，中国必须在各个领域成为内生创新者。详见胡鞍钢、王亚华，《国情与发展》，（北京：清华大学出版社，2005），第 34-38 页。

[57]附录中对该方法作了简要说明。

[58]胡鞍钢、任皓，《中国高技术产业如何赶超美国》，《中国科学院院刊》《战略与政策决策研究》，第 31 卷，第 12 期（2016）：第 1355-1364 页。

[59]补充及不同意见可见：Jost Wübbeke *et al.*, *MADE IN CHINA 2025. The Making of a High-Tech Superpower and Consequences for Industrial Countries*, Merics, Mercator Institute for China Studies (Berlin), no. 23, December 2016。

[60]详见：Hu, *China's Collective Presidency*, op. cit。

[61]Jie Chen and Bruce J. Dickson, "Allies of the State: democratic support and regime support among China's private entrepreneurs", *China Quarterly*, Vol. 196, December 2008, pp. 780-804. 另见：the Foreword by John L. Thornton and the Introduction by Cheng Li, in Hu Angang, *China in* 2020, op. cit., pp. vii-ix and xi-xl, respectively；风险投资家和政治学家的积极意见可见：Eric X. Li, "A tale of two political systems", speech given in June 2013, www.youtube.com/watch?v=s0YjL9rZyR0, 文本见：www.ted.com/talks/eric_x_li_a_tale_of_two_political_systems/transcript?language=en, and "The life of the Party: the post-democratic future begins in China", *Foreign Affairs*, January-February 2013, pp. 33-46。学者黄亚生对此的回应可见："Why democracy still wins: a critique of Eric X. Li's 'A tale of two political systems'", 25 April 2014, availableat: www.globalpolicyjournal.com/blog/25/04/2014/why-democracy-still-wins-critique-eric-x-li%E2%80%99s-%E2%80%9C-tale-two-political-systems%E2%80%9D。

第四章

美国战略：成为20世纪霸主并将在新时代维持其超级大国地位

无论现在的利益会如何把我们限制在自己的疆域之内，不展望未来是不可能的。那时，随着我们的迅速发展，我们将扩张超越这些疆域，即使不覆盖到南美大陆，也要让整个北美大陆布满讲同一种语言的人民，以相似的政体形式，根据相似的法律进行管理。

托马斯·杰斐逊（1801年）

外交政策的起源：为什么重要

在第一章中我曾建议，要想理解中国恢复世界大国地位的战略，必须追溯历史，看看这个国家的起源，尤其是其领导方式、思维方式，以及社会、经济和政治组织方式的起源。我也说过，有必要追溯到19世纪初。同样，要理解当今美国的外交政策，也需要采用类似方法。看似矛盾的是，虽然美国历史相对中国要短，但是在研究美国的情况时，我们需要追溯到18世纪，即美国开始建立共和国的时候。我在导论部分说过，我很清楚我现在研究的是一些非常复杂的现象，把世界霸权国作为研究对象绝非易事，因为道德或意识形态方面的考虑可能会使论证说明带有偏见。虽然我

☆第四章　美国战略：成为20世纪霸主并将在新时代维持其超级大国地位☆

无法向读者保证避开了道德或意识形态偏见的陷阱，我可以保证我一直在努力遵循事实，而这些事实是经官方文件、受人尊敬的历史学家和社会科学家以及可信的调查新闻记者们证实了的。[1]

在分析美国外交政策的意识形态根源时，我还概述了美国最初的意识形态在当代的发展。我将表明，虽然国际体系在20世纪出现了变化，当今美国外交政策的意识形态基础和地缘政治理论与美国建国初期的内容有着显著的相似之处，只是做了适当的修改，非常忠实于开国元勋们的意识形态。[2] 最后，因为就地理因素对确定和解释一国外交政策的重要性存在着一些争议，尤其是在冷战结束后，因此我将就美国（事实上是盎格鲁—撒克逊）地缘政治理论中的不同学派做简短评论。[3]

在开始深入讨论之前，有必要提醒读者，在界定美国意识形态，尤其是外交事务意识形态的主要特点时，我的考虑标准绝不是其所有方面都具有明确的、排他性的美国特征。美国意识形态的有些方面在其他文化中也有所体现，尤其是在欧洲文化中。毕竟，美国人和欧洲人是从同一个摇篮中发展起来的。比如，优越感、种族主义和扩张主义（殖民主义和帝国主义形式的扩张）是罗马帝国以来欧洲意识形态的主要方面之一，而许多美国学者是以其为参照对比他们自己国家的。尽管如此，美国在整体上还是形成了一种与包括欧洲在内的其他文化、其他国家都不同的意识形态。这片土地东西海岸都有广阔的大洋保护，使美国免予入侵战争，土著缺乏抵御外来殖民者的装备，南部边境的殖民势力（西班牙）衰落，不打算在殖民国家之间进行战争，北方则是一个意识形态相互兼容的邻居（加拿大）。对于一个地理上和文化上都远离其清教徒先辈们最初家园（欧洲）的国家来说，上述这些都为其发展自己独特的意识形态创造了理想的先决条件。下面我就来讲一讲其主要特征。

意识形态的起源:"天定命运论"和"历史终结论"

首先,我们有必要把美国的意识形态放在至少从文艺复兴时期就开始发展的欧洲意识形态这一背景下讨论。毕竟,北美最早的移民将作为宗教与世俗信仰(基督教和资本主义)交织产物的欧洲意识形态一同带到了新世界,虽然从那以后美国人发展了带有其自身特色的变体。其实,这些特色早就深深根植于新教的一个分支——清教中,而第一批移民在来到新世界时将清教一道带来了。

从文艺复兴时期起,欧洲就发展了与其他文化关系的意识形态基础,简单来说包括如下内容:(1)对欧洲文化具有例外性的优越感和信念;(2)对基督教价值观及资本主义价值观和发展规律的信念;(3)将欧洲价值观定义为具有普世性;(4)相信拥有传播这些价值观并去教化野蛮人和未开化人的权利;(5)基于欧洲价值观对经济发展和进步的信念;(6)相信拥有将野蛮人的土地据为己有的权利,因为这些土地不受具有法律约束力的财产权保护;(7)相信"文明世界"拥有干涉"非文明世界"从而终止侵犯普世价值观做法的权利——这个权利在20世纪80年代得到进一步发展,用以辩解对波西尼亚和科索沃等地的干涉;(8)坚信传播(和扩张)欧洲价值观对人类有益,是历史发展的必然,"在世界上大多数地区,扩张伴随着军事征服,经济剥削和大规模非正义……却以这类扩张给世界人口带来了更大福祉为理由被说成是正当的。"[4]

欧洲对世界其他地方的征服始于南美,从那时起,这种意识形态就在发挥作用。关于西班牙在16世纪初对南美的野蛮征服,曾经有过应该支持抑或反对的辩论,伊曼纽尔·沃勒斯坦(Immanuel Wallerstein)对此做过概述。当时,胡安·吉内斯·塞普尔韦达(Juan Ginès de Sepúlveda)为征服辩解,天主教牧师巴托洛姆·德·拉斯·卡萨斯则予以批评。[5]其中,尤其值得一提的是,早在16世纪,拉斯·卡萨斯就坚决反对现在我们所说的附带伤害:"为了惩罚有罪之人而伤害和残杀无辜是要遭受天谴的罪恶,因

☆第四章　美国战略：成为20世纪霸主并将在新时代维持其超级大国地位☆

为这样做有违正义。"[6]

自17世纪起在13个英国殖民地和后来的美利坚合众国形成的意识形态是欧洲意识形态的一个变体，它相当复杂。不过如果一定要从中找出一个作为所有层面基础的特征，我会选择斯特凡松所说的"选定性"，即美国开国元勋们共有的深远信念：北美人是上帝（天意）选定来建立新共和国，远离"腐败的欧洲"，免受欧洲的战争和其他各种迫害，将自己建成一个"纯粹的"、例外的典范，让世界其他地方效仿。"例外论"和"普世主义"是该意识形态当时的两大主要支柱。用斯特凡松的话来说：

> 这个国家获得允许看到了光，并注定向历史逆行者展示应走的道路。这种说法贯穿美国历史，但是在历史上它导致了两种对待外部世界截然不同的方式。第一种（基于例外论）是要展示出一个与腐朽失败的世界相分离的典范国家的样子，让其他国家尽力去效仿。第二种（基于普世主义）则要以再造性干预的方式推动世界一道向前。在二者中，分离更占主导地位。[7]

显然，斯特凡松指的是贯彻实施该意识形态的不同时代，他没有加入太多细节内容：（1）在美洲，后来又在亚太进行干预，同时保持与世界其他地方相分离；（2）在一战结束及随后的和平会谈中短暂干预；（3）在两次世界大战间隔期重新退回到分离状态，同时保持对拉丁美洲的干预；（4）在"二战"、冷战及后冷战时期的强势干预；（5）还有现在，特朗普当选后，有可能重新回到分离状态，虽然貌似将采用不同的方式。在经历了长期新自由主义全球化之后，主要国际行为体之间处于相互依存的状态，分离也不排除干预的可能。

作为对上述分析的补充和支持，我们来看一下佩里·安德森（Perry Anderson）和安德斯·斯蒂芬森（Anders Stephanson）公布的美国开国元勋们的一些表述：

1. 1801年杰斐逊对门罗说道：

无论我们现在的利益会如何把我们限制在自己的疆域之内，不展望未来是不可能的。随着我们的迅速发展，我们将扩张超越这些疆域，即使不覆盖到南美大陆，也要让整个北美大陆布满讲同一种语言的人民，以相似的政体形式，根据相似的法律进行管理。

2. 1813年亚当斯对杰斐逊说道：

我们这个纯粹、高尚、具有公益精神和联邦性质的共和国将永在，将治理全球，并将人类的完美呈现出来。

3. 1845年，上述两个表述合二为一，融入杰克逊的政治伙伴约翰·奥沙利文(John O'Sullivan)的著名口号：

我们的天定命运有权四处传播，控制上帝赐予我们的整个大陆，进行自由和联邦式自治的伟大实验。[8]

对于欧洲人来说，未经基督教世界成员认可而占据的土地理论上是可以自由攫取的土地。[9] 不仅如此，在整个北美以自由名义进行的大规模扩张当时经常也被说成是"盎格鲁—撒克逊精神或种族的代表。"[10]

4. 杰斐逊曾在1816年说道：

我们注定要成为阻止无知和野蛮回归的屏障。旧欧洲将不得不靠在我们的臂膀上，在我们身边蹒跚而行……当南部大陆也达到我们这么好的水平时，我们将成为多么庞大的巨人啊。[11]

因此，天定命运"成为一个口号，它代表的思想是，大陆扩张是天意和历史许可的权利。"[12] 当然，开始时这种使命感仅限于对美国西部的征服，但是事实上，以这种模式对世界其他地方进行"扩张"时，唯一能对其

☆第四章　美国战略：成为20世纪霸主并将在新时代维持其超级大国地位☆

构成长期限制的是进行扩张的实力。如我们所知，这样的实力首先在美洲大陆展示出来，其次是亚太，然后是"二战"以后在世界其他地方。在苏联解体后，美国的实力达到顶峰。天定命运论也走到了终点。我会在后面讨论"历史的新终结"时再次谈到非常重要的这一点。

此外，我们还有必要强调一下这种意识形态的宗教来源和基础。事实上，最早殖民新英格兰地区的英国移民是：

> 新教运动中一个极其狂热不肯妥协的群体——清教徒……英国新教在早期就形成了一种观点，认为英格兰不仅在空间上而且在精神上也是与欧洲大陆分离的，英格兰是真正宗教的堡垒，是宗教扩张的主要本源，是神特别选出完成更高级使命的地方。横渡大西洋到达北美的分离派清教徒是该传统的一部分，只是更为激进。

例外论和分离主义思想就是在此宗教基础上形成的。在这种视野下，与西班牙人和葡萄牙人不同，英国殖民者很自然地将新世界看成是应许之地，神圣领土。根据这种思维框架，天定命运论根植于：

> 《圣经》关于上天设定的、救赎式的命运终将显现的说法中，并通过新教改革运动得以复苏。世界是上帝的"显现"，历史是预先设定的"命运"，这种观念是1620—1660年天命论盛行时期英格兰意识形态的主要内容，而正是在这个时期向新世界的首批移民开始了。[13]

不仅如此，以宗教方式构想出天定命运明显受到了救世主式狂热信仰，以及后续实现这一计划所必需的救世主式激进主义的不良影响。

在这种宗教观念中，天定命运不只是分离（例外论）或干涉（普世主义）的可能结果，而且是基督教清教徒的使命：

成为新教徒，尤其是清教徒需要熟读《圣经》，将其作为获知上帝启示的认知代码，由此理解上帝之手在世界发挥的因果性作用，时事是《圣经》内容的实现或再现。认识不到这一点就会被看成是无神论和叛教。因此，每一个虔诚的圣徒都有义务讲述与对《圣经》的解释直接相关的现象，不管是常见还是不常见的。如果掌握了预言能力，人们就能理解历史的进程并与之相"配合"。获得自由其实就是理解命运并顺应天意指引的方向，按当时的话说，即"使我们的命运成为我们的选择"。当命运以合理的确定性为人所知时，选择是遵从命运还是拒绝接受就是个人的责任了。

因此，这一努力所具有的使命性从一开始就明确确立了。[14]斯特凡松对此评论道：

（这种思想）虽然隐晦但是极具暗示性，它提供了关于历史终结及其后果的最完整图景。这是善与恶力量之间殊死斗争的故事，在经过许多阶段之后，以善的力量取得最终胜利和救世主基督的重现告终。[15]

最后，该意识形态最耐人寻味的特征之一是宗教与世俗观念的交织。虽然要以实现《圣经》中的预言为目的行事明显是宗教意义上必须履行的责任，但是具体的行事方式则是世俗式的，比如运用经济和军事手段。从发动印第安战争攫取印第安人的领土开始，这种方式的运用贯穿整个历史，虽然最初是出于宗教信仰，但是随着时间的推移也掺杂了世俗性观念，即认为那些人不值得尊重，不配被看成人类，因为他们根本不是"我们的同类"，不是白人，不说英语，不是新教徒。简言之，不是文明人。随着历史的发展，宗教和世俗思想逐渐交织在一起，上帝的选民在应许之地发挥命中注定的、救赎性的职能——基督教（以新教为代表的），救赎，新世界秩序，自由，自由个人主义，民主，自由贸易，资本主义。[16]

这并不是说在美国国内没有人对该意识形态提出异议。在美国，有许多声音谴责着天定命运论的妄自尊大、对墨西哥的掠夺、对夏威夷的占领和对菲律宾人的屠杀,抨击各种形式的种族主义和帝国主义,体现出共和国与生俱来的反殖民权利。[17]历史表明尽管有这些声音,但总体趋势——尤其在20世纪——是在任何可能的时间地点进行干预,以传播新世界秩序的福音。

意识形态的塑造:"新历史终结论"

自美国成立以来,美国国内和国际体系都发生了许多变化。我们可能会认为上述意识形态已经失去了其自身最重要的一些特征。我的观点是,时至今日,该意识形态的一些最初内容仍在发挥作用,即使扩张征程貌似停顿了下来。[18]不仅是因为进一步扩张的空间大量减少,而且有些领地变得更独立自主了,而其他一些地方则出现了新大国(如中国)或者重新崛起的大国(如俄罗斯),还有一些国家则要在其所在地区重新获得独立地位,比如土耳其、伊朗,希望欧洲也这样。丹尼尔·贝尔(Daniel Bell)对历久弥新的美国意识形态做了绝妙的总结:

> 对自由民主具有普世性潜力的盲目信仰本来不会如此令人担忧,如果美国政府没有将其付之于政策层面,在世界各地推行人权和民主,完全不顾当地特有的风俗、需要和传统的话。尽管自由民主思想和美国自己的国内现实之间存在着巨大的鸿沟,尽管由于(至少是部分原因)不顾当地实际情况,美国重复着在境外遭遇不幸的历史,所有这些好像都无法撼动美国官方层面对西方式民主具有普世性潜力的笃信。[19]

现在我们来分析一下美国最初意识形态的基本特征在当今是如何继续发挥作用的。

从"天定命运"到"不可或缺的国家"

我先从天定命运论的一个非常耐人寻味的发展讲起，即认为美国是不可或缺的国家这个信念。这一表述貌似是美国前国务卿玛德琳·奥尔布赖特1998年2月19日在美国国家广播公司《今日秀》节目中说到美国对伊拉克的干预时首次使用的：

> 除外交努力之外我们马上要威胁使用武力（对伊拉克）并安排出兵人员，但是如果我们不得不使用武力，那是因为我们是美国，我们是不可或缺的国家。我们站得更高，比世界其他国家看到更远的未来，我们在这里看到了对所有人的危险。[20]

2012年，奥尔布赖特在德国《明镜》杂志的访谈中确认了这个说法。当被问到她当时那么说到底是什么意思时，她回答说：

> 在罗纳德·里根和乔治·赫伯特·布什总统任职期间，美国公众对过度对外扩张感到厌倦和担忧。为此，我们杜撰了那个新词。比尔·克林顿总统和我都感到美国需要参与，尤其是在国民情绪更在意美国自己这种情况之下。所以，这个表述非常重要，它向美国民众表明国际体系需要积极参与其中的美国。[21]

确实，比尔·克林顿总统在1997年1月的就职演讲中使用了这个表述：

> 上一次我们聚集在这里时，我们对通向新未来的征程还没有现在这么确定。我们当时发誓要设定一个清晰的路线，使我们的国家开始新的征程。在过去的四年中，我们因灾难而伤悲，因挑战而振奋，因成就而备受鼓舞。美国作为世界不可或缺的国家而傲然挺立。[22]

☆ 第四章　美国战略：成为 20 世纪霸主并将在新时代维持其超级大国地位 ☆

奥巴马总统在 2014 年 5 月 28 日西点军校学员毕业典礼的讲话中也将美国称为"不可或缺的国家"。其后，他在美国空军学院毕业典礼演讲中重申了这一说法——美国是例外国家，并且永远会是：

> 世界事务中那个不可或缺的国家……"我看到的是一个美国世纪，因为没有其他任何国家寻求像我们这样在全球事务中发挥作用，没有其他任何国家能在全球事务中发挥我们发挥的作用，这包括塑造 20 世纪的全球机制以迎接 21 世纪的挑战"。[23]

为什么不可或缺的国家注定要领导世界

在 2016 年的总统竞选中，不可或缺的国家这个主题是候选人和媒体讨论的一个主要议题。特朗普说他不喜欢"美国例外论"这个说法，认为这么说是对其他国家的侮辱。希拉里·克林顿批评特朗普说他"没有领会到重要的这一点"，并简要表述了美国是其他国家典范这一观点。她补充说，"美国之所以是一个例外国家部分原因在于我们也是不可或缺的国家……全世界的人们寄希望于我们并追随我们的引领"。[24] 与不可或缺的国家这个说法联系起来以及视美国为"天然"的世界领导这种思想也是美国政客、记者、大学教授及智库成员们讲话和文章中反复出现的一个主题。例如，在上面引述的演讲中，在强调美国不可或缺的特征之后，希拉里·克林顿极力将这两个词联系在一起：

> 亲爱的朋友们，身为美国人我们是如此幸运。这是不同寻常的恩赐。这也是为什么有那么多来自那么多地方的人也想成为美国人……我的对手没有领会到重要的一点。当我们说美国例外时，不是指其他地方的人们没有像我们这样的强烈的国家自豪感。而是指我们承认美国具有独一无二、无与伦比的能力成为和平与发展的促进力量，自由和机遇的捍卫者。我们的力量来自领

导世界的责任,谦逊地、周到地领导,并强烈坚持我们的价值观。因为如果美国没能有效领导,我们就会留下一个真空,或者导致混乱,或者会由其他国家或网络冲进来填补空缺。因此不管多么艰难,不管面临多大挑战,美国都必须领导。问题在于我们如何领导。我们要把何种思想、战略和手段运用到我们的领导中。美国的领导意味着与我们的盟友们站在一起,因为我们的盟友网络是使我们与众不同的部分原因。[25]

奥巴马总统也坚持美国的领导:

调查表明我们在世界的排名比我刚当选总统时有所上升,当遇到每一个重要的国际问题时,世界人民不是向北京或者莫斯科寻求领导——他们来找我们。[26]

制定国际体系的规则

前面我们已经看到,在托马斯·杰斐逊看来,新共和国的目标之一是扩张其疆域,这样获得的新领土就将会由"讲着同一种语言,以相似的政体形式,根据相似的法律进行管理的人民"来居住。这个愿景一直不曾改变。如我们在上文所说,在涉及不可或缺的国家这个主题时,奥巴马总统宣称:

我看到的是一个美国世纪,因为没有其他任何国家寻求像我们这样在全球事务中发挥作用,没有其他任何国家能在全球事务中发挥我们发挥的作用,这包括塑造20世纪的全球机制以迎接21世纪的挑战。[27]

更具体地说,奥巴马在《国情咨文》中说到了作为其国际战略主要内容之一的《跨太平洋伙伴关系协定》(TPP),目的是维护美国作为世界霸权的地位。奥巴马明确表示，美国有设定国际贸易和投资规则的责任，而且很可能是权利：

> 在《跨太平洋伙伴关系协定》下，中国不再是该地区规则的制定者，我们才是。你们想展现我们在新世纪的实力吗？那就通过这个协定。让我们有执行协定的工具。这才是该做的事。(掌声)[28]

在更广泛层面，设定国际体系规则的意愿还表现在《跨太平洋伙伴关系协定》的姊妹篇《跨大西洋贸易与投资伙伴关系协定》(TTIP)中。这个伙伴关系将设定对所有签约方具有法律约束力的国际贸易和投资普遍规则，进一步完善美国与欧洲的北约军事同盟。鉴于这些条约覆盖范围广泛，包括国内生产总值、贸易和投资，它们很可能会强加给其他国家。这些条约显然是美国遏制中国和俄罗斯的战略中更高超的内容，因为这样一来欧洲以及11个亚洲国家都被绑定在了由美国主导的这两个条约中。不仅如此，商讨《跨太平洋伙伴关系协定》的过程表明，虽然商谈有可能达成对竞争力稍逊的签约国有利的让步，但是规则主要是由美国设定的，目的是实现其自己在经济和政治方面的国家利益，以及美国跨国公司的利益，[29]其他重要的国际组织的情况也如此。

美国长期反对改革由其主导的世界银行和国际货币基金组织等国际组织的规则，并竭尽一切努力制止其最亲密的盟友(从英国开始)加入中国领导的新亚洲基础设施投资银行(AIIB)。当发展中国家在印度领导下拒绝服从发达国家(由美国、欧盟和日本领导)在世界贸易组织多哈会谈中提出的苛刻条件时，美国放弃了原有想法，不再制定对世贸组织内所有国家都具效力的规则，而是重新定义战略，努力建立新地区组织，如上述巨型条约(TPP和TTIP)，或者加强现有双边协议以推动与日本、韩国等盟友的同盟关系。

实现"扩张"：经济和军事资源的重要性

从上文中我们可以看出，对美国来说，如何超越"征服西部"时就存在的局限一直是个问题,用托马斯·杰斐逊的话来说,"不展望未来是不可能的,那时我们将扩张超越这些疆域"。但是显然,扩张依靠的不仅是价值观,还要有财力。美国的领导者们很快就发现要想实现其意识形态确立的价值观,需要有强大的工业化经济和军力。在极高的关税保护下,美国经济得到了发展。[30]

"二战"后,美国经济因没有受到战争破坏得以脱颖而出,直到这时美国才开始在其主导的国际组织,如世界银行、国际货币基金组织和关贸总协定(GATT,世界贸易组织的前身)内推行自由贸易,而美元则在布雷顿森林会议上被选定为唯一的储备货币。至于军事资源,美国在"二战"伊始就发现,在经历了20年孤立主义之后,自己完全没有做好参战的准备。直到日本偷袭了珍珠港之后,美国才参战,起初在远东,后来经过很长时间,在美国逐渐积累起足够强大的军事资源能同时兼顾两个战线作战时,才参与到欧洲战场。这件事的有趣之处还在于:它表明如果其他手段都不够充分,无法实现政策目标时,军事资源是终极手段。事实确实如此,美国先是向日本发出了最后通牒,要求其放弃亚洲大陆,尤其是中国。在日本拒绝之后,美国动用经济封锁切断了日本进口维持其经济和军事装备所需石油的海上航线。其后,日本向珍珠港发动军事进攻,美国参战。[31] 此后,美国就一直在发展、维持和提升其军事资源,将军费开支保持在高点,相当于排在其后的十个国家总和的水平。《纽约时报》在2014年曾报道:

> 全国范围的重振核力量浪潮,包括发展新一代武器运载装置的计划。一项近期联邦研究为未来三十年贴上了高达一千亿美元的总价签……奥巴马政府正致力于大规模的核武器重建,只换来少量武器削减。[32]

最近,奥巴马总统和特朗普总统都宣布将投资几十亿美元用于提升美国武器装备的核武库。[33]

拥有数量和质量突出的军事装备是一回事,而具有使用这些装备的意

☆第四章 美国战略：成为20世纪霸主并将在新时代维持其超级大国地位☆

愿和能力则是另外一回事。为了让民众放心，奥巴马曾在多个场合说道，如果形势需要，美国不会放弃使用军事手段。他在2016年的《国情咨文》中明确说明军事力量是美国实力的核心内容：

> 刚才我说了，所有声称美国经济衰落的言论都是政治大话，所有你们听到的关于我们的敌人越来越强大而美国越来越衰弱的虚夸言辞也一样是逞口舌之能。有件事我要告诉你们，美利坚合众国是世界上最强大的国家，无须其他废话。（掌声）没人能匹敌，没人能匹敌（掌声），没人能匹敌。我们的军费支出比排在后面的八个国家的总和还多，我们的军队是世界有史以来最精锐的作战力量。没有哪个国家胆敢进攻我们或者我们的盟友，因为他们知道这么做是自取灭亡。[34]

在华盛顿特区的美利坚大学发表关于"伊朗协议"的讲话时，奥巴马毫不犹豫地以总司令的身份说：

> 作为总司令，我从未在有必要使用武力时退缩。我曾下令派遣数以万计的美国年轻士兵作战。有时，当他们回家时，我会坐在他们的病床旁。我曾下令在七个国家采取军事行动。有些时候武力是必需的，如果伊朗不遵守这个协议，很可能我们会别无选择。[35]

这当然有悖于奈提出的软权力和硬权力概念，我在第二章对此做过解释。

以民主自由原教旨主义并确定和妖魔化对手

在谈论美国意识形态的历史根源时，我坚持认为（援引斯特凡松）宗教和世俗因素共存，兑现《圣经》预言的责任和实现这一目标的（经济和军事的）世俗手段交织。如今，这两个层面合并成了美国政客们最常宣称的主张之一——"我们的价值观和国家利益。"这一表述概括了为了证明国际体系中的公共政策具有合法性而提出的美国意识形态准则。不仅如此,在由此证明了政策合法性之后,为了实行政策,还要求找出实现政策目标的障碍所在。

前面我们已经看到,清教徒是如何发展出了"天定命运"的想法,即生活在应许之地的上帝的选民被委托以"天定命运",这也造成了"上帝拣选"的美国人和其他国家人民的区别。其他国家的人民应该通过两种形式成为文明人,一种是例外论和分离政策的实施使他们得以皈依,另一种是实行普世主义和干涉政策以武力方式开化他们。此外,还有一种简单的做法是将这些人定义为"敌人",做出"恶"与"善"的二元划分。我们先来说说最早的"本地"敌人(最早的"外部"敌人是大不列颠)以及他们在《独立宣言》中是如何被定义的:

> (英国国王)在我们中间煽动内乱,并竭力挑唆残酷无情的印第安蛮子来对付我们的边疆居民,而众所周知,印第安人的作战准则是不分男女老幼、是非曲直,格杀勿论。[36]

获得独立后,美国历任总统对北美印第安人的评价也不比残酷无情好多少。在网上可以找到总统们言论的摘录,不过这里给大家一个提醒——"读者们可以感受到过去200多年中对北美印第安人的敌意已经有所减弱。正如联邦政府对北美印第安人的政策有所改变,美国总统们的态度也有所变化。"[37]事实上,至少自富兰克林·罗斯福总统以来,美国总统们对北美印第安人表达了日益正面的观点。[38]尽管如此,在印第安人被看成"敌人"的时期,美国总统们的言论相当负面。下面是几个例子:

> 印第安人和狼一样都是猎食性野兽,虽然他们的外形不同。
> (乔治·华盛顿)

> 如果我们曾被迫向某个印第安部落举起斧头,在没有将那个

☆第四章　美国战略：成为20世纪霸主并将在新时代维持其超级大国地位☆

部落杀绝或者将他们赶到密西西比河以西之前，我们是不会放下武器的……在战争中，他们会杀死我们中的一些人，我们则要将他们赶尽杀绝。(托马斯·杰斐逊)

几年来的事态发展证实了我对这个问题最初的认识，而实际经历也在日益加深这一认识。那就是印第安部落无法在我们定居地周围，在与我们的公民不断接触的状态下生活，这一点是确定无疑的。他们缺乏改进自己的智力、勤奋、道德习惯或是愿望，而这些是给他们的状况带来有利改善所必需的。如果生活在另一个且更高级的种族之间，又不能理解他们低人一等的原因或者想要去控制别人，他们势必会屈服于环境的力量，用不了多久就会彻底消失了。(安德鲁·杰克逊)

我还没有到认为只有死了的印第安人才是好印第安人这种地步，但是我确实认为十个里面有九个是坏人，而且我根本不想去仔细了解第十个人的情况。(西奥多·罗斯福)

有人可能会以为随着时间的推移，如此看待其他人种的方式已经不复存在了，就像对北美印第安人的态度变化。然而，我们必须想到的是，其他人种如果在未来会对美国的价值观和国家利益构成威胁，他们就有可能成为敌人。显然在美国赢得了印第安战争以后，印第安人不再是美国的威胁。但是在"二战"期间，完全不同的情况出现了。与日本的战争使美国政府认为原籍为日本的美国公民构成了威胁，因此必须得把他们放到集中营去，与"可靠的"美国白人隔离。至于日本和日本人，杜鲁门总统表现出了"基督教"特色明显的态度。在宣布对广岛投放原子弹的致全世界广播讲话中，他将日本人称为"日本佬"。杜鲁门在讲话开始就提出了明显是针对未来可能出现的潜在敌人的警告：

没人能预见下一场战争对我们的城市和我们自己的人民来说

· 135 ·

将意味着什么。我们现在对日本做的这些——即使使用了新的核弹,也只是第三次世界大战将给世界带来的一小部分后果。

随后,他就对日本使用原子弹做了更详细的评论:

> 英国、中国以及美国政府已经给了日本人民足够的警告,告知等待他们的将是什么,我们已经为他们的投降制定了一般条款。我们的警告无人理睬,我们的条款遭到拒绝。自那以后,日本人就看到了我们的原子弹会产生何种威力,他们可以预见到原子弹在未来会发生何种影响。世界将记住第一颗原子弹投在了广岛,一个军事基地(原文如此),这是因为我们希望在第一次袭击中尽可能避免伤及平民(原文如此)。但是那场袭击只是对今后行动的警告。如果日本仍然拒绝投降,我们将不得不将原子弹投到日本的战争工业重镇,成千上万的平民将不幸丧命。为避免受难,我恳请日本平民立即离开工业城市。我知道原子弹的悲剧性威力。[39]

近年来,美国总统们通过公开将敌人等同于"邪恶"的现身,与美国所代表的"善"的世俗化身相对立,从而进一步将"敌人"的概念戏剧化。事实上,这种说理方式也被用在了被视为美国敌人的其他国家身上,尤其是中国,还有俄罗斯。例如,乔治·W·布什总统在2002年1月29日的《国情咨文》中使用了"邪恶轴心"一词,在他的整个总统任期内,这个词经常被重复用来形容被布什政府指责为支持恐怖主义并发展大规模杀伤性武器的国家政府。而且:

> 前国务卿希拉里·克林顿……将俄罗斯总统弗拉基米尔·普京近期在乌克兰采取的行动与20世纪30年代末期阿道夫·希特勒实施的行动相比。她说,普京意欲保护在乌克兰的少数俄罗斯人,这让人想起希特勒当时保护德国境外的德国族裔的行为。[40]

☆第四章　美国战略：成为 20 世纪霸主并将在新时代维持其超级大国地位☆

但是希拉里绝不是美国建制派中唯一一个在冷战结束已经 25 年多的今天仍然把俄罗斯视为"敌人"，甚至是"唯一敌人"的。这一点在关于俄罗斯有可能干预了美国总统竞选，支持其中一名候选人的辩论中表现得非常明显。这令人相当惊讶，因为我们知道美国曾多次干涉其他国家的选举。总统选举辩论也表明候选人特朗普提出的与俄罗斯谈判的建议被大多数美国建制派们看成至少是背离了美国自冷战开始以来长期坚持的外交政策，在冷战中俄罗斯被描述成对美国最具威胁的敌人之一，更糟糕的结果是对美国人民大逆不道的敌人。

如同在印第安战争中那样，这种态度可能被当做借口，事实上确实曾经多次被用以发动公开战争（如对伊战争），或者由代理人或特种部队执行的针对某些"与我们不同的"国家的非常规战争。此处没有必要将那些公开战争、代理人战争、特种部队作战、颠覆性活动和政权更迭等一一列举出来，它们是价值观"扩张"的特征，这些价值观自美利坚合众国建国之初起就已成形。本章第六节将分析这些事件的总体情况。

在分析一国的外交政策时，很重要的一点是要记清在确定了敌人之后采取的整套事件（和说理）或事件的先后顺序。戴安娜·约翰斯通（Diana Johnstone）在分析美国对科索沃和乌克兰的干涉时运用了这个方法。[41] 此处我的目的不是要去评价这些干涉的好坏，而是要弄清楚最终导致军事干涉的整套事件或事件发生顺序。约翰斯通选择了"希特勒化"一词描述整个过程第一阶段的特征，在此阶段"目标国消失在其领导人的阴影下，该领导人被贴上'独裁者'（即使是民选上台的）的标签，描述为地球上恶的代表，必须下台"；这个阶段实际上是一场由主流媒体和智库发起的"宣传战"，在我看来其目的是为了得到国内民众的广泛支持。在可能会导致军事干涉的整个过程中，该宣传贯穿始终。

接下来采取的措施可能会构成先后几个阶段，或者更可能是相伴或同时实施不同措施，旨在使"敌人"服从"善"国的目的。在此情况下，第二个措施（或阶段）是实施经济制裁，"以诬蔑恶国，动摇其国内外关系，召集起该国内部对诉诸武力犹豫不决，更想采取'和平'方法使领导人改变方式的盟友"，如古巴和伊朗的情况。下一个措施是动员当地代理人，这种做法的实例众多。[42]第四个阶段与第三个可能伴随或同时发生,就是动用非政府组织的力量,约翰斯通主要分析了人权非政府组织的作用,但事实上可以是任何形式的非政府组织,尤其是那些擅长宣扬市场经济(事实上,就是资本主义)的完美和自由民主思想的,比如那些:

> 由美国政府直接资助(尤其值得一提的是国家民主基金会及其分支机构)的组织,他们的作用主要表现在声称要让真正的民主得以显现,但是当警察干涉由"真正的民主人士"挑起的混乱时,真正的民主在遭受目标国"希特勒"的践踏。

该策略的另一种形式是破坏外交。约翰斯通以对科索沃的干涉作为实例。美国国务卿马德琳·奥尔布赖特组织了南斯拉夫政府和阿尔巴尼亚民族主义者之间的假谈判,并下达了最后通牒(对塞尔维亚的全面军事占领),迫使塞族人必须拒绝,塞族人由此遭到"拒绝谈判"的谴责。通过在联合国发表长篇批评讲话、侮辱和谎言破坏谈判也是美国驻联合国代表的惯常做法。

虽然最后这条评价在很多人看来可能有些过分,但是最好先仔细研究一下再摒弃这个观点,这里我们没有篇幅赘述。另一个措施是不断给敌人定罪,从一开始就在做,直至在毫无确凿证据的情况下将敌人的行动定义为"大屠杀"而达到高潮。不仅如此,如我在第二章开始谈到权力的定义时就一直在说的,"在每起争端中,达摩克利斯剑(即诉诸军事手段的威胁)都悬挂在那里"。如果"邪恶的敌人"没有服从"善"方的强制令,最终会动用军事力量。

从清教徒的"历史终结论"到"新历史终结"

毫无疑问,清教徒的历史终结论最耐人寻味的现实化是弗朗西斯·福山(Francis Fukuyama)的著作。福山在1989年发表的一篇文章和1992年发表的著作里提出了当代版的历史终结论。[43]我无法确定他是否明确意识到了"他的历史终结"与清教徒版本之间的相似之处。但是我很自然地看到这两种在意识形态层面对历史终结的建构有显著相似性。一方面,清教徒版本以对《圣经》的诠释(如我们前面已经看到的)作为认知上帝启示的意识形态代码,信徒有责任予以贯彻,以更好地实现《圣经》的预言。在这个过程的最后,如约翰斯通正确总结的,我们将迎来历史的终结。显然,为了实现这一事业,需要人类活动具有信奉救世主的特征。

另一方面,福山版本的历史终结显然是以自由民主作为意识形态基础的,而且很可能还有一个特定的经济形式与之并存,即资本主义。[44]因此,"民主国家的公民"有义务尽其一切可能"帮助"其他国家实现自由民主,最终即资本主义。根据这样的观点,我们可以更好地理解为什么美国会以不懈的热情通过"例外论和分离外交政策"或"普世主义和干涉外交政策",努力在全世界落实关于理想的民主共和国终将到来的预言。

在其1992年出版的著作前言中,福山解释了历史终结一说的来源。[45]

> 我认为(在1989年的文章中)在过去的几年中,全世界已经广泛认可了自由民主作为一种政府体制的合法性,因为它战胜了诸如世袭君主制、法西斯主义和新近的共产主义等与之竞争的意识形态。不仅如此,我还认为自由民主也许是"人类意识形态发展的终点",以及"人类最后一种统治形式",由此构成"历史的终结"。换言之,过去的统治形式都有着严重的缺陷和非理性,由此导致了它们最终瓦解,但是自由民主制度可以说没有这些根本性的内在矛盾……虽然当今有些国家可能无法实现稳定的自由民主制度,还有些国家可能退回到神权统治或军事独裁等更原始的统治形式,但是到了自由民主这一理想状态就没有再进步的可能了。

显然,这本近400页的书在说明上述观点时设定了大量的限制条件和事先声明。福山后来在多个场合回头来谈他的"历史终结"这个结论,很可能是迫于国际体系趋于多极化世界这个变化带来的压力。在2008年作为丛书之一出版时,福山承认布什政府处理外交政策的方式很不成功。他甚至把第二次伊拉克战争定义为"惨败",并倡导更谦逊的态度。但是他拒绝展望美国外交政策发生根本改变的前景。救世主式的偏见仍在支持"普世主义和干涉政策":

> 然而,权力是一种现实,虽然下一代可能出现更多极化的世界,但是那还需要很长一段时间。这就是为什么在我看来,美国外交政策采用"温言细语加小棍子"方式是不现实的。我们无法祈望美国不再主导全球经济,各种朋友和盟友不再依赖我们的军事力量,以及美国实力不再为世界许多地方的国际关系提供可预测性。如果美国转而不再担负这一职责将造成巨大的不确定性,除非经过了认真的协商,但是在许多情况下这根本无法令人相信。[46]

四年后的2012年,福山甚至将一篇文章命名为"历史的未来",在副标题中他自己提出了这样一个问题:"在中产阶级式微的情况下,自由民主制度还能得以维系吗?"[47]不过,尽管这样有些背离历史终结的救世主式风格,但是福山仍忠实于他最初的态度。四年后的2016年,历史终结的结论仍在,虽然措辞更"委婉"了一些。在德国《时代周报》的访谈中,福山在回答记者的最后一个问题"我们不得不推迟历史的终结了吗?"时说道:

> 我说的历史终结指的是在我看来没有比民主更好的选择。历史的终结没有推迟,但是显然对有些人来说它不是现实。我们目前走的方向是错误的。[48]

所以,我们这里要谈的是"新历史终结"。考虑到2016年福山受访之后发生的事件,尤其是唐纳德·特朗普的当选,美国在处理外交政策时很可能会继续在"普世主义和干涉政策"与"例外论与分离政策"之间徘徊,或者更可能二者兼用。但是保持不变的是所有国家最终都应走向"资本主义

☆ 第四章　美国战略：成为 20 世纪霸主并将在新时代维持其超级大国地位 ☆

经济的完美自由民主共和国"，或是通过效仿美国这个"例外的共和国"，或是在美国的干预下实现。[49]

福山的"新历史终结"还有另一个方面与清教徒的历史终结更为相似，这也有助于我们更好地理解当今的美国外交政策。福山认为，现在"我们走的方向是错误的"。换句话说，在世界有些地方，自由民主正在失去它的吸引力，而威权式政体形式则在进一步发展（中国）或重新出现（俄罗斯、叙利亚、土耳其等）。

尽管如此，和清教徒的《圣经》类似，自由的西方式民主仍是当今"认知上帝启示的意识形态代码，信徒有义务遵守以促成《圣经》预言的实现"。但是不仅如此，由于预言尚未实现，信徒不仅有义务尽其所能促成其实现，而且为了避免"在错误的方向上"走得更远，信徒还有义务维护"开放的自由世界"的主导地位，因为这是实现预言，从而将我们带进"新历史终结"的唯一手段和唯一道路。

由此我们可以理解为什么美国（最终和其盟友一起）尽其一切所能反对有可能制约并最终结束"美国主导的自由国际体系"的任何力量（国家、意识形态、智库等），因为这是我们得以按正确方向行进的唯一保证。当然，美国是不可或缺的领导者。这一主题经常出现在美国政客、记者和智库成员的话语中，而且经常是伴随着行动的。

谈到美国意识形态起源时我说过，从美国建立时起，美国国内就有许多"谴责天定命运论妄自尊大的声音"。[50] 这种情况在美国历史过程中一直存在。如今，目睹美国主导的单极世界的结束，这种批评也比以往更加强烈。美国国内有一些声音怀疑美国是否有能力维持唯一超级大国的地位，领导世界其他国家。[51]

一些学者、智库和记者们近期发表的著作、文章和论文数量多得惊人，他们从两种不同观点提出了许多问题。一方面许多人仍坚信"天定命运论"，他们大都是"建制派"成员，批评美国政府实行的维持其在国际事务中领导地位的策略。无论是巴拉克·奥巴马还是唐纳德·特朗普都是这种批评的攻击目标，虽然他们来自建制派的各种不同派别。

另一方面则是不再相信天定命运，对美国的内政和外交政策都进行批评的人。他们的批评主要是谴责美国外交政策中的帝国主义特征,在大多数时候,这种政策被解释为是具有美国经济资本主义特征的,这种特征对美国国内和外交政策都有决定性影响。此外,他们还指出自由民主制度让美国人心存幻想,以为他们在内政和外交政策中都有影响力,但是事实上这些政策都是政治机构在"军事—工业—网络—媒体"复合体的压力下制定的。我们没必要在这里进一步解释第二种批评的合理性根据,因为它很容易理解,它反对当前实施"天定命运论"及其所有衍生思想,我在本章第一节对这些已经做了具体介绍。[52]

相较而言,分析天定命运论"当今的信徒"(或者说是"新信徒")提出的批评和提议更耐人寻味,因为今后他们比非信徒们更有可能重新影响美国的外交政策。从这些批评中我们可以看出美国"天定命运论"的新信徒们对过去几十年中国际体系出现并有可能终止天定命运实现的新趋势多么忧心忡忡。[53]以此为背景,我们可以把"新信徒"的想法归类为四大主题,虽然它们有时相互重叠。第一个主题是认为存在着中国威胁。甚至认为中国是真正的威胁所在,一定不能信任中国,因为自毛泽东时期以来,中国就一直在欺骗美国。在其2015年的《国情咨文》中,奥马巴总统明确将中国定义为美国全球影响力的有力对手。他警告国会成员如果不支持TPP协议,就等于拱手将美国的领导权让给中国。对中国大战略的警告之声也出现了。一些严肃的分析表达了忧虑,害怕中国正计划摧毁美国。因此,令人担忧的问题还是:能遏制住中国吗?[54]

"新信徒们"担心的第二个主题内容是自由民主制度的危机。不仅是因为自20世纪90年代苏联解体冷战结束以来,出现了大量非自由民主国家,更因为当今在自由民主国家内部发生的危机。这使得对"天定命运论"抱有坚定信念的人提出这样的疑问,美国的政治制度开始衰落了吗?如果真是这样,它还有可能恢复吗?更糟糕的是,2016年总统选举过程中的争论最终以唐纳德·特朗普的当选告终,并向美国人民以及全世界暴露了美国社会在经过几十年新自由主义之后出现了非常严重的矛盾——失业、贫困、犯罪、种族主义和谎言。[55]

最重要的是,总统选举中的一些令人遗憾、有失风雅的奇观引发了人

☆ 第四章 美国战略：成为20世纪霸主并将在新时代维持其超级大国地位 ☆

们对美国民主是否具有自我更新能力的强烈质疑，更不要说希拉里·克林顿提出的关于唐纳德·特朗普在为敌对国家俄罗斯服务的指责。主流媒体及其他媒介关于俄罗斯有可能干扰了总统选举过程使其对其中一位候选人更有利的大肆鼓吹显得有些滑稽，因为我们都知道美国至少自"二战"后以来干涉过太多国家的选举。[56]所以，问题是：民主制度就这么终结了吗？解释此种干涉（这是使用"双重标准"的好例子）的合理性的唯一方式是对世界进行"善"和"恶"的划分，如我们前面已经看到的，这种做法在美国这个国家建立之初就有了。显然，这种划分现今依然在发挥作用，美国作为"善"的最高代表有权在全世界进行干涉，与"恶"作战，即使这样做会违背国际法，虽然美国引以为豪地宣称国际法是在其领导下建立起来的，美国曾为其出力。这里，我们只要援引美国在20世纪40年代末冷战伊始时干预（这个用词有点太温和了）意大利总统选举的例子就够了。以意大利共产党领导的社会主义联盟为代表的"恶"的一方本来很有可能在国家选举中获胜。但是由于意大利的地理位置与共产主义南斯拉夫接壤，又处于地中海的中心，必须用尽一切手段阻止这个"恶"赢得选举。美国确实这么做了。[57]

第三个主题是美国领导的自由主义国际秩序的危机。特朗普总统的当选危及到了美国自"二战"以来倡导的国际自由秩序。正如"新信徒"最有影响力的一位代表人物所言——那是"美国塑造的世界"。特朗普对北约这样存在已久的美国同盟提出质疑，并保证放弃如TPP等主要国际贸易协议。有些人甚至觉得下一任政府会"串通起来废除"美国塑造的世界，即自由民主制度在全世界的扩张和全球经济融入资本主义秩序。[58]

第四个主题内容，鉴于上述谈到的主题和趋势，"新信徒"紧接下来不得不提出令他们担忧的问题，我们能做什么来保持美国至高无上的地位？与上述那些趋势相比，第四个层面混杂着更多忧虑和言辞坚决的表述。保持至高无上的地位首先意味着要和那些寻求推翻美国领导下基于规则的国际秩序的人作战，首当其冲是中国、俄罗斯以及伊斯兰国家。这些"修正主义国家"正在制造国际不稳定状况，由此导致美国影响力的衰落，而这对捍卫美国价值观和国家利益至关重要。

抵制这些发展的策略显然是要阻止敌对国家在重要地区，如欧洲、远东和中东确立主导权。为了实现这个目的，重要的是要恢复美国的经济实力，加强美国的同盟体系，更重要的是要确立美国的军事力量在世界所有敏感地区更为有效的存在。不过，"新信徒"对国际局势的分析也有一些好消息。确实，看起来有充分理由认为中国是无法在可预见的未来超越美国的。中国的军事、技术和文化资源还远远落后于美国，更不用说它脆弱的同盟体系以及会削弱其崛起为新世界主导力量的各种内部不平衡问题，人口老化、不平等情况日趋严重、环境恶化、金融行业发展缓慢、国有企业效能低下等。"新信徒"们的乐观情绪是否正确还有待未来几年的发展情况来证明。但是我在第二章和第三章中提供的分析和数据都表明，美国领导的单极世界将结束，多极国际体系已经出现，而中国将必然与美国、欧洲以及其他新兴力量一起在其中发挥重要作用。[59]

上述对"新信徒"的分析可以帮助我们了解他们评价冷战结束以来国际体系所发生变化的方式，以及他们对维护美国领导地位会提出什么政策建议。他们的观点已经被"新信徒"中最有影响力的一个代表人物整合成了一个条理清晰、内容全面的框架，此人就是被普遍认为属于"新保守主义"阵营的罗伯特·卡根(Robert Kagan)。作为新保守主义"新美国世纪项目"的共同创始人，罗伯特·卡根同时也是颇有影响力的智库布鲁金斯学会的高级研究员，以及影响力相当的对外关系委员会的成员。[60]

卡根长期担任美国共和党总统候选人外交政策顾问，并通过外交政策理事会在民主党政府中发挥同样作用。卡根及其夫人维多利亚·纽兰(Victoria Nuland)是美国政治体系中最有影响力的夫妇之一。[61]卡根是美国新保守主义的一位主要"大师"，而纽兰则在美国国务院把事业做得风生水起，最终在2013年被任命为国务院欧洲与亚欧事务助理国务卿。在任这一职务期间，她给美国的外交政策带来了许多争议性行动，如乌克兰的政权更迭，纽兰尤其以对盟友和敌对国给出富有想象力的称呼著称。在一次与美国驻基辅大使的电话交谈中，她在讨论针对2014年乌克兰政变该采取什么策略时，对推翻欧盟可能提出的反对失去了耐心，愤怒地喊出"去他妈的欧盟"。[62]还有一次，她鼓励美国"让俄罗斯人哑巴吃黄连"。据托尼·

☆第四章 美国战略：成为20世纪霸主并将在新时代维持其超级大国地位☆

伍德(Tony Wood)描述，当时的情形是：

> 早在苏联解体之前，在华盛顿的日程中，北约自1994年起东扩就已经被认为是板上钉钉的事了，唯一的问题是如何让克里姆林宫吞下这个苦果，即如时任副国务卿罗布·塔尔波特最高幕僚的纽兰所言，"让俄罗斯人哑巴吃黄连"。[63]

耐人寻味的是，2014年9月（即乌克兰政变后），布鲁金斯学会在谈及《政客》杂志评选华盛顿最有影响力的50人名单一事时，不无骄傲地报道："《政客》杂志发布了一份华盛顿最有影响力的50人名单，其中包括布鲁金斯高级研究员罗伯特·卡根和国务院欧洲与亚欧事务助理国务卿维多利亚·纽兰，他们被描述为'美国最有权威的夫妇。'"[64]倘若希拉里·克林顿赢得了2016年的总统选举，纽兰将很可能成为国务卿，因为这两个女人在处理国际关系，尤其是对俄罗斯关系上表现出了相似的进攻型态度。特朗普的当选使纽兰不得不离开了她的助理国务卿职位。不过，看起来她还是会回来的，和她的丈夫一同回到华盛顿最有影响力的50人中。[65]

卡根是美国具有使命的笃信者，虽然他认识到，与福山在1989年文章中的说法不同，我们没有（尚未?）到达历史的尽头，相反，历史倒退回来了。[66]但是，和福山的想法一样，救世主式的目标仍在。只是需要更长时间实现，而且美国需要加强实现这一目标的手段。早在2012年，卡根就在题为《从未消逝：反对美国衰落的说法》的文章中强烈表达过他对美国活力的信念，该文首发在《新共和国》上，后来布鲁金斯学会转载：

> 我们先来看看一些基本指标。在经济方面，即使经过了近年的衰退和增长放缓，美国在世界的地位没有改变。它的国内生产总值在世界上的份额保持了惊人的稳定，不只是在过去的10年中，而且是在过去的40年中。1969年，美国生产了近世界经济四分之一的产值。当今，它的生产量仍近四分之一，而且不仅保持着世界最大经济体、也是最富有经济体的地位。人们被中国、

印度以及其他亚洲国家的崛起迷惑住了，这些国家在全球经济中的份额确实在稳步提升，但是到目前为止，这些成绩几乎全都是因为欧洲和日本在全球经济中的份额降低造成的易位……军事实力同样重要，中国早在19世纪就认识到了这一点，中国当今的领导人也知道。如阎学通近期指出的，"军事实力是霸权的基础"。在这方面，美国仍然是无法匹敌的。[67]

布鲁金斯在介绍这篇文章时骄傲地向读者指出：

在其1月24日（2012年）发表的《国情咨文》中，巴拉克·奥巴马总统提出，"任何告诉你美国在衰落或者我们的影响力在降低的人都不知道自己在说什么"。据一份《外交政策报告》说，奥巴马总统是受了下面（即卡根的）这篇文章的影响，他在发表演讲的当天下午曾在私下会议中详尽讨论了该文。[68]

唐纳德·特朗普的外交政策："历史终结论"的终结

新保守主义者对特朗普当选的反应

2017年2月，即特朗普当选后，罗伯特·卡根在非常有影响力的《外交政策》杂志和有着同样影响力的智库布鲁金斯学会网站上同时发表长篇文章总结了其个人观点。[69]此文可以算作"新天定命运论"最完整、最条理清楚的版本，虽然文章行文中没有明确出现这个字眼。卡根说，首先，绝对有必要保持"自1945年以来美国在国际体系中所占据的主导地位"，也被称为"美国领导的战后全球秩序"，"美国支撑的世界秩序"或"他们（即美国人）在'二战'后创立的国际秩序"，这显然呼应了前面引用过的他那本名为《美国塑造的世界》的著作。他给出的理由是如果不这样，"现有世界会分崩离析,世界将陷入残酷的无政府状态"。有可能因此而遭到毁灭的是与美国国家利益相关的自由市场资本主义以及民主和政治自由等价值观。不仅如此,"自由启蒙工程把个人权利和共同的人性这些普世原则看得比道德、种族、宗教、国家或部落差异重要。"[70]

危险来自两个敌人,即:

> 两个强大的修正主义国家,俄罗斯和中国……(他们)对当前的全球权力结构不满。二者都在寻求他们过去在各自地区曾经享有的霸权主导地位……北京和莫斯科都寻求纠正"二战"后美国领导下的全球秩序中在他们看来不公正的权力、影响和声望分配。作为专制国家,他们都感到国际体系中占主导性的民主势力及与他们接壤的民主国家对其造成了威胁。二者都把美国看成实现他们野心的首要障碍,因此都在寻求弱化美国领导的国际安全秩序,认为该秩序阻挡了他们实现其眼中的应有命运……自由民主国家普遍以为可以通过默许修正主义国家的要求使他们得到安抚,这是一种荒诞的想法。[71]

卡根由此颇有逻辑性地否定了多极世界已形成,将由美国、俄罗斯和中国共享领导权联合治理的说法,因为"修正主义大国不会轻易得到满足,他们要的是完全让步。他们的势力范围永远也无法充分满足他们的傲慢或不断扩张的安全需求"。不仅如此,"随着军事实力的不断增长,修正主义大国总是会在他们认为收益超出风险和成本的情况下动用这些实力"。[72]这不仅会给美国,也会给其盟友和伙伴们造成威胁。因此,美国必须保持"不可或缺的国家"地位,继续领导其塑造的自由世界。

卡根做出了非常慷慨的让步:

> 在自由秩序内,中国可以在经济方面成功地与美国竞争;俄罗斯可以在由民主制度维护的国际经济秩序中蓬勃发展,即使它自己不是民主国家。但是军事和战略竞争不一样。安全形势是其

他所有事情的基础。自"二战"以来直至今天仍保持不变的是只有美国有能力和独特的地理优势提供全球安全和相对稳定。如果没有美国，在欧洲或亚洲都无法取得稳定的权力均衡。

卡根补充说，在面对军事力量时，"软权力"和"巧权力"的价值永远是有限的，这么说是有理由的。为了证明他的观点，卡根举了多个在他看来可以清楚表明修正主义国家对美国领导的自由秩序极具攻击性的历史实例。

一方面，卡根认为俄罗斯更有进攻性，它入侵了两个邻国，2008年入侵格鲁吉亚，2014年入侵乌克兰，"更不用说普京对其本国人民采取的压制政策"；向叙利亚派遣大批军力，而俄罗斯的干预增加了逃往欧洲的难民数量；在整个欧洲为右翼民粹主义政党提供资金支持；利用媒体支持俄罗斯偏好的候选人，攻击其他候选人。这里我们为戴安娜·约翰斯通描述的模式找到了另一个案例，即在进攻之前先制造出一个"敌人"。对格鲁吉亚和乌克兰冲突的此种描述体现出了新保守主义者（也可以更广泛地适用于美国的建制派及大多数西方国家政府）眼中的一个国家对另一国的"侵略"。显然对他们来说，入侵一个国家的唯一方式是用军事力量占领，其他所有方式，比如非政府组织、经济顾问和投资商都被排除在了"侵略"的类别之外。这是对"侵略"限定性比较强的定义。或者我们应该从另一个角度来解释，那就是杰斐逊在19世纪初提出的预想，只是出于向全世界"扩张"的简单愿望，在这个观念中"扩张"显然没有被看成是一种"侵略"，而是为了解放那些无知受压迫的人们。

另一方面，卡根认为"直到近期为止，北京成功地将美国的盟友向美国拉近了，因为他们担心日益增长的中国实力，但是这种情况可能很快就会改变。"显然，卡根对历史存在一些严重的误解。

首先，他忘记了（或者他不是真的忘了）冷战结束以来西方从未停止向俄罗斯挑衅，他们没有遵守对戈尔巴乔夫的承诺（为了换取同意德国统一），即保证不向东欧扩张北约军事同盟或欧盟。有些评论员坚持说美国没有在书面确认过此种承诺，由此否认曾经做出过这样的承诺。否认曾经

☆ 第四章　美国战略：成为20世纪霸主并将在新时代维持其超级大国地位 ☆

做过承诺或者拒绝接受口头承诺的法律约束力当然很容易。[73] 即便如此，我们无法否认的是，北约和欧盟都东扩到了俄罗斯边界，这样的政策往好了说是一系列挑衅行为，往坏了说就是对俄罗斯的一系列进攻性举措。羞辱战败的对手，无视其确保自己边境安全的合法需求从来都不是明智的政策。

其次，卡根还忘了叙利亚（以及其他地方）的灾难主要是由于美国鼓动、培训、资助原教旨主义伊斯兰组织引发的。[74] 不仅如此，美国在远东大规模的军事存在是中国发展军事资源并使其现代化的起因。

最后，如我们在前面所见，卡根坚持俄罗斯和中国的势力范围"从来不够满足他们的傲慢或不断扩张的安全需求"，但是他没有明白这些正是美国自"二战"末以来的所作所为。对这种赤裸裸的矛盾行为唯一的原因解释是在卡根看来，美国站在"善"的一方，而俄罗斯和中国则站在"恶"的一方。[75] 这一点和"旧的"清教徒天定命运论有明显的相似性，在清教徒看来，上帝（或天佑）赐予了选民应许之地和实现《圣经》预言的权利，甚至是义务，那就是扩张他们的共和国，超出19世纪初的局限。到那时，上文引用的托马斯·杰斐逊的预言就可以实现了：

> 无论我们现在的利益会如何把我们限制在自己的疆域之内，不展望未来是不可能的。随着我们的迅速发展，我们将扩张超越这些疆域，即使不覆盖到南美大陆的话（如今是整个世界了），也要让整个北美大陆布满讲同一种语言的人民，以相似的政体形式，根据相似的法律进行管理。

不可否认，卡根做了一些让步，"俄罗斯可以在由民主体制支撑的国际经济秩序中蓬勃发展，即使它自己不是民主国家"，但是它必须在"美国塑造"的自由国际体系的法律范围内行事。[76]

在分析美国外交政策如何应对美国实力衰弱的问题时，卡根对布什政府颇有微词，批评它在伊拉克、阿富汗的失败，他尤其抨击奥巴马政府：

没能重塑美国的实力和影响反而进一步削弱了它们……奥巴马事实上公开承认了俄罗斯在乌克兰的特殊地位，即使美国和欧洲在寻求保护该国的主权。在叙利亚，由于华盛顿的被动，奥巴马政府实际上邀请了俄罗斯的干涉，显然没有采取任何措施阻止它，由此进一步加深了日益增长的美国要撤出整个中东地区的印象。

关于奥巴马对中国的政策，卡根认为"虽然奥巴马政府坚持说美国的战略要向亚洲倾斜，但还是令美国的盟友怀疑真正面对中国的挑战时美国的承诺到底有多可靠"。就连2016年总统选举中互相竞争的候选人唐纳德·特朗普和希拉里·克林顿也都遭到相应的批评。克林顿是因为她宣布将不再支持TPP，而这是美国遏制中国的外交政策支柱之一。相反，在卡根看来，美国需要的是针对修正主义国家更为坚定的战略，否则美国将失去在世界的主导地位。更耐人寻味的是对新当选总统的批评，因为与希拉里·克林顿不同，新总统将在未来4—8年中指挥美国的外交政策。

卡根认为，特朗普的外交政策太软弱，因为它对美国利益的重新界定太有限，这一点主要指的是特朗普批评北约和欧盟，建议美国没有必要为某些盟友提供安全防卫，这样看来他的外交政策危险地背离了新保守主义外交政策，因为新保守主义认为美国应该在世界各地保持存在以捍卫其国家利益。要理解这种说法的深层含义，我们有必要回头看一下新保守主义运动的创立文件：

> 如果不更广泛、更开明地理解美国的利益，保守主义将非常容易退化为布坎南的"美国优先"式苍白的民族主义，在倡导狭隘的自我利益背后是深层形式的自我憎恨。真正笃信保守主义应该既强调个人的也强调国家的责任，享受国家参与的机会，乐见国家强大的可能性，重建英雄主义情怀，而这是近年来的美国外交政策和美国保守主义严重缺乏的。50年前乔治·凯南（George Kennan）在其著名的X文章中正确指出：美国人民应该对上帝深怀感激之情，是上帝（为他们）提供了无情的挑战，使得他们作为

一个国家的整体安全有利于他们自己团结在一起、接受历史明确想要他们承担的道义上和政治上的领导责任。他说的这些今天依然正确,只是没有冷战刚开始时那么明显了。[77]

有人可能会以为如此分析美国在世界中的地位是新保守主义的典型代表。其实并非如此。如果我们分析至少"二战"结束以来的美国外交政策,会发现上述我们借助2017年卡根的文章描述和总结的现有政策主要特征与过去本质上是一样的。如果有区别也微不足道,仅限于表述形式、实施手段组合或政策重点的区别而已。但是主要的目标是一样的,维护美国作为唯一超级大国的地位。不管是谁执政,都有充分的理由这么做。

一方面,在"二战"结束时美国就认定了自己的职责,既是出于为深受战争破坏的欧洲提供慷慨帮助的考虑,也是出于捍卫美国国家安全利益的私心,因为当时苏联对美国和西方构成了威胁。在冷战期间,"不可或缺的国家"这一概念有着充分的历史性、经济性、文化性和军事性理由。冷战末期,美国拥有了世界历史上独一无二的机会成为他们所宣称的仁慈的世界霸权。安德鲁·巴塞维奇(Andrew Bacevich)将这个阶段描述为"远大前程年代",当时美国的领导者认为在苏联解体后,实现"天定命运"的誓言不再有任何局限,全世界敞开接受全球资本主义和自由民主制度福音的传播……无论以何种方式。[78]美国也确实这么做了,参与了一系列战争、代理战争、政权更迭以及对其他国家的各种干涉。如果要找出美国失去声望的原因,那不是卡根说的因为失去了军事实力以及在处理外交政策中失去了决断性,而是因为它犯了在许多不必要的时候动用了军事力量这个错误。查莫斯·约翰逊(Chalmers Johnson)会说:如今这些错误造成的后果是一种"反冲"。[79]

另一方面,我们不要忘记,虽然国内政策是在复杂的制约与平衡体制下协商制定的,外交政策则更多属于总统、总统高级顾问、国务院、国防部以及非常复杂的安全和情报组织体系的范畴。后者由众多高校教授及有影响力的智库发挥补充作用,通常被说成是一个独立的或非政治性体系。但是如果我们看一看其成员的名单,会发现它们雇用(尤其是理事会成员)

多名来自政府不同部门的前任甚至现任高官,这使得公共机构、智库及高校教授们的相互交叉形成了一个相对整合良好的体系。如果在其中再加入"军事—工业—网络复合体"代表的话,就可以把这个复杂的体系看成美国"权力精英"或美国"建制派"的对应物了。不仅如此,主流媒体普遍支持由建制派实施外交政策,这在2016年的总统选举中已经表现得很清楚了,尤其是涉及所谓的俄罗斯干涉选举过程问题时:"敌人"要对建制派候选人的失败负责,而这种说法很容易向普通大众兜售。之所以有这种可能,根据佩里·安德森(Perry Anderson)的分析,是因为美国具有两种耐人寻味的特征:

> 对外部世界了解甚少的选举人思想狭隘,而政治体制……不断赋予行政部门几乎不受限制的处理外交事务的权力,使得总统可以自由……行事,在对外事务中不受相对于国内的那种横切压力束缚(这与国内政策的情况正好相反)。[80]

如果新总统的外交政策沿袭卡根定义的新保守主义议题,美国将无法理解新兴的多极世界这一现实,而多极世界这个无声的"转变"至少从冷战末就已经开始发展:意识不到这一现实,他们仍将梦想着实现我在本章开始时描述的"天定命运"和"不可或缺的国家"这一意识形态及其衍生思想。但是这个梦想能实现吗?

特朗普的外交政策

唐纳德·特朗普的当选使美国建制派陷入了糟糕的境地。建制派就如今该采取什么必要措施维护美国的国家利益产生分歧,困扰于俄罗斯这个"敌人",害怕新崛起的中国巨人,怀疑美国巨大的军事资源的能力,不确定美国文化是否仍有能力吸引其他国家的领导人和公民,没办法弄清楚新总统会将"上帝的选民"引向何方,担心历史的终结与开国元勋们所设想的完全不同(因为其他力量貌似会引领世界走向"另一种历史的终结"),意识到了经过40年的新自由主义之后,美国的内部矛盾已经削弱且分裂了"大

☆第四章　美国战略：成为 20 世纪霸主并将在新时代维持其超级大国地位☆

熔炉"，他们好像无法就重新定义美国在国内和世界上的地位达成一致了。[81]在完成这本书时（2017 年 8 月），很难预测新总统实际会实行哪些政策。不过，通过同时考虑各种要素，包括新总统的职业生涯和性格，他在总统竞选阶段的表述，他所做的一些最初决策，自"二战"末以来美国建制派一直实施的外交政策以及自冷战结束以来影响新世界秩序的"无声转变"等，我们仍然可以分析出一些可能的结果。

让我们先把候选人特朗普在竞选期间引起对他参选最激烈、最高声反对的那些表述（即性别歧视、种族主义、缺乏经验等）放在一边，集中于他对美国外交政策的一些最重要的表述上。[82]我的目的不是从道义角度批判特朗普总统的表述，甚至都不是从他已经采取的政策或很可能在未来将要实施的政策优劣性角度去批判。这样的研究已经有人做了，包括记者和政客们。[83]我的目标是弄清楚特朗普有可能在国际体系中将美国引向何方。

第一个结论，基于特朗普的表述引起的反响是，建制派们对其候选人希拉里·克林顿未能入主白宫的失败苦果仍然"难以下咽"。[84]如果有人追踪了总统选举过程且对美国的权力结构有足够的理解，会很容易理解特朗普的外交政策提议与建制派最重要的一些利益背道而驰，比如军工产业、五角大楼、两党大部分政治精英、主流智库和媒体公认的意识形态、经济和权力利益。

我们来看看特朗普都说了些什么，这有助于我们理解他有可能把美国的外交政策引向什么方向。[85]

第一，特朗普宣布最好和俄罗斯协商。这确实是非常明智的态度，我们都知道俄罗斯拥有核武器，数量仅次于美国，如果继续像西方自冷战结束以来那样恐吓这个大国，存在着掀起第三次世界大战的严重风险。主流媒体和智库很早就（现在仍然）设想了这个可能，但是却对此报以令人难以置信的漠然态度。

第二，特朗普批评北约同盟已经"过时"，这也是有正当原因的。北约是 1949 年 4 月 4 日面对苏联的威胁（真实存在或假想的）而成立的。如我在前面所说，在当时这是可以理解而且很可能有必要的。[86]但是在苏联于 20 世纪 90 年代初解体之后，敌人就已经被打败了，无法再对美国和欧洲

· 153 ·

构成真正的威胁。不仅如此，自以为是的西方专家们在东欧和俄罗斯推行毁灭性的"休克疗法"之后（公平地说，是在这些国家前党政要员后来摇身变为奸商的帮助下），东欧尤其是俄罗斯的领导人只能眼睁睁地看着他们的国家文化、社会、经济和政治颓废之中。苏联的政治体制无疑很残暴，但是与"休克疗法"相比，帮助俄罗斯人建立起公正可行的经济政治体制，领导人民走向更开放的社会无疑是更好的做法。

然而，美国把那部分世界看成是他们要"扩张"的地盘。商人、投资商、非政府组织和智库侵占了东欧和俄罗斯，迫切地利用这些国家自己的政府已无力控制的国家资源。俄罗斯（尤其是自2000年以来弗拉基米尔·普京）提出的建立共同安全组织的倡议被西方傲慢地忽视了。[87]相反，西方将北约军事同盟和欧盟扩张到东欧，直至俄罗斯的边境。最近一次扩张，是新增了黑山，北约于2017年6月5日骄傲地在其网站上宣布了这个消息。[88]黑山是一个小国，它加入北约同盟可能被看作北约最后一个"微不足道"的举动。过去几十年来，西方一直在妖魔化俄罗斯，[89]在唐纳德·特朗普当选的背景下美国建制派对俄罗斯的妖魔化更严重了。因此，黑山加入北约只是北约扩张的一小部分。事实上，该同盟已经开始实施全球扩张战略。如果说北约在1949年成立时是以防御苏联为正当理由的，可是现在的扩张远远超出了其最初敌人俄罗斯的外围：同盟范围已经扩展到阿富汗、波斯湾、黎巴嫩、叙利亚、伊朗、非洲、欧亚以及远东。[90]在冷战结束后，美国外交政策给人的感觉是，美国人认为已经到了实现杰斐逊梦想和清教徒历史终结的时候：

> 无论我们现在的利益会如何把我们限制在自己的疆域之内，不展望未来是不可能的。随着我们的迅速发展，我们将扩张超越这些疆域，即使不覆盖到南美大陆，也要让整个北美大陆布满讲同一种语言的人民，以相似的政体形式，根据相似的法律进行管理。
>
> （杰斐逊1801年写给门罗，引自上文）

☆第四章　美国战略：成为 20 世纪霸主并将在新时代维持其超级大国地位☆

第三，特朗普批评欧盟的成员国以及其他国家没有在共同防卫承诺中投入足够的资金，未能履行他们作为美国盟友的责任。很正确。如果这些国家认为在欧洲、中东和远东存在着对他们安全的威胁，他们的经济也足够强大，有能力贡献出部分财政资源资助军事设备和人员，为什么他们还主要依靠美国呢？在我看来，这样做还可以使欧洲人摆脱对美国的过度依赖。近期主要欧洲国家之间已经开始讨论建立更严格的防卫合作，这有可能导致在欧盟内部建立起一支欧洲军队。与现在北约同盟内部的军队相比，这将是一支更独立于美国军事指挥的军事力量，免除美国和欧洲之间不必要的张力。当然，只要美国和欧盟仍然把俄罗斯看成一种威胁，欧盟仍可以保持在北约中。但是如果俄罗斯与美国和欧盟一起加入一个被委任以确保欧亚安全职能的组织（这是普京在多个场合要求过的），"俄罗斯威胁"就有可能从主流媒体和智库发表的文章中消失了。或者也可能，对主流媒体和智库来说，如果"俄罗斯威胁"消失才是真正的麻烦？

第四，特朗普还宣布他将减少美国在全世界的军事投入，即缩减美国在军事基地、军事装备和军事人员方面的开支。美国外交政策的这个潜在转变，再加上批评北约、批评盟友在共同防卫承诺上资金投入不足，所有这些可能会带来减少美国军事在常规装备方面支出的后果，由此造成美国在军工产业领域政府采购的减少。不仅如此，如特朗普在总统竞选期间曾暗示的那样，这会限制美国保卫其盟友和伙伴的意愿和能力。即使公共财物与私人公司的财务管理完全不同，但是商人出身的特朗普了解会计学基本原理。他当然意识到了美国已经长期入不敷出：

> 我们国家是债务国，我们是债务国，我的意思是我们欠了买我们债券的那些国家几万亿美元。看看中国，我们欠了他们一万七千亿元，欠日本一万五千亿元。我们是债务国，我们不能成为债务国，我不想成为债务国，我想反过来。我们成为债务国的原因之一是我们在军事上支出太多，但是军事支出不是为了我们自己。我们的军事是为了做其他国家的警察，是为了保护其他国家。需要指出的是，这些国家许多都极度富有。他们不强大——

· 155 ·

在某种情况下很强大,但是他们是富国。[91]

幸亏美元作为国际主要货币这个特殊地位,美国才得以生存到现在。如果没有美元,美国早就破产了,本质上和希腊没什么不同,只是这样会对全球经济造成毁灭性后果。在一次很精彩的访谈中,特朗普谈到他对中东局势的看法。[92]他把美国在叙利亚以及更大范围如中东和阿富汗的参与和1979年及1989年苏联在阿富汗的形势进行了对比,他说正是由于那场战争"他们破产了"。当然,还有很多别的原因解释苏联的解体,但是在军事上的过度支出肯定是其中一个。不仅如此,特朗普说到他明确知道美国在不知道对方是谁的情况下就资助了一些"叛乱分子"。他也许错了,美国国防部和国务院以及中情局很可能是知道他们支持和资助的人都是谁的。但是即使这样,特朗普认为支持这类人是不明智的,他们实际上就是恐怖分子。此外,特朗普与美国外交政策,尤其是叙利亚政策最强烈的批评者之一、民主党议员图尔西·加伯德会谈的事实进一步表明他很可能不会继续其前任的政策了。[93]这意味着特朗普不大容易像前几届政府那样大规模地推动政权更迭。[94]但是我们还要等着看看他如何处理叙利亚内战以及如何应对美国最可靠的盟友之一菲律宾出台的新政策,该国非常有争议性的总统罗德里戈·杜特尔特(Rodrigo Duterte)公开表示了放弃与美国的同盟,转而与中国合作的意愿。杜特尔特在打击毒品走私的过程中有着不尊重人权的不良记录,因此如果想在菲律宾搞政权更迭机会绝佳。

第五,特朗普还批评了国际贸易和投资条约,比如北美自由贸易区和TPP。这些协议本来是为了将美国的工厂大规模迁移到发展中国家,使美国的资本可以与廉价劳动力相结合,可能在不受独立工会和严格的劳动力、环境规章影响下组织生产。不仅如此,这些产品大多会被美国进口。这样可以比在国内生产和购买创造更高的利润。后果是生产单位和就业机会被彻底毁掉了。[95]这些现象是引起大规模失业(不幸的是这个情况被官方统计掩盖了)的起因,虽然诸如新技术开发等其他因素也起了作用。特朗普威胁要对从事这些活动的公司在国外生产进口到美国的商品征收30%的关税。已经有批评说特朗普抛弃了自由贸易支持保护主义,而自由贸易被

☆ 第四章　美国战略：成为20世纪霸主并将在新时代维持其超级大国地位 ☆

视为是所有国家，无论是发达还是发展中国家增加财富的主要推动力，不管是就国内生产总值还是人均收入而言。

这样的批评当然是缺乏依据且不够坦诚的。它反对被视为"韦伯式理想类型"的两种完全不同的政策，即两种不反映现实、纯理想状态的理论建构，但是却被用作帮助研究者理解现实的认识论工具。学习国际关系的人都知道，没有哪个国家实施完全的自由贸易，而是在它们认为本国经济和安全受到外国经济力量威胁时采取保护主义措施。这就是约瑟夫·史蒂格利茨（Joseph Stiglitz）所说的"自由贸易原教旨主义"。[96]确实，自"二战"结束以来，在美国领导的西方施压下，出现了一个解除管制的过程（新自由主义者们更喜欢称其为国际贸易自由化，强调这个导致失业的过程积极的一面），尤其是通过关税总协定和后来的世界贸易组织以及通过《华盛顿共识》强加给发展中国家的政策，还有《新公共管理》强加给发达国家的那些政策。[97]近期，贸易原教旨主义者极力通过增加服务领域的解除管制进一步推行自由化趋势。这关乎公有服务业和私有服务业（尤其是金融服务业），很可能会导致公共服务业的私有化。[98]这些都是新大型协定（TTIP和TPP）的目标，通过对金融市场解除管制，他们就可以实现资本出口的完全自由了。不仅如此，他们还准许在一国投资的外国公司起诉该国政府，如果这个国家施行或考虑施行减少或有可能减少该公司未来收益的法律和法规的话。在这种情况下，投资公司可以在私人法庭起诉外国政府，而私人法庭的裁决是没有上诉可能的。这些协议是奥巴马政府构想出来用以遏制俄罗斯和中国的。特朗普非常清楚它们也可以被用来反对美国。事实上，这类协定总体上对最发达的国家（比如美国、日本和欧盟成员国）有利。

我的猜测是特朗普非常清楚，随着中国的崛起、俄罗斯以及包括伊朗在内的其他有地区野心的国家复苏，西方将自己组织全球经济的方式强加给其他国家的时代已经接近尾声了。[99]

第六，尽管长期以来美国对朝鲜采取了进攻性政策，但是：

> 在（2017年）5月1日，特朗普对彭博新闻社说："如果我能有合适的机会与（金正恩）见面，我一定会见的；我很荣幸能与他

会面。"我们无从知晓他这么说是否是认真的,或者只是特朗普要上头条的另一个努力。但是不管怎样,毋庸置疑他是个特立独行的人,是1945年以来首位不欠华盛顿政府圈人情的总统。他确实有可能和金先生坐下来谈谈,挽救这个星球。[100]

最后,特朗普明确将中国定义为美国的主要竞争对手和威胁。如果我们把他的这个表述和想法与俄罗斯谈判的意愿放在一起,可以进一步证明新总统对当前的国际形势及未来可能的发展不是完全没有清楚的构想(太多特朗普的反对者这么认为)。我们在第三章已经看到,中国正在每个领域迅速追赶美国,凭借其人口和国内生产总值的体量,显然在不远的将来唯一能赶上甚至超过美国的国家只有中国。不仅如此,奥巴马政府在东欧攻击俄罗斯,损害了俄罗斯保证与欧盟及北约军事同盟边界安全的合理需求,这个错误推动了俄罗斯与中国伙伴关系的确立和发展,有可能削弱,事实上已经在很大程度上削弱了美国遏制俄罗斯和中国的战略。如果再加上美国没有批准TPP这一点,奥巴马战略的祸患甚至更明显了。而特朗普很可能会努力吸引俄罗斯加入西方阵营,从而停止与中国的合作。鉴于中俄之间的旧有竞争,这不是完全没有可能。不管怎样,如果特朗普想实行吸引俄罗斯这个战略,他需要成功做好大量说服工作(包括国内和国外),毕竟几十年来美国都在排挤和妖魔化俄罗斯领导人。俄罗斯缺乏按自己意愿行事的实力,但是如果和两大超级强国任何一方合作,它就能加入一个强大的伙伴关系中,极大地影响新兴多极世界的结构,使其对美国—欧盟—俄罗斯联盟更有利。当然,要做成这件事,特朗普需要的不仅是"软权力",因为中国不会对这个"诱惑政策"袖手旁观。

我们来总结一下唐纳德·特朗普在总统竞选期间暗示的美国外交政策可能发生并已经发生的变化:与俄罗斯协商,改革北约,不再有必要给盟友提供防卫,减少在国外的防卫承诺(还要减少常规武器的军费开支),放弃或重新协商多边贸易和投资协议,把中国作为美国主要的竞争对手对待。除了最后这一点,其他所有内容都与1945年以来美国民主党和共和党总统实施的、建制派以及大多数新保守主义者支持的美国传统外交政策

☆第四章　美国战略：成为20世纪霸主并将在新时代维持其超级大国地位☆

(虽然如上文解释过的，卡根对其颇有微词)背道而驰。

事实上，特朗普的"美国优先"口号并没有排除武力的使用，如果总统认为美国的国家利益处于危险境地的话。他也无法避免在国外的军事干涉，如果建制派(即上文说到的商业、军事、政治、主流智库和媒体圈组成的联盟)对他施压，他将被迫执行，以避免失去国会多数派支持的风险，甚至失去送他入主白宫的民众的支持。美国国会的共和党和民主党有可能共同施压，压力还可能来自所谓的"情报团体"(不只是包括中情局在内的几个机构)以及主流智库和媒体。后者的重要作用表现在"告诉美国民众，在他们看来，当前形势需要进行军事干涉"。这一点很重要，因为美国的政治体制意味着每两年就要进行部分全国选举，有可能改变美国国会内的多数派构成，结果对总统不利，这在美国历史上曾多次发生。如果还记得佩里·安德森关于"对外部世界了解甚少的选举人思想狭隘"的说法，就会发现这个概率绝不是不可能的，我们知道主流媒体操纵信息的能力。

不仅如此，新总统计划实施的国内政策非常有可能构成额外的障碍，尤其是政策本身具有矛盾性。一方面，他明确表示了要在基础设施方面大量投资以刺激就业，并加大核力量投入以强化军事；另一方面，他想要减税。[101]这会导致公共债务的增加和社会政策方面的公共支出减少，对把特朗普送进白宫的一大部分美国选举人造成伤害，这还会导致美国国会内部多数派构成的变化。但是只要保持其特殊的国际地位，增加债务不是没有可能……至少在中短期内。而且，我们无法假定特朗普不会为了保护盟友而在世界进行干涉，也无法保证他将拆除在国外的军事基地，在欧洲和远东那些最重要的基地肯定是不会拆除的。而特朗普确实宣布了将大幅增加在军事技术和核力量方面的投资。[102]

核力量是美国相对中国，甚至俄罗斯仍然保持着优势的武器类型。即使中国和俄罗斯有可能赶上美国，[103]这类武器也可以被用作国际关系中的威慑力量，就像在冷战期间那样。因此，在美国与俄罗斯和中国的竞争(即便算不上冲突的话)更激烈的背景下，增加核力量而减少常规军事装备的投资显然是理性的决定。然而，特朗普已经宣布的包括了国家安全所有方面的总预算远远超出了五角大楼的预算，数额如此之高，势必会造成严

· 159 ·

重的问题,因为这将造成总公共债务的增加和用于社会保障、教育、可再生能源等联邦支出的减少。

事实上,在写这本书期间(2017年8月末),特朗普政府就下令向叙利亚发起了两次大规模的军事袭击(主要是空袭)。第一次是针对位于小镇塔巴卡的一座大坝,距离ISIS在叙利亚的据点拉卡省东约40千米。该大坝有60米高、长4千米多,是叙利亚建造用以调控幼发拉底河,并向周边广大地区提供灌溉和电力的。貌似该袭击破坏了控制大坝开口的技术装置,使得大坝只能关闭。风险是如果水压过高可能导致大坝坍塌,给整个地区造成毁灭性后果。看起来为了尽快打败ISIS,美国根本没有考虑会让大量平民遭受伤害(丧命和流离失所),进一步增加叙利亚人民苦难的可能。[104]

第二次袭击是在2017年4月4日,针对叙利亚的一个军事基地,用以惩罚叙利亚政府据称向伊德利卜省南部的汉谢洪镇发动的化学气体袭击。美国建制派如此迅速地确定叙利亚要对此负责(在俄罗斯的支持下)并不意外,以前的情况也是这样,比如在第二次伊拉克战争前,入侵伊拉克就是通过制造假文件证明伊拉克存在大规模杀伤性武器获得了合法性。主流媒体很快就不加批判地接受并传播了"美国情报群体"在没有提供不可辩驳的证据情况下对叙利亚和俄罗斯的指控。[105]还要指出的是,这些军事行动是特朗普总统单边决定的,没有经过联合国的授权,也没有同美国盟友甚至美国国会进行过任何形式的磋商。[106]

这样做的后果是俄罗斯与美国关系的严重恶化,而特朗普激烈批评了叙利亚总统。然而第二天,特朗普又重申了与俄罗斯合作的愿望。这个插曲表明特朗普的决定取决于他如何衡量世界各地的威胁哪些会对美国重要的国家利益造成影响,以及通过那些决定他能获得多少国内支持,还有建制派如何能成功限制他的自由。

新近发生的另一个插曲进一步证实了按这种方式分析特朗普的决策动态是对的。[107]在媒体宣布特朗普不再继续中情局对"叙利亚温和派叛乱分子"的支持项目之后,主流媒体将此决定解释为"送给普京的礼物"。这件事发生的同时正在进行对俄罗斯与特朗普团队之间可能存有密谋的调查。因此不足为怪,几天后一个由民主党和共和党联合组成的多数派就通过了一项立法,不仅在事实上否决了总统在未经国会批准的情况下缩减甚至终止对俄罗斯、伊朗和朝鲜制裁的可能性,而且很可能推动总统对这些国家采取新的制裁。这显然是美国国会在没有与美国的北约盟友磋商的情况下做出的近乎一致通过的决定(参议院投票92∶8,众议院419∶3),再次表明了美国国会的傲慢,在他们看来北约的欧盟成员只是美国的属国,根本不是盟友。这个决定还表明建制派对特朗普的反对不是由他不寻常的个性引起的,也不是因为他实行的毁灭性的社会及环境政策,而是他采取的违背了建制派利益的一些政策。在这件事中,建制派的代表就是国会中包括两党都在内的大多数议员。不仅如此,这次事件还表明美国的建制派还没有认清国际体系发生的变化将使美国很难再继续像自己是唯一的超级大国那样行事。在这个决定公之于众之后,"俄罗斯宣布美国在俄罗斯的外交使团必须减员到755名雇员"。[108]此外,该决定是不顾欧盟成员国的警告单边做出的。[109]美国因远离欧洲很容易将欧洲与俄罗斯的关系看成战略性的电子游戏,而欧盟对俄罗斯这样的邻国做出的制裁不可能永远继续下去,必须找到一种外交解决途径。但是美国愿意参与谈判吗,或者欧洲人是否应该与美国的死敌俄罗斯直接对话呢?最终,因为美国的决定还针对伊朗(美国的另外一个长期死敌),美国面临的风险是俄罗斯、中国和伊朗之间已经在进行中的合作有可能进一步发展。即使特朗普已经明确反对伊朗支持沙特(美国建制派对此做出了批评,虽然该国不是民主国家),与沙特的"同盟"貌似不足以抗衡中国—俄罗斯—伊朗的伙伴关系,而其他国家可能也会愿意加入这一关系中。

不管用何种原因解释特朗普外交政策的不确定性和变化(不管是来自建制派的压力还是他自己对局势的判断),也不管何种原因解释既要"与腐化失败的世界分离",又要进行"救世主式的干涉"以拯救世界[110]这种混合性,特朗普总统宣布的他想要实施的政策,以及他已经做出的决策表明他很可能成为美国历史上第一位肩负引领其国家穿过新多极世界迷宫重任的总统。掌控不断变化的环境并适应它从来都不容易,尤其是当一个人已经习惯于在"二战"后相对稳定的环境下行事,自以为已经找到了在那样的环境下保护其本国利益最好行事方式的情况下。

美国建制派应对新总统外交政策表述的方式最令人吃惊的地方在于他们没有认识到（我希望只是尚未）世界已经变了，不是始于第三个千禧年，而是早在此之前就变了。建制派对自己候选人（希拉里·克林顿）不加批判的支持方式，以及对其不想要的候选人成功当选这个结果采取的一直持续到现在的歇斯底里的反应方式表明，建制派还没有做好准备接受美国外交政策在新国际情境下的重新定位。[111]

因为没有倾听自冷战结束后就已经发生的"无声转变"，建制派未能调整其思考和行为方式。所有大国对美国领导的接受制造了一种假象——美国能使其他国家和人民几乎是自然而然地同意并服从美国的国家利益是因为美国的文化吸引力。不仅如此，美国建制派将其他国家对美国的追随看成是国际体系稳定、安全、和平的利益构成中"不可或缺"的内容。[112]不幸的是，美国建制派的行为显得他对自己文化（自由民主制度和市场原教旨主义形式的资本主义）的信心不足，不足以在无法通过劝说和文化手段将美国的意愿强加于他人时避免使用（泛滥使用）其经济和军事资源。自相矛盾的是，正是出于对自己意识形态优越性的信仰，美国建制派实行了一些不友好和暴力的行动，比如对敌人和盟友都进行暗中监视、资助其他国家的反对派运动、组织大量的政权更迭、使用双重标准支持朋友、却对敌人的同类行为进行批评。

这可以解释为什么美国建制派的突出代表们在被授以政治体制顶层的最高责任（比如比尔·克林顿和希拉里·克林顿、老布什和小布什、奥巴马以及他们周围的人）时，会犯我们已经看到的错误。他们不仅毁坏了世界大片地区（造成上万平民的死亡和大规模难民），而且还损坏了西方意识形态一些最积极特征的形象和声誉（吸引力）。

美国的例子表明强大的国家和人民经常想让人既爱又怕，而要同时实现这两个目标有多难。不仅如此，新总统要想维护美国人民的利益，维护我们星球的和平发展是不能依靠采纳新保守派（所有派系）提出的建议实现的。这不是说特朗普将会成功，尤其是如果他退回到"天定命运论"的妄自尊大、"不可或缺的国家"的傲慢和单边主义以及"美国版历史终结"的幻想的话。虽然特朗普刚发动了对叙利亚的军事干涉，但是通过重申与俄罗斯

☆第四章 美国战略：成为20世纪霸主并将在新时代维持其超级大国地位☆

合作的意愿，至少他给人的印象是他明白新世界的一些重要内容。美国无法再像过去作为唯一超级大国那样行事，好像它的价值观和国家利益与其他国家和人民的价值观和利益完美重合一样。

非常可能的是，"新历史终结"如果能发生的话，将由多个作者共同书写。因为这些作者来自不同的历史和意识形态背景，"新历史终结"可能会与美国开国元勋、新自由主义和新保守主义的意识形态非常不同。[113]

外交政策与地缘政治思维

在分析美国对中国战略的实施之前，我们有必要概述一下地缘政治理论对实现本书写作目的的——了解美国和中国的外交政策的主要贡献。[114]这个知识范畴是国际关系研究更广泛领域的一部分，产生了大量非常有趣的理论和现实倡议，我们如果在本书篇幅内概况总结，难免会留下被迫做出删减的遗憾。因此，此处我们的研究目标仅限于从地缘政治思想产生的大量成果中发展起来的不同学派对地理因素的重视。传统上，地缘政治认为地理条件对国家的民族性格、历史和制度，尤其是政治——战略关系具有重要的甚至是决定性的影响。然而，有些学者提出随着距离的缩短，地理因素不再重要，甚至几乎没什么作用了。在经济领域由于运输速度的迅速提升，军事作战中受弹道洲际导弹的发展影响。[115]换言之，这些发展打破了空间地理与政治地理之间的因果链条。

不过，1945年后，英国和美国学者开始重新考查，事实上重塑了这个学科。他们考虑了"二战"后发生的变化，继续把地理作为决定国家间关系的更为重要的因素。这使得该学科有了显著的一致性，虽然涌现出了不同学派。[116]冷战结束后，坚持地理因素不再重要的论点还有一个理由，那就是和弗朗西斯·福山一样认为我们已经到了历史的终结处。自由主义和共产主义之间的竞争以前者的胜利而结束，这意味着自由民主和资本主义将从西方扩展到世界其他地方，不管距离多远，社会经济方面的差异有多大。在两种意识形态的竞争中，一方获胜的结果诞生出一个"全球统一化的村落"，"以相似的政体形式、根据相似的法律治理"，这正是托马斯·杰斐逊的梦想。然而，包括爱德华·勒特瓦克（Edward Luttwak）、亨利·基辛格（Henry Kissinger）和兹比格纽·布热津斯基（Zbigniew Brzezinski）在内的许多有影响力的学者和政策顾问认为地理因素在21世纪初仍然是解释外交政策竞争的重要力量。[117]

我们已经看到，和那些宣称历史终结的人不同，一些政策顾问，如新保守主义者罗伯特·卡根的结论是，历史并没有随着苏联的失败而终结。[118]中国的崛起和俄罗斯的复兴，处理中东不稳定局势的困难，对伊朗、土耳其和韩国地区性野心的控制，北约同盟内部团结的维护，限制中国经济在海外（拉美、非洲、亚洲）扩张的困难，维护美元作为最重要的储备货币，避免新国际组织的兴起和现有国际组织（如亚投行和国际货币基金组织）的改革，所有这些维护唯一世界级大国地位的困难都迫使新保守主义者以及更广泛的美国建制派延缓历史的终结并重新考虑地理对外交政策的影响。公开的目标显然是要找到（再次）领导世界走向历史终结的最佳方式，如卡根一直坚持的那样。这是新保守主义事业最重要的意义之一。[119]值得一提的是，卡根的立场和为21世纪美国外交政策提出了最具进攻性主张的学者兹比格纽·布热津斯基在本质上并没什么不同。布热津斯基近期在很有影响力的《美国利益》上发表的一篇文章中承认美国"不再是全球性帝国"，但是他紧接着补充（在文章的副标题中）道，美国"需要在重新调整全球架构中发挥领导作用"。其他国家必须支持美国（欧洲国家），或者发挥地区性作用，前提是他们要接受美国对地区性领导的定义（俄罗斯），或者与美国合作（中国），中国应该在"美国遏制从中东向外传播的那种全球混乱中充当美国的主要伙伴"。中国为什么愿意充当这个角色呢？虽然布热津斯基承认中国将成为"最终与美国相互平等的可能的对手……但是目前它要小心不要对美国造成公开的挑战，（因为）美国仍是在政治上、经济上和军事上最强大的实体"。[120]

卡根和布热津斯基的外交政策提议还意味着"地缘的报复"，罗伯特·卡普兰（Robert Kaplan）的一篇很耐人寻味的文章就是以此为标题的。[121]我们在本章最后一节讨论美国对中国外交政策的实施时会发现地缘在今天仍

☆第四章　美国战略：成为 20 世纪霸主并将在新时代维持其超级大国地位☆

是解释国际关系最重要的要素之一，美国通过中国领土周边的一系列军事基地对中国的包围政策（尽管美国具有洲际导弹的能力，而且美国军队宣称能迅速干涉世界所有地方），以及美国对海上航线的控制（官方宣称是为了保证航海自由），都表明了这一点。在本书的最后一章，我们会分析中国对美国战略做出的应对：建立海上和路上新丝绸之路；"一带一路"倡议延伸到非洲、中东和西欧，由此连接起了欧亚大陆；海上和空中军事能力的发展；在世界各地的投资；与多个国家签订了双边贸易协议。所有这些战略和战术行动都证明了地缘的重要性。

如我在第二章中说到的，在分析权力的时候，许多其他因素都会间接影响各国为了维护自己的利益而实施的战略（不管他们如何定义这些战略）。某个时间节点的权力结构都有赖于所有这些因素，有赖于他们之间的关系，以及各国愿意且有能力实施的战略。不仅如此，权力结构以及该结构中各种因素的互动过程不是永恒不变的，它们虽然变化很慢，但是在"无声转变"的压力下肯定是在变的。相对而言，地理要稳定得多，因此具有重要性，因为最终必然发生的变化需要上千万年。

美国对中国外交政策的实施

19 世纪和 20 世纪美国短暂而真实的扩张史

在了解了美国外交政策意识形态历史渊源及其当代发展之后，现在我们来解释一下这个意识形态是如何落实的，尤其是"二战"结束以后。我先来总结一下美国国务院历史学家办公室对美国外交政策发展过程的描述。[122]通过历史学家办公室引用的那些促进了美国扩张的事件，即战争、侵略、兼并、购买、并购、条约、禁运、打开别国大门、争端和干涉，我要重点强调一下杰斐逊的"扩张"想法。

历史学家办公室在总结 1750—2000 年美国外交政策历史中 212 个里程碑式事件（按照 19 个历史时期重新分组）的标题下，提到了至少 33 个此类事件。在讲述这 212 个里程碑式事件时,"战争"被提到 1295 次、"和平" 258 次。[123] 有人可能认为以"杰斐逊式扩张"为指导概念涵盖美国对世界其他地方的征服史,会把美国外交政策简化为那段令人不太愉快的历史。然而,即使用国务院历史学家办公室提供的官方历史原文措辞,也很容易看出扩张本身就是美国外交政策的指导原则。不仅如此,"扩张"一词在里程碑事件的标题中使用了五次,而且很耐人寻味的是,早在第一个历史时期(1750—1775 年),"扩张"一词就用在了第六个里程碑事件的标题中:"1763 年公告边界线、1774 年的《魁北克法案》以及西进扩张"。事实上,扩张在宣告独立之前就开始了,1750 年到 1775 年,英国企图并成功"扩张"了其殖民领地,一部分从法国手里,还有一些是与其殖民盟友一道从印第安人手里获得,英国俨然是美国扩张的前辈。

如果我们看一下美国外交政策的官方历史,只需浏览一下就会对其扩张的范围、速度和连贯性感到惊愕和震惊。下面我简单列举一下从 1750—1904 年(罗斯福对门罗主义的推论)美国的主要扩张事件,逐字逐句都来自官方的国务院历史学家办公室历史。

・1763,《巴黎条约》,法国放弃在北美大陆的全部领地,有效终结了对那里的英国殖民地的外部军事威胁。

・1763—1774,安格鲁・美利坚殖民者开始涌入阿巴拉契亚山区寻找土地。

・1803,路易斯安那购地案,以 1500 万美元从法国购买路易斯安那属地。

・1819,兼并西班牙割让的佛罗里达。

・1823,门罗主义,门罗政府提前警告欧洲的帝国列强不要干涉新独立的拉丁美洲各国或潜在的美国领地事务。

・1830—1860,外交和西进扩张。在这个关键阶段,美国推行基于"天定命运论"(原文专门强调)的扩张政策,即美国人注定要将其国家扩展到整个大陆的意识形态。美国甚至证明了自己不惜通过战争获取新领土。在与大不列颠协商通过协议拿到了俄勒冈地区(1846 年)的同时,还获得了俄勒冈南部包括加利福尼亚及其重要的太平洋海港这些宝贵领土。当然,

☆第四章　美国战略：成为20世纪霸主并将在新时代维持其超级大国地位☆

这是需要动用武力的，1845年美国入侵墨西哥，由此发动了第一次侵略性战争。美国随后开始转向太平洋寻求新的经济机遇，确立了在中国的存在，并为西方贸易利益打开了日本和韩国的大门。

・1830，《印第安条约》和《印第安人迁移法案》。美国政府利用条约作为将印第安人从他们部落领地驱逐出去的手段，这一机制通过1830年的《迁移法案》进一步得到强化。出现不成功的情况时，政府有时会违背条约和最高法院的判决，帮助欧洲裔美国人向西扩散到整个大陆。

・1839—1844，打开中国门户（第一部分）——第一次鸦片战争；《望厦条约》——中美之间于1844年签订的第一个正式条约。中英于1842年签订《南京条约》，结束了第一次鸦片战争。《望厦条约》是《南京条约》的美国对等版。

・1846，俄勒冈地区成为焦点，有些人认为美国有向整个北美大陆扩展其统治和自由的义务和权利。俄勒冈地区从太平洋沿岸一直延伸到落基山脉，覆盖了包括今天俄勒冈州、华盛顿州和英属哥伦比亚的大部分区域。

・1845—1848，兼并得克萨斯，墨西哥—美国战争以及《瓜达卢佩·伊达尔戈条约》。这些事件使美国获得了未来的得克萨斯州、加利福尼亚州、内华达州、新墨西哥州、亚利桑那州、犹他州、华盛顿州、俄勒冈州，以及后来俄克拉荷马州、科罗拉多州、堪萨斯州、怀俄明州、蒙大拿州。

・美国在19世纪跨太平洋的海上扩张。

美国在19世纪的西进扩张不只限于北美，还包括了不断推动美国加强在太平洋海域以及跨越太平洋的存在。海上扩张主要是受商业利益驱动，对美国的外交政策具有重要影响。从中国贸易赚取利润的吸引力是促使美国人和美国官员进入太平洋地区的最初动力。中国拥有许多全世界梦寐以求的商品——茶叶、陶瓷和丝绸，西方商人早在17世纪就开始寻求获得这个利润丰厚的贸易渠道。美国独立后，美国商人继续在中国寻找机会。1784年2月，"中国皇后"号成为美国抵达中国的第一艘商船，此后不断有商人到中国寻找财富。在19世纪最初的几十年中，美国商人积攒了大量财富，后来投资到了他们本国的发展中。

航海到中国，保持美国在中国的存在也需要跨太平洋的一系列港口，因此中国贸易很快就促使美国扩张其在整个太平洋地区的存在。跨太平洋的扩张从根本上改变了美国的全球地位。

· 1853—1854，盖兹登购地，于1854年最终敲定，美国同意向墨西哥支付1000万美元获得面积为29670平方英里的墨西哥土地，这些土地后来成为亚利桑那州和新墨西哥州的一部分。

· 1853，美国与日本门户的打开。与美国向整个北美大陆扩张一样，美国商人和传教士也是在经济利益考虑和"天定命运论"（专门强调）信仰的双重驱动下开始了跨越太平洋的旅程。当时，许多美国人坚信他们有使中国人和日本人现代化和文明化的义务。

· 1857—1859，打开中国大门（第二部分）——第二次鸦片战争和《天津条约》。根据现有条约中的最惠国条款，英国通过武力从中国获得的让步，所有在中国的外国列强（包括美国）都可以要求获得。

· 1849—1861，领土扩张，阻挠议事与美国在中美洲和古巴的利益。一方面美国政府官员努力攫取在该地区的领土所有权，另一方面美国公民（被称为阻挠议事的人）也组织起到墨西哥、中美洲和古巴等多处地方的武装远征。

· 1866—1898，美国利益的继续扩张。在两次危害惨重的经济萧条之后，美国外交政策领导人开始专注于寻找吸收多余商品的海外市场。重新把开发国际商业机会作为重点目标带来了美国海军力量的发展，以保护商船航行和海外利益。

· 1867，购买阿拉斯加，标志着俄罗斯在北美太平洋沿岸扩展贸易和定居地努力的结束，并成为美国崛起为亚太地区大国的重要一步。

· 19世纪50年代，中国移民与《排华法案》。

· 1898，兼并夏威夷。

· 1898，美西战争结束了西班牙在西半球的殖民帝国，稳定了美国作为太平洋大国的地位。（西班牙）放弃了对古巴的所有权宣称，将关岛、波多黎各和菲律宾的主权让与美国。美国在冲突中还兼并了独立的夏威夷州。由此，该场战争使美国确立了在加勒比地区的主导地位，并寻求在亚

☆ 第四章　美国战略：成为 20 世纪霸主并将在新时代维持其超级大国地位 ☆

洲的战略和经济利益。

·1899—1913，维护美国的国际利益。新晋成为一个帝国之后，美国推行了一系列旨在保护美国领土并积极扩张其国际商业利益的政策。

·1899—1902，美菲战争。

·门罗主义的罗斯福推论。西奥多·罗斯福总统对拉美和加勒比的坚决主张通常被说成具有"大棒"特色，这个政策后来被称为罗斯福对门罗主义的推论。1904 年 12 月的罗斯福推论声称，为了确保西半球的其他国家履行国际债权人的义务，不侵犯美国的权利或招致"外国侵略使整个北美国家受损"，美国干涉将成为最后的手段。该推论在现实中的运用结果是美国更多地动用军事力量恢复该地区国家的内部稳定。

可见，在 19 世纪中，美国的扩张采取的不只是共和国成立初期典型的领土征服做法，而是运用了多种不同形式。它完成了现今的领土征服（主要是通过西进和南进），通过制度安排把中美和南美纳入了美国的专有后院；开始在太平洋扩张并发展其军事资源（尤其是海军），并在保护主义法律的庇护下加速其经济的发展。之后美国就准备好把新世纪变成"美国世纪"了。

现在我来概括一下 21 世纪初到"二战"结束期间的主要事件。美国于 1917 年参与第一次世界大战。尽管伍德罗·威尔逊总统强烈支持，但是美国参议院投票否决美国参与国联这个和平会议最重要的产物。美国进入了一段相对孤立的时期，但是保持着对美洲的主导，紧盯欧洲两次世界大战期间的事件，保持着在太平洋的存在并继续在高度保护主义贸易政策的保护下发展本国经济。在日本对珍珠港发起进攻之后，美国参与了第二次世界大战。战争末期，美国已准备好通过运用各种强大的权力资源在国际事务中重新宣称其领导作用。

在第二章分析国际体系中的权力时，我们提出了一些解释因素，现在让我们先总结一下"二战"结束时美国拥有或可以立即掌控和动用哪些资源，确立和维护其全球领导地位。对我来说，这是美国外交政策最根本的目的，是所有其他目标的基础。这与中国在 19 世纪遭受西方列强侵略后寻求恢复世界大国地位类似，我在第一章中对此有所解释。为了实现这个目的，美国采用了综合多种资源的战略框架。面对"二战"结束后发展起来的国际体系出现的变化，美国的战略框架也变得越来越复杂。有人可能会问到，这个战略是以理性分析为基础的，还仅仅是美国想要控制国际体系以保护自己经济利益和建制派们更广泛的利益这个意愿带来的直接后果。我感兴趣的不是这个问题。

在我看来，通过分析建制派不同派系的表述和美国政府实行的不同类型的行动来理解美国的战略更为重要。事实上，在确立和维护世界强国地位这个目标基础上，"二战"结束以来美国战略的最根本指导原则当然是遏制潜在的竞争对手。显然，"二战"结束以来的扩张与19世纪美国在美洲扩张影响力的时候相比是无法预想的，那时的扩张我们前面已经讲过了。"二战"结束时，进一步扩张只能通过采取不同的手段实现。此时遏制才开始成为确定美国外交政策方向的一个根本原则。奠定美国遏制政策的基本推理是乔治·凯南在从莫斯科发给美国国务院的电报中阐述的，这封电报的内容后来发表在很有影响力的《外交事务》杂志上。[124]我们来看一下国务院历史学家办公室是如何解释和评价凯南定义的遏制政策的：

> 在西方，很少有人与共产主义国家打过交道，理解苏联行为根源的人就更少了。对此掌握了第一手认知的是一名外交官，乔治·F.凯南。1946年，作为美国驻莫斯科的临时代办，凯南向国务院发了一封长达8000字、现今以"长电报"著称的电报，讨论了斯大林外交政策的进攻性本质。1947年，凯南以"X先生"为笔名在著名的《外交事务》季刊上发表了一篇文章，探讨他的核心观点。他的结论是"美国对苏政策的要旨在于，它必须是一种长期的、耐心而又坚定的、警惕地遏制俄国对外扩张倾向的政策"。遏制为美国1947—1950年实施的一系列削弱苏联扩张的成功举措提供了概念性框架。[125]

看一下冷战开始时（凯南定义和解释了遏制政策的原因）美国建制派推行的外交政策，再看看特朗普总统"与俄罗斯磋商"的提议，我们不得不承认从

☆第四章 美国战略：成为20世纪霸主并将在新时代维持其超级大国地位☆

那时到现在什么都没有变，俄罗斯人（不管是由谁领导，斯大林或是普京）是积极寻求扩张的敌人……但是在哪里？为什么呢？为了回答这些问题，我们来分析一下在"二战"结束后至冷战结束之间美国在遏制战略中运用了哪些权力资源。

第一，"二战"结束时，与美国在"二战"中的盟友和敌人，即欧洲国家、日本和苏联不同，美国的经济基本完好无损。就国内生产总值而言，美国成了世界上最强大的经济体，这也要归功于美国主导的在"二战"结束时建立起来的国际组织。在"二战"最后阶段，与盟国的几次会议（卡萨布兰卡、德黑兰、雅尔塔、波茨坦和布雷顿森林）使得美国确定了自己的势力范围，建立起了以联合国、国际货币资金组织、世界银行、关贸总协定（世界贸易组织的前身）为基础的新国际体系结构，并在以美元为基础的固定汇率体制中实现了美元作为国际储备货币的地位。这个体制（即美国塑造的世界）使美国得以和苏联一起成为世界两个主要大国。在此背景下，美国在19世纪和20世纪前半段（虽然经过了30年代的危机）取得的非凡经济发展使得美国能够推行由上述组织支撑的国际经济自由化政策。

第二，美国保持了在西欧（自1949年起由北约军事联盟支撑）和远东（尤其是日本、韩国、中国台湾和菲律宾）的军事驻扎，并继续控制着美洲。[126]不仅如此，虽然苏联在1949年获得了核军事力量，但美国有着世界上最强大的军队，尤其是空军和海军力量。

第三，作为赢得了第二次世界大战，将意大利、德国和日本从独裁中解救出来，并将其他国家从被独裁国打败的厄运中拯救出来的国家，美国享有突出的声誉。尽管苏联为英国和欧洲民族解放运动做出了巨大贡献，"二战"结束时美国成了自由和民主的主要（或者甚至是唯一的）捍卫者。然而，尽管积累了大量的权力资源，冷战以及共产主义在欧洲、亚洲、非洲和拉美的扩散还是不可避免地使美国制定了更为复杂的战略以捍卫自身和西方世界的利益。

第四，鉴于上述情况，如果美国选择不使用经济和军事资源使其国际政策广为接受，美国价值观的传播就成为必做之事。为了实现这个目的，美国建制派采用了一整套手段传播民主、人权和自由贸易这些价值观，

"美国之音"(VOA)广播；电视新闻频道"有线新闻网"(CNN)。[127]还有例如号称是"私有、非营利性、致力于为发展和强化全世界民主机构提供基金"的"国家民主基金会"(NED)及其分支机构等大量非政府组织，[128]以及"为追求进步、创新而生，体现美国价值观、特色和做正确的事这一根本信仰的"美国国际开发署(USAID)，该组织的"宗旨宣言强调两个相互互补且具有内在联系的目标，消除极端贫困和促进能实现其潜能的有适应力的、民主社会的发展"。[129]

第五，根据《1947年国家安全法案》成立的中央情报局(CIA)强化了美国的情报能力。该法案：

> 授权对美国政府的外交政策和军事机构进行大规模重组，由此成立了许多总统认为在制定和执行外交政策时得心应手的机构，包括国家安全委员会。该法案还建立了中央情报局，由"二战"时期的战略服务办公室及一些小型战后情报组织发展起来。中情局主要职能是政府内部的平民情报搜集组织。后来，国防情报局成为主要的军事情报机构。1947年的法案还给军事机构带来了影响深远的变化。战争部和海军部合并成国防部，由国防部长领导，国防部长同时还负责掌管新成立的空军部。不过，这三个机构每个都还保持着自己的服务部长。[130]

从那以后，中情局就惯常组织政权更迭，干涉其他国家选举过程，支持对西方和美国利益有利的党派；培训盟友和伙伴的军事武装，甚至在欧洲成立了"秘密部队"与共产主义威胁作战。[131]

美国成为世界霸权的唯一障碍就是"二战"期间作为美国盟友之一的苏联的存在，尤其是1949年后苏联发射了自己的第一枚核弹之后。尽管如此，苏联从未能够发展起自己的盟友、伙伴关系网络，以及在其他国家的领土存在(军事和经济的)，即使苏联努力在全世界范围扩散和支持共产主义发展，也无法和美国的力量比及。

"二战"结束后，一场意识形态、经济和军事方面的冲突——冷战在苏

☆第四章　美国战略：成为 20 世纪霸主并将在新时代维持其超级大国地位☆

联和美国领导的西方国家之间爆发。很快，在 1948 年美国确立了马歇尔计划帮助欧洲国家从"二战"的破坏中恢复过来，构成强大的反苏力量。1949 年，几个西欧国家和加拿大一起成立了一个军事组织（北大西洋条约组织——北约）应对苏联的潜在威胁。此外，美国还在世界不同地方（尤其是亚洲）参与了一系列地区性战争，以阻止共产主义的扩散，如朝鲜战争（1950—1953）、越南战争（1964—1973）、在老挝和柬埔寨的军事干预以及对其他国家的大量干涉，通过"政权更迭"行动和其他颠覆性军事行动支持对西方和美国利益有利的民族力量。[132]

最后，苏联于 20 世纪 90 年代初解体，美国由此扫清了成为唯一超级大国的道路。[133]随后进入了"远大前程"年代，通过北约向东欧扩张并承认几个东欧国家加入欧盟，美国及其欧洲盟友开始了对俄罗斯的进攻性政策。[134]不仅如此，除了"二战"后在欧洲和世界其他地方建立的许多军事基地以外，在南斯拉夫的军事干预使美国得以在科索沃也建立起了军事基地。这一攻击性政策的结果（想要或是不想要的）是羞辱了战败敌人，拒绝了对方保证边界安全的正当需求，尽管俄罗斯领导人（尤其是弗拉基米尔·普京）的许多举措将俄罗斯与欧洲安全管理联系在一起。俄罗斯仅有的国际政策选择只能是接受西方的主导，融入由美国塑造的国际世界。美国的这一短视政策是以苏联解体后出现的世界将永远保持不变的理念为基础的。对有些国际政治的观察者来说，这是冷战二期的开始，目标是俄罗斯和中国，目的是建立起由美国及其盟友主导的单极世界：到那时，美国权力的"扩张"有可能超越所有乐观的预期，实现托马斯·杰斐逊的梦想。

不管怎样，苏联解体后出现的单极世界并没有持续多久。强有力的长期力量（"无声转变"）很长时间以来就在发挥作用，为多极世界的出现蓄势，中国成为美国最重要的竞争对手，俄罗斯在普京总统的领导下重回国际舞台。现在我们要看清楚美国为维持其全球领导用了什么样的战略来"遏制"中国的崛起。

21 世纪美国对华战略

从上文我们已经看到，自 19 世纪起，美国就在远东有了自己的利益。

但是当时的目标主要是通过加入欧洲列强与中国签订不平等条约的行列，保护美国的经济利益，即通过应用最惠国原则(19世纪)获得同等的经济特权。打开日本的门户(1853年)和征服菲律宾(1902年)是在远东更具进攻性政策的开始，但是近年来的情况表明中国的经济发展不仅只在低附加值商品领域，还包括高科技产品，而且更令人担忧的是，在军事领域，21世纪初一度消失(或者本该消失)了的苏联威胁很快就被"中国威胁"替代了，原本预测的"中国即将崩溃"没有发生。

到世纪之交时，美国出版的好几本书都表达了对中国崛起日益增强的担心。从那时起，"中国威胁"成为美国主流媒体和学术著作频繁谈到的话题。与此同时，为了安慰美国公众和建制派，有几本书专门强调了中国发展的脆弱性，中国可能的(或者甚至是不可避免的)崩溃也成为频繁的主题。[135]后来，好几本著名西方汉学家出版的书都提供了更有深度的分析，但是基本上视角是相同的。例如，一本书的标题就出现了令人担忧的问题，《中国会主导二十一世纪吗?》，最后一章的标题以"中国不会主导二十一世纪"结尾。[136]还有一些书的标题采用了更为描述性的语言：《新中华帝国及其对美国意味着什么》《中国世纪：中国经济的崛起及其对全球经济的影响，权力均衡以及你的工作，或者，甚至更令人担忧》《龙爪之下：即将到来的中国主导时代美国的命运》。[137]

虽然再引述最有影响力的美国智库发表的大量文章和报道可能更有利于证明这一论述[138]，但是此处我们引用一段非常有权威的外交关系委员会的报告就足够了：

> 习近平的外交和国防政策更加坚定独断，为了进行应对，美国应该制定出一个针对亚洲的大战略，至少与北京出台的战略协调一致，北京的政策意图好像是要实现中国权力最大化，同时挑战美国在该地区长期以来的地位。我们现在想到的不是遏制，那怎么说都是美国对苏联的概念，与当今东亚的情况没有相关适用性。相反，美国应该利用各种治国战略工具激励中国接受以规则为基础的秩序，同时让北京知道如果不这么做它遭受的损失要超

☆第四章　美国战略：成为 20 世纪霸主并将在新时代维持其超级大国地位☆

出其得到的收益。几十年来美国一直在努力让中国融入全球秩序，但是未能有效缓和中国要成为亚洲最强大最有影响的国家这一战略目标，这个大战略应该对此负责。在这种情况下，美国需要一个长期的策略，表明美国的内在力量、外在决心和政策的稳定性。[139]

原因很清楚，中国在挑战"美国在该地区长期以来的地位"，我们还要加上一点，不只是亚洲，还有世界其他所有地方。值得一提的是，否认"没有考虑过遏制"是不可信的，委员会的这份报告内容以及美国同时对俄罗斯也实行了遏制政策的事实可以为证，而后者委员会的其他报告可以证明。[140]

有人可能会认为如此独断的政策分析和建议表明智库具有独立性，不盲从美国官方外交政策的选择。然而，这些智库是美国政策建议最有影响力的来源，其中的许多成员或曾经是高官或美国政府的顾问。不仅如此，如果看一看上任美国总统的演讲稿，我们就会发现很多显著的雷同。同样重要的是奥巴马总统也感到有必要令他的美国同胞以及美国军事统治集团和士兵们放心，美国具有保持世界领导地位的能力。下面是从奥巴马一些最重要的讲话中摘选的引言：

·奥巴马总统，2016 年《国情咨文》：

> 刚才我说了，所有声称美国经济衰落的言论都是政治大话。所有你们听到的关于我们的敌人越来越强大而美国越来越衰弱的虚夸言辞也一样是逞口舌之能。我要告诉你们，美利坚合众国是地球上最强大的国家。无须赘言(掌声)，无须赘言。没人能匹敌，没人能匹敌，没人能匹敌。我们的军费支出比排在后面的八个国家的总和还多，我们的军队是世界有史以来最精锐的作战力量。没有哪个国家胆敢进攻我们或者我们的盟友，因为他们知道这么做是自取灭亡。有调查表明，我们目前的国际地位比我刚当选总统时有所提升，在面对每个重大国际问题时，世界人民不是

寻求北京或者莫斯科的领导——他们来找我们。（掌声）[141]

· 奥巴马总统，2016年《国情咨文》：

这是我们建立跨太平洋伙伴关系协定采取的方法，该协定是为了打开市场、保护工人利益、保护环境，增强美国在亚洲的领导。它将取消针对18000项美国制造商品征收的关税，这将为美国国内提供更多优质的工作机会。在TPP协议下，中国不再是该地区规则的制定者，我们才是。你们想展示我们在新世纪的实力吗？那就通过这个协议吧！给我们执行协议的工具。这是该做的事。（掌声）[142]

· 奥巴马总统在美国空军学院毕业典礼上的发言，2016年：

我们在世界的地位提升了。在我访问哈瓦那、柏林和胡志明市的旅程中，我看到了这一点。成群的越南人在街头挥舞着美国国旗。所以，不要弄错，美国比其他任何国家都更胜任21世纪的领导权。还有一个事实，我们的军队遥遥领先，是世界上最强大的（掌声）。是的，在经过了阿富汗和伊拉克两场大型地面战争后，我们缩减了军队的规模，这是自然且有必要的。我们还要继续提升作战准备和军队现代化。但是不可否认的是，我们的军队是这个星球上最强的作战力量。别的国家和我们相差不是一星半点。[143]

· 奥巴马总统在美国西点军校毕业典礼上的发言，2014年：

事实上，以大多数标准来说，与世界其他国家相比，美国从没有这么强大过。那些不这么认为的，说美国在衰落或者美国的

☆第四章　美国战略：成为 20 世纪霸主并将在新时代维持其超级大国地位☆

全球领导力在下降的，不是误读了历史，就是参与了党派政治。想一想吧。我们的军事根本没有对手。任何国家直接威胁我们的可能性都低不足惧，根本比不上冷战时期我们面对的危险。同时，我们的经济仍是世界上最有活力的，我们的企业最有创新性。每年，我们在能源方面都更加独立。从欧洲到亚洲，我们是多个联盟的轴心，历史上没有其他国家能比。美国继续吸引着努力奋斗的移民。我们创立的价值观激励着全球议会领导人和公共广场的新行动。当台风席卷菲律宾，或者尼日利亚的女学生被绑架，或蒙面人占领了乌克兰的一座建筑时，全世界是向美国求助。(掌声)所以，美国是且仍是一个不可或缺的国家。在过去的一个世纪中如此，在未来的世纪也将是如此。[144]

· 奥巴马总统在美国空军学院的毕业致辞，2012 年：

最近的一次是 20 世纪 80 年代，随着日本和亚洲"四小龙"的崛起，有人说我们失去了经济优势。但是我们重新装备了自己，我们投资了新技术领域。我们掀起了改变世界的信息革命。

在经过了所有这些之后，大家明白了一个基本事实——绝不要打赌美国会输。(掌声)其中的原因之一是，美国过去是，将来也会一直是世界事务中不可或缺的国家。这是美国，是例外国家的例证之一。这也是为什么我坚定地认为如果我们在历史的这一刻挺身而出，肩负起我们的责任，那么就会像在 20 世纪一样，21 世纪将会是又一个美国世纪。这是我预想的未来，是你们可以建设的未来。(掌声)[145]

事实上，美国对中国崛起的反应总体来说是害怕失去领导世界的能力，失去世界唯一超级大国的地位，无法设定国际体系规则，即罗伯特·

卡根所说的"美国塑造的世界"。[146]甚至连认识到了美国"不再是全球帝国"的布热津斯基也坚信美国"需要在重新调整全球结构中起主导作用"。[147]这些根本政策目标是美国建制派所有派别公认的，因此不难理解唐纳德·特朗普当选激起的歇斯底里的反应是无法仅仅(或者更可能的是主要)由候选人特朗普宣布的国内政策来解释的，这些政策有些在我写这本书的时候(截稿是 2017 年 8 月)特朗普总统就已经开始实施了，也无法用他歧视女性、是种族主义者、政治素人这些因素来解释。

在我看来，让美国建制派更为担忧的是特朗普宣布的国际政策转变。否则我们无法理解建制派对所谓的特朗普及其助手与俄罗斯有联系这件事的大肆鼓吹。我记得 1987 年我曾在日内瓦与加里·哈特(Gary Hart)会面，他当时召集了由日内瓦美国民主党资助的大会。共产党仍主政克里姆林宫时，哈特正要去莫斯科见俄罗斯官员。哈特是 1988 年民主党总统候选人中的领跑者。几个月后他退出了竞选总统的竞争，不是因为他的莫斯科之行，而是因为被控有婚外恋。[148]这件事是要我们认识到，美国建制派把普京视为比他的共产党前任们更可怕的敌人吗？想与俄罗斯达成协议的想法绝对是冷战结束后美国总统宣布的最绝妙的一步棋。事实上，我们不该忘记俄罗斯和中国有可能合作(事实上已经开始了合作)，一道与美国竞争领导地位。与俄罗斯达成协议是打破俄罗斯与中国事实性联盟或伙伴关系的唯一出路，否则他们会成为亚洲甚至更大范围的主导行为体。所以，虽然俄罗斯现在仍是一个不可忽视的竞争者，美国必须面对甚至更为强大的竞争者——中国。这些想法早就有，地缘政治专家很长一段时间以前就提出过。我们来看看当今美国最有影响力的地缘政治专家之一兹比格涅夫·布热津斯基的分析。在 1997 年出版的书《大棋局：美国的首要地位及其地缘战略》中，布热津斯基对美国要保持在全世界的领导地位应该采取什么策略进行了深入分析，美国领导世界的未来将由亚洲的情况决定。[149]概括来说：

> 欧亚大陆是作为世界轴心的超级大陆。主宰欧亚大陆的国家将对世界经济生产力最强的三个地区中的两个——西欧和东亚发

☆第四章 美国战略：成为20世纪霸主并将在新时代维持其超级大国地位☆

挥决定性影响。看一下地图就会知道，控制了欧亚大陆就几乎自然而然地控制了中东和非洲。(不仅如此)欧亚大陆的权力分配对美国在全球的首要地位和历史传统具有决定性的意义……短期内，美国应该巩固和延续现在欧亚大陆版图盛行的地缘政治多样性。这个战略强调政治运作和外交操纵，有利于阻止有可能挑战美国首要地位的敌对性联合的出现……(最终)，在中期，上述发展将带来战略兼容伙伴的出现，在美国领导及推动下，这将有可能造就一个更具合作性的跨欧亚大陆安全体系。长期看，上述发展可能成为真诚分担政治责任的全球核心。[150]

布热津斯基很清楚，应该让俄罗斯融入欧洲合作更广阔的范围。而对中国，他认为这要看中国与美国的关系：

更具体地说，中期目标的实现需要与他们结成真诚的伙伴关系，更统一、政治更一致的欧洲，在地区事务中作用更突出的中国，后帝国主义的、面向欧洲的俄罗斯，以及民主的印度。但是与欧洲和中国建立更广泛的战略关系会影响俄罗斯未来的地位，决定欧亚大陆的中心权力平衡，可能成功也可能失败。[151]

无论是对布热津斯基还是卡根，美国外交政策的根本目标仍然未变，保持美国的主导性，在美国的领导下使其他国家融入"美国塑造的"自由主义、资本主义秩序。

基于上述分析，我们可以得出结论：美国外交政策的根本目标是通过实施遏制全球潜在竞争对手的基本原则，来维持美国的全球主导。世纪之交的权力资源分配和发展，尤其是在亚洲，本该使美国树立新的策略。但是，即使最近出土流智库和高校教授出版的书，直到特朗普政府上台前或刚刚执政，大都仍坚信美国塑造的国际自由秩序必须通过遏制潜在的竞争对手，尤其是遏制中国才能保持，因为中国的目标是改写体系规则，挑战美国的领导。因此，美国应该运筹帷幄避免中国主导21世纪。中国以及其他潜在竞争对手的唯一政策选择是采纳现有自由世界的主要特征,即自由民主和资本主义融入其中。或者,如果他们选择保持其国内的非自由化特色,他们将需要融入自由主义国际秩序中,按美国设定的规则行事。[152]

如果有读者对美国外交政策更激进的批评感兴趣,可以去另类网站查询,比如自我定位为"惯常与主流媒体唱反调"的汤姆快讯、汤姆·恩格尔哈特(Tom Engelhardt)、大卫·万恩(David Vine)、尼克·特尔西(Nick Turse)等一些可靠的作者和严肃调查式新闻记者都为其撰稿。[153]"主流媒体的读者"可能会被这些参考信息吓到,但是我相信认真思考的读者无论对另类网站,还是主流媒体及其作者们都会有批判鉴赏力的。荣誉退休的约翰·W. 道尔(John W. Dower)教授在其 2017 年出版的书前言中向"许多敏锐地写到了'二战'后世界中暴力的众多悲剧性层面的调查式记者们"致以了谢意,并引用了"非常有价值的汤姆快讯网站"内容。[154]

那么,美国政府开发和实施,并仍在开发和实施着哪些资源来遏制中国的崛起呢?最重要的遏制战略内容是由奥巴马总统通过的两个大型协议:跨大西洋贸易与投资伙伴协定(TTIP)和跨太平洋伙伴协定(后者是美国"转向亚洲"战略的重要组成部分)实施的。[155] TTIP 的目的是通过在北约军事同盟的基础上,使欧洲进一步融入美国和西方跨国公司主导的太平洋地区而强化对俄罗斯的遏制。[156] TPP 则是通过使太平洋地区的 12 个经济体融入由美国主导的一个经济区域强化对中国的遏制。这两个协定如果得以通过,将成为遏制美国两大主要竞争对手发展的有力武器。[157]

跨大西洋项目长期由 1995 年成立的跨大西洋贸易委员会(TABC)支持,该委员会受到欧洲委员会和美国商务部的赞助。同样,TTP 也由跨国公司,尤其是美国跨国公司支持,比如那些医药和烟草行业的公司。这些协定的目标是基本消除所有关税和限额以外的贸易和投资障碍,而关税和配额早就已经降至了极低的水平。为此,如果该国的公共政策使投资者的收益以及未来可期的收益低于没有这些政策时,这些协定将允许跨国公司在私人法庭起诉所在国政府。不仅如此,这些私立法庭的决定是最终结果,即不接受上诉。[158]如果这两个协定被通过,将使跨国公司(包括那些金融领域的公司)在广大领域对政府的控制合法化,并可能强行规定这些

☆ 第四章　美国战略：成为20世纪霸主并将在新时代维持其超级大国地位 ☆

协定的适用条件超越一国边界。[159]必须说明，这些协定受到了公民社会组织、特设公民协会和学术研究人员非常严肃的批评。对这些协定的批评主要基于对北美自由贸易协议——1994年起生效的美国、加拿大和墨西哥之间类似协议实施后果的研究，该研究表明这一协议的实施使美国失去了上千万个工作机会。[160]对TPP和TTIP的担忧是这些协定可能会使跨国公司在国外投资，将民族工业活动转移到因劳动力成本低廉而生产成本更低的国家，以及健康和环境管理很松懈的国家。这解释了为什么跨国公司支持这些协定，这也是唐纳德·特朗普在2016年总统竞选中反复强调的主题。2017年1月，特朗普总统使美国撤出了TPP，表示了重新谈判北美自由贸易协定的打算，并将TTIP的决定无限延期。这是美国建制派代表，尤其是"军事—工业—互联网—媒体"复合体对特朗普猛烈反对的主要原因之一。

然而，即使美国放弃了TPP，TTIP还有待美国和欧盟的批准，遏制俄罗斯和中国的权力资源仍掌握在新总统的手中，是构建美国遏制战略的框架基础(新的转向亚洲？)。但是，"战略"对美国来说真正的含义是什么，有人对此可能还有疑问。在一篇精妙且振奋人心的文章中，两名美国教授从"大战略"视角分析美国外交政策，他们开篇就将美国战略解释为一种幻想：

> 在这个复杂且极具不确定性的国际政治环境中，根本无法提前确定理想的战略……但这并不是说美国的外交政策仅仅是随风而动的。确实，美国自"二战"以来或多或少保持了自由主义霸权的连续性。但是这主要不是正式大战略(比如"转向亚洲")的产物，更多的是国际和国内环境持久的结构性特征造成的结果：美国的物质优势，从全球一体化获益的强大企业利益，核心自由主义信条在美国政治文化中的主导作用。[161]

因此，如果有人想理解美国的实际角色，更高效的办法是衡量美国总统为维护美国的领导地位、遏制中国崛起而采用的复杂的权力资源混合体，而不是努力弄清美国的战略，因为战略很可能就是一些理论性、言语表述的集合。这不是说没有必要去读美国建制派各派别就美国应该采取什么战略的分析。我在前面几段做了这样的分析，它们可以让我们很好地理解建制派想要实施的价值观和利益，以及为了实现这些目标应该采取什么手段。[162]

美国的权力资源包括，军事武器、军事基地、联盟和伙伴关系，保持美元作为主要国际货币的地位，美国公司在中国的投资，对海上航道的控制，情报、广播和电视播报，倡导美国价值观和利益的智库和非政府组织，以及美国向中国转让的对中国及中国人民不一定有利的技术。有人认为最后这一点可以包括在美国遏制中国的战略中。然而，很难提供不可辩驳的实际经验性证据表明实际情况是这样的。不过，有实际证据表明这些技术事实上可能会对有关群体造成不利的后果。在中国的情况是，它们可能会削弱该国有效抵制美国主导的能力。因此，我没有在本章涉及美国战略的内容中探讨这一点，但是我会在下一章谈及中国重新寻求世界大国地位的战略中简要讨论一下。

在前面几段中，我提到并讨论了美国在获得世界唯一超级大国地位的长期过程中发展起来的资源。这里我们利用第二章中展示的权力分析方法看一看美国的资源是怎样或可能会怎样用来遏制中国的崛起。我将在必要时补充一些新信息。

军费支出

美国很善于利用其受到两大洋保护的领土优势，并投资于美国人口（白人）的教育。这两个资源是发展经济的必要条件。不过，尽管大力宣传软实力（见第二章），毫无疑问的是，美国用来将自己的意愿强加于其他国家的最重要资源是其在"二战"期间及"二战"以来发展起来的强大的军事实力。军事资源在国际领域的决定性作用可以从俄罗斯重新成为一个全球重要的行为体中可见一斑。鉴于俄罗斯相对较少的人口（只有约美国的1/3）和并不是很强的经济地位，如果没有足以和美国的核武库抗衡的强大核力量，俄罗斯是无法重新成为世界级大国的。尽管美国和欧盟做出了口头和

☆ 第四章　美国战略：成为20世纪霸主并将在新时代维持其超级大国地位 ☆

非口头性反应，俄罗斯还是对格鲁吉亚和乌克兰进行了干预，但是什么能阻止俄罗斯不发生公开的军事冲突呢？这就是有些人所说的"新冷战或冷战二期"的出现。这种情形并非与1949年苏联爆炸第一枚核弹之后的冷战局势完全不同。在那之前，美国尚可以向世界宣告动用曾用于日本的核力量（当时是独有的）而展示其实力。当时，美国向其他国家明确表明，

> 没人能预见下一场战争对我们的城市和我们自己的人民来说将意味着什么。我们现在对日本做的这些——即使使用了新的核弹，也只是第三次世界大战将给世界带来的一小部分后果……日本人就看到了我们的原子弹会产生何种威力。他们可以预见到原子弹在未来会发生何种影响。世界将记住第一颗原子弹投在了广岛，一个军事基地（原文如此）。[163]

1949年后，美国总统的语气就谨慎得多了。我要补充的是：幸运的是，这样有利于避免没有胜利者、所有人都是失败者的核战结局。所以，美国没有将军事力量用于与苏联的直接对抗，而这在技术层面是可能的，例如，在匈牙利（1956）和捷克斯洛伐克（1968）反对苏联的起义中。尽管如此，美国还是参与了几场地区性战争，反对小且不发达、军事力量极其微弱的国家，以及多次代理战争。[164]

自相矛盾的是，从使用常规（即使是很精密的）资源的公开战争到非公开战事应用的战术（如下面将讨论的特种作战部队），军事资源的范围广泛，但是最高效的好像一直是后者。事实上，自从"二战"结束以来，美国就一直未能赢得任何一场公开的常规战争。相反，它在组织代理人战争方面却非常高效，包括向盟友和伙伴贩卖军火，指导本地军事和安全力量，组织政权更迭等。2016年，从事这些活动的人员总数已达近七万人，而公开战争只部署了几万名士兵。这一说法当然还有争议，尤其是考虑到公开战争再加上这些非公开战争已经造成了一些反冲后果，比如恐怖主义发展、美国文化积极形象的丧失（即文化资源，后面将谈到）等。

在这样的背景下，核力量占有特殊的地位。事实上，美国的核军事力

量是一种有效的威慑,能劝阻竞争对手不向美国发动公开的军事进攻。到2017年,俄罗斯有近7000枚核弹头,美国有6800枚,其他国家则远远落后,法国有300枚、中国有260枚、英国有215枚、巴基斯坦有130枚、印度有120枚、以色列有80枚。只有俄罗斯能与美国相比,但是目前它在其他军事武器,尤其是海军方面还是远远落后于美国。[165]

此外,军事力量的决定性意义还可以解释为什么中国自中华帝国末期开始就决心发展其武器装备,在中国共产党的领导下,决心发展所有主要军事力量:核武器、空军、海军和弹道导弹。最后,尽管欧盟是世界第三大经济体,仅次于美国和中国,但是在国际事务中的分量却很少被重视,除非是作为美国外交政策的支持力量,比如在阿富汗及近期的乌克兰、叙利亚和利比亚事件中。原因已经很清楚了:欧盟缺乏可信的军事力量。[166]

如今,美国的军事力量是世界任何其他国家都无法比及的。首先,美国2016年的军费开支是6110亿美元,几乎是中国(2150亿美元,排名第二)的三倍。其他国家则更为落后,包括俄罗斯(排名第三,692亿美元)和沙特(排名第四,637亿美元)。如果算上美国用于国家安全的所有开支,我们得到的总数更是惊人,1.1万亿。[167]众所周知,中国已经增加了军事开支,但是在质量方面仍然远远落后于美国。比如,除了多年前从乌克兰购买的一艘航母外,中国最近还正式下水了由其本国军事工业研发的新航母。但是这个新航母无法与美国的航母相比,比如,杰拉尔德·福特新航母能运载90架战斗机,而中国的新航母只能运载30架。目前,中国只有两艘航母,美国则有10艘。对比两国其他类型的武器可以得出同样结论,只是除了核力量以外差距没有这么大。[168]不管怎样,读一些官方或半官方的文件,考虑到奥巴马和特朗普(上文有引述)最近都做出了提升美国核能力的决定,看起来美国很担心中国军事开支方面的发展,如果中国继续增加其军事开支并提升武器的质量和效力的话。[169]

军事基地

美国的军事战略有数量惊人的军事基地支持。事实上,美国不仅军费开支比其他任何国家都高,而且建立了遍布世界各地的大量军事基地。军

☆第四章 美国战略：成为20世纪霸主并将在新时代维持其超级大国地位☆

事基地可以被看作实现"杰斐逊式扩张"的新方式，拥有获取补充资源的优势。不仅能替代战略要地的军事武器，而且能在免除占领和管理整个国家的负担下保持对东道国的控制。为军事基地寻找理想地点不是新举措，而是历史上所有帝国广为人知且有文件记载的事实。然而，美国的情况很耐人寻味，因为基地在第一阶段大陆扩张时期就开始使用了，当时需要基地支持和保护移民向西部迁移，不受原住民（野蛮的印第安人）攻击，而且可以使移民对领土的占领制度化，这样他们可以按照我们已经很熟悉了的托马斯·杰斐逊梦想的那样"以相似的政体形式、根据相似的法律治理"。如大卫·万恩所说：

> 几百个边疆要塞有助于实现美国的西进扩张，它们建立在当时非常偏远（原文强调）的地方……但是到了19世纪中期，密西西比河以西已经有了六个大的要塞和138个在西部领土的军事据点。[170]

万恩还表明海外扩张从19世纪上半期就开始了："整个19世纪中期，美国海军都在中国台湾、乌拉圭、荷兰、墨西哥、厄瓜多尔、中国大陆、巴拿马和朝鲜，利用临时基地支持全球军事作战。这反映出并预示着美国要成为全球性大国的雄心。"到1844年，美国打开了中国五个港口，向美国的贸易和军事力量开放。在1853年到19世纪末之间，其他的地方是：冲绳、阿拉斯加、萨摩亚、珍珠港、关塔那摩、波多黎各、菲律宾、关岛和复活岛。到了20世纪，尤其是"二战"结束后，基地的扩张进一步加强，以至到"20世纪60年代中期，美国通过条约和协议对43个国家和地区做出了坚定承诺，并有了375个大型海外军事基地和3000个小型军事设施"。发展军事基地的目标很清楚，就是要保护美国的全球经济利益，阻拦任何军事进攻。[171]

现有军事基地的确切数量很难衡量，部分原因在于如何定义一个基地，有些基地拥有精密军事武器，如在意大利（维琴察、那不勒斯、盖塔、西格里拉）、日本（冲绳）、新加坡和菲律宾基地，但是有些看起来更像是建立在战略要地的基本基础设施,未来要根据需要开发或使用。事实上,小的基地官方定义为合作安全地点(CSL),通常被称为"浮萍",可以被改造成大基地。[172]在中东和里海目睹了美军基地的重大发展后,下一个轮到非洲了,根据美国遏制中国在非洲经济扩张的战略框架。在非洲,"中国提供了一些军事援助和武器,中国可能会效仿美国的浮萍建立自己的浮萍"。事实上,万恩认为浮萍的扩散,"尤其是在中国、俄罗斯和伊朗附近安置的那些浮萍可能会加速全球大片地带的军事化,造成加剧军事紧张的后果。"[173]如今,美国全部军事基地的数量预估是650到900个。[174]

事实上,军事基地的扩张是美国在全世界范围树立领导地位的战略内容,与表面宣称的传播民主和人权没有多大关系。很多基地支持的是独裁者、专制者和军事政权,如沙特、巴林和卡塔尔。极少民主制度或者根本不民主的45个国家或地区代表着为美军提供基地(他们通常缺乏要求"客人"离开的权力)的约80个国家中的一半多……"二战"结束70多年后,朝鲜战争结束64年后,根据五角大楼的数据,美国仍在德国拥有181个"基地点",日本有122个,韩国有83个……根据我的保守估计,维持如此规模的海外基地和驻军,美国纳税人每年要支付1500亿美元——比任何政府机构的预算都高,除了五角大楼自己。[175]

跟美国相比,中国在这方面显得有些寒酸,它只是最近才在吉布提开放了第一个军事基地。不仅如此,离中国不远,从西向东分散着许多美国军事基地,自然会被中国当局看成是一个威胁。[176]以下是可能会被中国视为威胁的主要基地——泰国、新加坡、关岛、韩国、日本、菲律宾、马绍尔群岛、澳大利亚。除了这些太平洋上的基地,还必须加上在吉尔吉斯斯坦、阿富汗、巴基斯坦的基地。此外,美国正努力在韩国安装终端高纬度空中防御体系——萨德,官方宣称针对朝鲜,但是实际上指向中国。这些基地由太平洋和中国海域的美国海军支持,共同构成了美国遏制和围堵中国战略(国务卿希拉里·克林顿宣布的"转向亚洲")非常重要且不可或缺的内容。在最后一章我们将看一看中国如何应对这个威胁。[177]

联盟和伙伴关系

美国通过与欧洲国家和加拿大(北约军事同盟)、日本、韩国、中国台

☆第四章　美国战略：成为20世纪霸主并将在新时代维持其超级大国地位☆

湾地区、菲律宾等建立的广泛军事同盟和伙伴关系进一步发展其军事资源。关于这一资源的重要性以及在必要时部署这些资源的有效能力，唐纳德·特朗普在总统竞选中已经明确表述过了，并在其访问欧洲和北约所在地时予以重申，盟友应该支付他们理应支付的费用，使同盟尽可能有效。这段话对美国在远东的盟友，尤其是日本和韩国同样适用。

对北约来说，重要的是要理解对美国而言该同盟所代表的核心作用。虽然在冷战初期北约成立时面临着苏联的威胁，但是在冷战结束后该同盟一直被用来干预那些没有构成类似严重威胁的国家。在前南斯拉夫，我们甚至可以说北约被用来肢解了仅剩的几个社会主义国家之一，以服务于美国及其欧洲盟友的利益。结果是动乱、死亡和上万伤亡，以及美国在科索沃军事基地的设立。不仅如此，北约还被用来而且现在仍被用来干预中东及其他地区，范围极其广泛，如果有人说北约已经国际化了一点都不为过。[178]

在韩国，前面提到美国想在该国部署萨德系统，这是美国想利用盟友资源维护自己作为唯一超级大国地位的又一例证。韩国新任总统于2017年6月初宣布他已经决定暂停萨德的部署。《福布斯》杂志立即表示了担忧，说该决定会导致项目彻底停摆。[179]不难理解，美国把朝鲜看作一个严重的威胁，而中国应该对这个邻国施加更多的压力。但是急欲保证自我安全的美国应该理解这也是其他国家的政策目标。

"二战"结束以来，美国与其他国家的关系历史应该让美国领导层认识到，在1950—1953年遭受了毁灭性轰炸之后，朝鲜领导人（不管谁当权）都可能会对美国政府的诚意有所怀疑。[180]不仅如此，如我在上文所说，虽然美国声称萨德是针对朝鲜的，但是不难理解中国人会不由自主地把萨德看作针对中国领土和人民，只要美国在朝鲜半岛保留军事基地，他们就无法设想朝鲜半岛的统一。这件事再次表明美国没有考虑国际体系发生的变化。唯一超级大国可以单边强加自己意愿的时代已经结束了。需要更有建设性、合作性的方式应对21世纪面临的问题。

新奥巴马主义：从公开战争到隐蔽战争[181]

军事基地和同盟也是奥巴马总统改变军事权力使用方式时不可或缺的

资产。"新奥巴马主义"与其前任的政策很不同,前任总统发动了几场全面地区性公开战争,主流观念认为奥巴马在使用军事资源上没有这么果断,但是事实上他一点都不含糊,只是他的策略不偏重于公开战争。[182]尼克·特尔斯解释过,"新奥巴马主义"包括六个层面:特种部队、无人机、间谍、平民伙伴、网络战以及代理人作战。[183]2016年,美国精英特种作战部队(如海军海豹突击队和陆军绿色贝雷帽)在138个国家作战,占世界国家总数的70%,由美国特种作战司令部指挥,自布什政府后增长了130%。2016年的任意一天中都有约80000名突击队员在世界90多个国家行动。

特种行动在中国(尤其是中国香港)及其周边11个国家或地区尤为频繁,包括中国台湾、塔吉克斯坦、尼泊尔、印度、老挝、菲律宾、韩国和日本。[184]不仅如此,自从美国开始担心中国在非洲日益增多的经济活动后,就增加了在非洲大陆的突击队员行动。2016年的任意一天中,非洲大陆有1500—1700个特种行动,由美国非洲特种作战司令部负责。这些行动包括多种活动,培训当地军事和安全力量、平民军事支持、军事信息支持、非常规战争、反恐和演习。总体而言,目标是为了发展和维持在整个非洲大陆的军事关系。

> 汤姆快讯获得的2012年美国特种作战非洲指挥部战略计划文件显示,特种作战非洲指挥部的首要目的不是促进非洲发展治理或军事职业化。根据一份解密的秘密报告,"特种作战非洲指挥部最重要的目标是阻止不利于美国或美国人利益的进攻"。[185]

对特种突击队员们在非洲的行动分析使特尔斯在军事基地发展和特种部队直接建立起清楚的链条,这是一种恶性循环。高效军事基地网的发展有利于作战地点的选择和部署,而作战的发展要求军事基地的相应发展。[186]这些活动的开展可能会使美国与中国的紧张关系和冲突增强,尤其是如果美国打算利用基地和特种力量阻止中国在非洲发展其经济活动的话。

海上航线的控制

美国很想让人知道他把自己看作是远东,尤其是中国海航海自由不可

☆第四章　美国战略：成为20世纪霸主并将在新时代维持其超级大国地位☆

或缺的保证人。这一点不难理解，一方面因为美国要保护自己的利益；另一方面中国的邻居们可能，事实上确实对这个大邻国日益增强的国力和坚决主张的态度感到担忧。在这样的情况下，依仗美国这个大哥不失为良策。然而，美国应该意识到捍卫国家利益，保护远东地区相对较小的国家不是一个与该地区远隔千里的国家独享的心念。不仅如此，要是以为中国很乐意由其主要竞争对手来保证航海自由就太天真了。在美国外交政策的历史中，即使不发动公开战争，美国采用经济封锁和政权更迭手段实现自己国家目标的例子也比比皆是。如果是建议通过国际合作保证航海自由会更有效，也不会这么具有挑衅性和炫耀性。最后，美国在远东地区以军事力量（海军和空军）、军事同盟、大量的军事基地以及特种部队行动（上面已经谈到了）为主要形式的存在解释了中国发展军事资源的原因，也给了中国这样做的理由。中国不可能甘冒被切断发展自己经济所需经济资源持续供应的风险。这也是解释中国政府2013年宣布"一带一路"倡议的原因，我们会在第五章中具体讨论。

情报能力的发展

自"二战"结束后，美国就开始通过设立特殊机构——中情局专门从事情报活动，发展其情报能力，这在国际关系的历史中当然不是新鲜事。但是，中情局从一开始就不仅仅从事情报活动，还进行了旨在影响数个国家选举过程的活动，最早是1947—1948年的意大利选举和1953年伊朗的政权更迭。从那以后，此类干预的数量不断上升，直到冷战结束。此后，这类活动的数量有所下降，但是仍然保持在高位。[187]鉴于这些不可否认的事实，在唐纳德·特朗普竞选期间和当选后大肆鼓吹指控他（和其随从）与俄罗斯密谋影响总统选举结果使其不利于特朗普的对手希拉里·克林顿就显得是双重标准逻辑的一种非理性、很滑稽的体现了。

捍卫美元作为主要国际货币的地位

美国一直而且目前仍在尽其一切可能捍卫自"二战"结束后美国设法为美元获得的国际地位，这是美国作为其实力基础的最重要资源之一。这样的安排成为现实并被广为接受是因为当时美国的国内生产总值在世界国内生产总值中占有大量份额，美国的经济在全球经济中发挥着引擎的作用，而中国的国内生产总值仅为世界总量的很小一部分。对美国在国际金融事务中的领导地位发起的第一次竞争努力首先来自中国举世瞩目的、快速的经济发展。如今，根据世界银行的数据，中国的国内生产总值基本与美国和欧盟持平（按等价购买力计算），而且中国已经成为世界上最重要的贸易伙伴之一。早在2008年10月金融危机开始时，中国人民银行行长周小川就向美国发出了明确警告：

> 此次危机再次警示我们必须创造性地改革现有国际货币体系，推动国际储备货币向着币值稳定，发行规则明确，供给量可调的方向发展，以此实现维护全球经济金融稳定的目标。[188]

直到2016年美国才接受中国加入国际货币基金组织特别提款权篮子，权重为10.92%，美国仍然占有最大的权重41.73%，欧盟占30.93%，日本占8.33%，英国占8.09%。此外，使用美元作为国际支付货币的比例从2015年的43.89%降至2017年7月的40.47%，欧元为32.89%，英镑为7.29%，日元为3.16%，加拿大元为2.04%和人民币为1.98%，人民币比2014年上升了0.5%。[189]认真的读者会注意到以欧元为交易的高比例，一些经济学家由此想到在中国崛起之前，美国一度把欧元区及其"独特的货币"视为美国最重要的竞争对手。[190]

其次，尽管美国对英国及欧洲大陆的盟友，以及韩国、日本给出了严肃的警告，但是未能阻止其盟友加入中国领导的亚洲基础设施投资银行（AIIB）。除了几家主流金融媒体对这个新银行的专业性和独立性提出质疑之声外，其他声音都认为美国犯了重大错误，最近有人开始觉得加入亚洲基础设施投资银行（简称亚投行）对美国更好。如今大约有60个国家加入了亚投行，包括美国的一些盟友，如英国、法国、德国、意大利、土耳其、澳大利亚、加拿大、以色列、韩国、菲律宾，以及巴基斯坦和印度，甚至日本现在也考虑加入了。[191]此外，除了亚投行以外，中国和其他金砖国家还建立了另外一个投资银行,绝对是世界银行(美国领导)、国际货币基金组织(欧盟和美国领导)和由日本和美国领导的亚洲发展银行(ADB)的强有力竞争者。总体而言,人民币的国际化已经开始,如果中国领导层不犯什么重大错误的话,这个过程有望在今后几年中放大。最后,中国和其他几个对美国主导战略不满的国家已经通过了几项双边货币交换协议,允许彼此用他们各自的货币而不是美元来支付商品交易。

有些专家将上述国际金融体系重大变化带来的后果定义为国际经济的"去美元化"。未来会告诉我们这种评价是否正确。

美国公司在中国的投资

美国政客、公司和投资者经常抱怨中国市场不向他们开放投资,以及他们在中国发展自己的经济活动时遇到的困难,并把他们本国市场的相对开放性与之相对比。有些指标表明这种情况有可能是真的,但是这也许是美国可以用来保持其领导地位的最重要资源,即吸引中国进入美国塑造的资本主义世界秩序。我们来回忆一下20世纪最著名的历史学家之一费尔南·布罗代尔(Fernand Braudel)分析资本主义发展时得出的结论:

> 资本主义总是具有垄断性,商品和资本总是同时流通的,因为资本和信用总是夺取和控制外国市场最保险的方式。20世纪之前资本输出就已经成为日常生活的事实,对佛罗伦萨来说更是早在13世纪……我需要指出金融世界的所有方法、交易和花招不是1900年或1914年才出现的吗?资本主义对所有这些早就驾轻就熟,过去和现在都是如此,资本主义的独特之处和优势在于它能一个又一个花招变换、一种又一种方式转换,计划可以随着经济时机的要求百般多变,结果是保持对自己的相对忠诚,连续一致。[197]

这是美国自19世纪以来一直在做的事,(我们在第五章中将看到),中国也开始这么做了,将自己的巨额货币储备投资于世界各地。但是中国同意融入现有秩序吗？或者即使它同意，它愿意被融为二流参与者（由此接受美国的领导）吗？或者它将努力成为与美国平起平坐的世界级参与者？进一步来说，中国会放弃"社会主义市场经济"的概念吗？它会努力改变国际体系的规则吗？我会尽量在专门讨论中国大战略的最后一章及本书的结尾部分对这些难题给出一个答案。

广播电视、智库和非政府组织推广美国价值观和利益

在第二章中我们已经看到了与"软权力"而非"硬权力"概念相对应的手段。我当时解释了为什么不接受这样的分类，因为它在理论上解构了原本在实践中统一的现象。但是我们来看一下"软权力"的定义，看看它与美国外交政策实践是如何对应的。约瑟夫·奈对"软权力"做出了如下定义：

> 软权力依赖于塑造他人偏好的能力……塑造偏好的能力往往与一些无形的资产联系在一起，诸如充满魅力的个性、文化、政治价值观和政治制度，以及被视为合法的或具有道德威望的政策……它也是吸引别人的能力，吸引通常会导致追随。[193]

不仅如此，

> 在国际政治中，制造软权力的资源主要来自一个组织或国家在其文化中表达出来的价值观，在于它通过内部实践和政策树立的榜样，以及其处理与他人关系的方式。[194]

事实上，美国一直在努力通过多种手段来传播其文化的积极形象（包括其组织政治、经济和社会的方式以及在国外的行为），如政治人物、记者、智库关于自由民主、自由贸易和人权等价值观的表述；利用广播和电视播放，利用智库和非政府组织。[195]

这些手段全世界都在用，不幸的是通常用来支持、资助和培训反动群体和组织造成其他国家的不稳定。不仅如此，在中情局、国家民主基金及

☆第四章　美国战略：成为20世纪霸主并将在新时代维持其超级大国地位☆

其分支机构等政府部门的帮助下，这些活动在许多情况下促进了政权更迭，目的是让一个更有可能支持美国利益的新政府上台。最新的一个例子是2014年在乌克兰，另一个就在我们眼前发生的是叙利亚，下一个例子很有可能正在发生于委内瑞拉或者还有一个会在菲律宾。在这方面，准军事和经济权力资源与文化资源有一些重合。如果美国的文化权力足够强，有人可能无法理解为什么还经常有必要采用军事权力（公开和非公开战争两种形式都有）实现对美国利益的遵从。这好像是解释冷战结束以来美国权力下降的重要原因之一，其他原因还有新兴权力的出现，比如中国，以及传统大国的复兴，如俄罗斯和欧洲的觉醒，欧洲好像走上了发展新防卫和更独立于美国的外交政策的过程。后者代表了造成美国权力缺失的另一个原因。

基于上述分析可以看出，如我在第二章中坚持的观点那样，军事、经济（奈的"硬权力"）与文化资源（奈的"软权力"）不是相互分开的。在现实中，权力的所有层面交织在一起同时发挥作用，但是美国历届政府对这个权力资源混合物的具体使用会有所区别，不过在所有情况下它们都在维护美国作为世界唯一超级大国的领导地位。

第一，在军事武器、基地和特种部队方面不断增加的支出本来可以（而且在有些人看来，本该）用于其他领域，如维护和升级基础设施、社会保障、医疗和教育。这些领域同样重要，因为它们可以极大地提升一国实力。

第二，由于上述一些领域发展不足引起的国内问题造成两极分化和失业加重，非洲裔美国人无法成功融入主流社会，以及其他诸如此类的问题。不仅如此，私人财富在政治中（尤其是在选举和立法过程中）影响力过重以及压力集团在国会和政府中影响力的突出发展会破坏美国民主的国外形象，而这是一国综合实力的重要内容。

第三，军事力量（包括公开和非公开战争，公开战争的低效性造成了更坏的影响）的过度使用，以及为支持和煽动政权更迭频繁使用媒体、非政府组织和特种行动不仅降低了军事力量的作用，而且大量削弱了文化权力作为"吸引和追随"美国外交政策手段的作用，由此影响到美国将自己的意志强加给他人的总体能力。

我对美国外交政策的诠释与弗拉索瓦·于连的观点一致，他的分析更具概括性。于连以《易经》为基础，在讨论从强势到弱势，从增长到衰落的过渡时，写道：

> 增长……不是被衰落取代，正是随着自己不断发展，自身已经开始走向衰落。……在增长阶段我成功扩张了自己的力量，我事实上已经开始耗尽自己，因为我越是展示出我的能力，我的能力就变得越脆弱，我占领的土地越多，我就必须更苦于保护它。[196]

因此，我在本章中分析了美国外交政策缺陷带来的负面后果，这些后果表明美国需要认真地审视一下自己所处的内部和外部局势，审视自己到目前为止实行的国内和国际政策，以及国际体系权力资源分配的变化（"情境潜力"），并在此基础上最终切实地重新定义其外交政策。否则，美国在国内和国际上都将面临非常严重的问题。世界仍然需要美国，但不是作为一个例外的、不可或缺的国家，也不是作为一个霸权国，将世界其他地区都视为自己要去征服的领土，仅凭狭隘的"天定命运论"就认为自己被赋予了引领人类走向历史终结的权力甚至责任。相反，美国应该与世界其他国家合作，以相互理解和尊重为基础，构造一个新的国际秩序，和平地处理21世纪面临的巨大挑战。希望这个新秩序有一天能被贴上"我们共同塑造的世界"这个标签。现在的问题是：为实现这个结果，中国会做出什么贡献？

注释：

[1] 因为美国对俄罗斯和中国的外交政策有多处相似之处，我建议读本章时可以同时读一下 Guy Mettan, Creating Russophobia. From the Great Religious Schism to Anti-Putin Hysteria, Atlanta, GA, Clarity Press, 2017, 第八章："American Russophobia: the

☆第四章　美国战略：成为20世纪霸主并将在新时代维持其超级大国地位☆

dictatorship of freedom", pp. 241-276。麦坦是瑞士记者，基督教民主党政治家。

[2] 这部分主要借鉴了讨论美国通史的一些文章，对理解外交政策所处的总体背景很有用：Samuel Eliot Morison and Henry Steele Commager, The Growth of the American Republic, 2 vols, New York, Oxford, 1962；Howard Zinn, A People's History of the United States, New York, Harper, 1980（最新再版于2016年，安东尼·阿诺夫写了新导言）。关于美国外交关系通史，我参考了牛津出版的两本很有权威性的书，George C. Herring, From Colony to Superpower. US Foreign Relations since 1776, New York, Oxford University Press, 2008 和 The American Century and Beyond. US Foreign Relations, 1893-2014, New York, Oxford University Press, 2008（加了2016年2月写的新序言）。但是最有启发性的资料是一些非主流的美国史学书籍，提供了对美国的批判性诠释，除了前面引用的津恩的书，我尤其感谢三位作者很有启发性的分析，有助于我理解美国外交政策的意识形态基础：Perry Anderson, American Foreign Policy and Its Thinkers, London, Verso, 2015；Anders Stephanson, Manifest Destiny. American Expansion and the Empire of Right, New York, Hill & Wang, 1995, and "'The toughness crew': review of Peter Beinart, The Icarus Syndrome. A History of American Hubris, New York, Harper & Collins, 2010", New Left Review, July-August 2013, pp. 145-152；Gore Vidal, Inventing a Nation. Washington, Adams, Jefferson, New Haven, CT, Yale University Press, 2003, and Perpetual War for Perpetual Peace. How We Got to Be So Hated-Causes of Conflict in the Last Empire, Forest Row, Clairview Books, 2002；and John W. Dower, The Violent American Century. War and Terror since World War II, Chicago, IL, Dispatch Books and Haymarket Books, 2017。

[3] 关于美国和英国，这两个国家在历史上、文化上都密切相关，且分别是19世纪和20世纪的霸权，我从欧洲最好的盎格鲁—撒克逊地缘政治研究专家那里受益良多，Federico Bordonaro, La geopolitica anglosassone. Dalle origini ai nostri Giorgi, Milan, Guerrini Scientifica, 2012。

[4] 除了第一章中引用过的弗朗索瓦·于连的分析，对欧洲意识形态特色的分析还有 Immanuel Wallerstein, European Universalism. The Rhetoric of Power, New York, The New Press, 2006. 此处的引用出自第一页。

[5] 同上，第1-10页，在20世纪的实现见第11-29页。

[6] Wallerstein, European Universalism 中引用过，同前引，第9页，引自 Las Casas, The Devastation of the Indians. A Brief Account（translated by Herman Briffault）, Baltimore, MD, Johns Hopkins University Press, 1974（最早以西班牙文出版于1552年），另见

Bartolomé de Las Casas, In Defense of the Indians（translated and edited by Stafford Poole, Foreword by Martin Marty）, DeKalb, IL, Northern Illinois University Press, 1992。在第 31 章，32 章和 33 章，Las Casas 发展了几个论点支持他的分析（pp. 204-220）。在总结中（p. 205），他写道：为了拯救几个无辜的人免予死难而屠杀或伤害大量或者甚至是少量无辜的人都是非法的，实施或允许（此类行为）的统治者或者管理者犯了罪，注定要赔罪……如果士兵们接受了基督的教诲，他们应该知道必须对无辜者饶命。他们不会正确区分……因此，他们在上帝面前是有罪的，很严重的罪责，应受到永久谴责。

[7] Stephanson, Manifest Destiny，同前引，p. 12。

[8] 这三个引用出自 Anderson, American Foreign Policy，同前引，pp. 4-5。

[9] Stephanson, Manifest Destiny，同前引，p. 6。

[10] 在斯特凡松看来，奥沙利文不仅杜撰了"天定命运"一词，他的那些政治宣传语俨然成了此种论述不折不扣的大全……奥沙利文在与杰克逊和范布伦商议后，于 1837 年创立了《民主评论》，专门为杰斐逊主义运动在高雅文化圈制造知识性和政治性存在感，当时这个圈子原本是由古板、保守力量主导的。Stephanson, Manifest Destiny，同前引，pp. 12, 6, 38-42。

[11] 同上，p. 24。值得一提的是，在杰斐逊使用"旧欧洲"一词的两个世纪之后，国防部长唐纳德·拉姆斯菲尔德也用了这个词。

[12] 同上，p. 12。斯特凡松进一步评论说这种观点一点都不新奇。早在 1616 年，殖民代理人就不再把北美介绍为拥有美好的绿色景观之地，转而用现在这种修辞渲染向英国观众介绍说，我们有什么要怕的，除了以上帝标记选中的特殊选民的身份立即上前去拥有它？同上，p. 5。

[13] 同上，p. 5。

[14] 同上，pp. 6 和 8-9。

[15] 同上，p. 9。

[16] "从一开始，美国就怀有一种极具活力的个人主义和资本主义动能"同上，p. 16; Anderson, American Foreign Policy，同前引，p. 5。

[17] Anderson, American Foreign Policy，同前引，p. 5。感兴趣的读者如果想了解关于苏联解体之初实施这种意识形态的历史分析，可参考杰作 Stephanson, Manifest Destiny，同前引；Anderson, American Foreign Policy，同前引，可以作为补充。Stephanson, "The toughness crew"，同前引，以及 Vidal, Inventing a Nation，同前引。

☆第四章　美国战略：成为20世纪霸主并将在新时代维持其超级大国地位☆

[18] 另一个例子是斯特凡松书中最后一章：跌落回世界，1914—1990，见 Stephanson，Manifest Destiny，同前引，pp. 112-129。

[19] Daniel Bell, Beyond Liberal Democracy. Political Thinking for an East Asian Context, Princeton, NJ, Princeton University Press, 2006, 导言中以《自由民主独特的狭隘发展》为标题的一段，pp. 4-5。

[20] 1998年2月19日在国家广播公司《今日秀》节目中所说，来源于维基引用：https://en.wikiquote.org/wiki/Madeleine_Albright（2016年3月20日访问）。

[21] Spiegel Online, -11-May-2012：-www. spiegel. de/international/world/interview-with-former-us-secretary-of-state-madeleine-albright-a-865308.html（2017年3月5日访问）。

[22] William J. Clinton, Inaugural Address, 20 January 1997, available at：The American Presidency Project, University of California, Santa Barbara：-www.presidency.ucsb.edu/ws/?pid=54183（2017年3月5日访问）。同年，美国最有影响力的地缘战略专家之一发表了一篇文章，赞同克林顿总统的说法，"当他说美国已经成为世界'不可或缺的国家时'"：Zbigniew Brzezinski, "A geostrategy for Eurasia", Foreign Affairs, 1 September 1997：www. foreignaffairs. com/articles/asia/1997-09-01/geostrategy-eurasia（2016年12月6日访问）。

[23] Kent Klein, "Obama：US 'The one indispensable nation in world affairs'", Voice of America News, 28 May 2012：www. voanews. com/content/obama（2016年4月18日访问）。

[24] Seattle Times, 31 August 2016：www. seattletimes. com/nation-world/jabbing-at-trump-clinton-extols-us-as-indispensable-nation（2017年3月5日访问）。

[25] 在美国退伍军人协会全国大会上的讲话，《时代》，2016年8月，全文见：http://time.com/4474619/read-hillary-clinton-American-legion-speech（2017年3月5日访问）。关于不可或缺的国家这个主题的反驳性观点，参见 Xenia Wicket, "Why the United States remains an indispensable nation", Chatham House, 30 June 2015：www. chathamhouse. org/expert/comment/why-united-states-remains-indispensable-nation（2017年3月5日访问）；Peter Lee, "America：the indispensable nation…not!", Counter Punch, 5 September 2016：www. counterpunch. org/2016/09/05/america-the-indispensable-nationnot（2017年3月5日访问）；Micah Zenko, "The myth of the indispensable nation", Foreign Policy, 6 November 2014：http://foreignpolicy. com/2014/11/06/the-myth-of-the-indispensable-nation（2016年5月15日访问）。

[26] Remarks of President-Barack-Obama, -State-of-the-Union-Address, -12-January-2016：www.

whitehouse.gov/the-press-office/2016/01/12/remarks-president-barack-obama-%E2%80%93-prepared-delivery-state-union-address（2016年1月27日访问）。

[27] Klein,"Obama：US'The one indispensable nation in world affairs'",同前引。

[28] Remarks of President Barack Obama, State of the Union Address, 12 January 2016,同前引。

[29] 特朗普总统批评了这些协议，对《北美自由贸易协定》他表达了要重新商谈的愿望，对北约同盟，他要改变盟友的承诺，对《跨太平洋伙伴关系协定》则是要放弃。但是到目前为止，新总统感兴趣的政策是要引入某种选择性保护主义的形式避免美国工业公司继续外迁，要让一些已经外迁到发展中国家，尤其是但不仅限于中国的公司迁回美国。

[30] Paul Bairoch, Economics and World History. Myths and Paradoxes, New York, Harvester Wheatsheaf, 1993（French version：Mythes et paradoxes de l'histoire économique, Paris, La Découverte, 1999），其中有很多美国和英国在经济发展早期阶段采用的战略列举：在1875年，对加工商品的平均关税在40%—50%；同上，p. 24。没有关税保护无法实现工业化的想法最早由美国第一任政府的第一位财政部长亚历山大·汉密尔顿提出。后来弗里德里希·李斯特在1841年出版的《政治经济学的国民体系》一书中从理论上进一步发展，该书仅出版了一次。

[31] 关于美国参加第二次世界大战的过程以及美国在日本袭击珍珠港之后正式参战的决定存在许多争议。关于这些事件较为均衡的观点，参见 Zinn, A People's History,同前引，尤其是 pp. 407-424。

[32] William J. Broad and David E. Sanger, "U.S. ramping up major renewal in nuclear arms", New York Times, 21 September 2014：www.nytimes.com/2014/09/22/us-ramping-up-major-renewal-in-nuclear-arms.html?_r=0（2014年10月15日访问）。这篇新闻遭到了激烈地、讽刺性地评论，见 Russia Today, "Bitter nuke promises：Nobel Peace-laureate-Obama-spending-billions-on-US-nuclear-arsenal", 24 September 2014：www.rt.com/usa/190340-nobel-obama-nuclear-upgrade（2014年10月15日访问）。

[33] 关于军费开支，见 Doug Bandow, "Ripped off：what Donald Trump gets right about U.S. alliances", Foreign Affairs, 12 September 2016：www.foreignaffairs.com/articles/world/2016-09-12/ripped（2016年10月15日访问）；Deidre McPhillips, "U.S a global leader in military spending：national defence budgets may affect global perceptions of power", US News, 11 November 2016：www.usnews.com/news/best-countries/articles/2016-11-11/10-countries-with-the-largest-military-budgets（2016年12月5日访

问）。关于奥巴马总统的决定，见 Lawrence Wittner,"The trillion dollar question", The Huffington Post, 17 March 2016: www. huffington-post. com/lawrence-wittner/the-trillion-dollar-question_b_9481432.html（2016 年 12 月 5 日访问）。关于特朗普的提议，见 Michael E. O'Hanlon, "Trump's $54 billion rounding error", Foreign Affairs, 1 March 2017: www. foreignaffairs. com/articles/2017-03-01/trumps-54- billion-rounding-error（2017 年 5 月 6 日访问）。

[34] Remarks of President Barack Obama, State of the Union Address, 12 January 2016, 同前引。

[35] "Remarks by President Obama on the Iran Nuclear Deal", The White House Office of the Press Secretary, 5 August 2015, American University, Washington, DC: https://obamawhitehouse.archives.gov/the-press-office/2015/08/05/remarks-president-iran-nuclear-deal（2016 年 3 月 7 日访问）。

[36] "IN CONGRESS, JULY 4, 1776, The unanimous Declaration of the thirteen United States of America": www.ushistory.org/declaration/document（2017 年 5 月 22 日访问）。

[37] "US presidents in their own words concerning American Indians", Native News Online. net, 20 February 2017: http://nativenewsonline.net/currents/us-presidents-words-concerning-American-indians（2017 年 3 月 6 日访问）; www.whitehouse. gov/the-press-office/2016/01/12/remarks-president-barack-obama-%E2%80%93-prepared-delivery-state-union-address（2016 年 1 月 27 日访问）。

[38] 例如，哈利·杜鲁门说："美国将遵循基督教原则与全世界所有人生活在一起，不能不与它自己的印第安公民达成公平的交易。"林顿·约翰逊说：美国印第安人曾经自豪且自在，现在却在白人与部落价值观、白人政治和语言与他们自己的历史性文化之间痛苦抉择。他们面临的问题因多年遭受的战败、剥削、忽视和努力不足而变得更加尖锐，需要许多时日才能克服。

[39] "The Japs will soon learn some more of the other military secrets agreed upon at Berlin. They will learn them first-hand and they will not like them." Radio Report to the American People on the Potsdam Conference: www.trumanlibrary.org/publicpapers/?pid=104（2015 年 5 月 20 日访问）。

[40] "Hillary Clinton's Putin-Hitler analogy", BBC News, 6 March 2014: www.bbc.com/news/blogs-echochambers-26476643（2015 年 5 月 25 日访问）; Karen Robes Meeks, "Hillary Clinton compares Vladimir Putin's actions in Ukraine to Adolf Hitler's in Nazi Germany", Long Beach Press Telegram, 5 March 2014: www.presstelegram.com/general-

news/20140304/hillary-clinton-compares-vladimir-putins-actions-in-ukraine- to-adolf-hitlers-in-nazi-germany(2015年5月25日访问)。关于这位未能赢得2016年总统大选的著名美国政客会如何向战败敌人表现出非基督徒的态度,还有一个例子是她对穆哈迈尔·卡扎菲之死(事实上是被谋杀)的评价。时任国务卿的希拉里·克林顿胜利地欢呼:我们来了,我们看见了,他死了(见YouTube:"Hillary Clinton on Gaddafi: We came, we saw, he died": www.youtube.com/watch?v=Fgcd1ghag5Y,2017年3月6日访问)。

[41] Diana Johnstone, Queen of Chaos. The Misadventures of Hillary Clinton, Petrolia, CA, Counterpunch, 2016。书中第98-101页总结了对最终导致干预行动的事件顺序的分析,后面的引用出自其中。约翰斯通是《这些年代》的欧洲版编辑,也是"绿色组织"1990—1996年在欧洲议会的新闻发布官。他生活在巴黎,其父是五角大楼战略性武器评估组的高级分析师,是三次关于核战争对平民造成的后果的关键性研究的副指挥及第四次研究的指挥。他还发起了一系列"关键事件"研究,讲述决策问题,这项研究最终导致了被称为《五角大楼报告》的针对越战决策错误的麦克拉马拉研究,他本人是报告作者之一。他的回忆录由其女儿出版: Diana Johnstone, From Mad to Madness. Inside Pentagon Nuclear War Planning-Memoir by Paul H. Johnstone, Atlanta, GA, Clarity Press, 2017,戴安娜·约翰斯通撰写了备忘录导言。关于对普京的妖魔化,还可参见 Mettan, Creating Russophobia,同前引, pp. 313-322。

[42] 我坚持一个事实,寻求当地代理人的支持是一国将其意志强加给另外一个国家最必不可少的手段。当一国入侵了另外一个国家(通过殖民主义或者因为战争胜利)或者打开另外一国的经济大门(通过帝国主义,19世纪在日本和中国),很容易在当地精英阶层中找到乐于与入侵国合作的人,或是因为他们有共享的价值观(如现代化、自由民主、自由市场、人权),或是出于个人或小集团利益。

[43] Francis Fukuyama, "The end of history?", The National Interest, no. 16, Summer 1989, pp. 3-18, and The End of History and the Last Man, New York, Free Press, 1992。在这本书出版后,福山对之前的立场做了修订,承认文化与经济不能彻底分离开。(他)与新保守主义运动的崛起有些关联,但他与该运动保持着距离。福山自2010年7月起在斯坦福大学的民主、发展和法治中心做高级学者……他是国家民主基金会成立的民主研究国际论坛的理事会成员,也是兰德中心政治学部门的成员。https://en.wikipedia.org/wiki/Francis_Fukuyama(2017年3月8日访问)。国家民主基金会(NED)是美国的一个非营利性软实力组织,成立于1983年,公开宣称的宗

☆ 第四章　美国战略：成为 20 世纪霸主并将在新时代维持其超级大国地位 ☆

旨是促进海外民主。它的资金主要来自美国国会以拨款的形式通过美国新闻署（USIA）进行的年度发放。国家民主基金会遭到了严厉的批评。一方面是批评该组织缺乏公开性，其 1985 年管理的上千万美元纳税人基金缺乏公共问责。自由论派国会议员罗恩·保罗还就该基金会 2005 年的基金进行质疑，说 NED"跟民主没多少关系"。它是一个用美国纳税人的钱颠覆民主，向其钟意的海外政党或运动大肆撒钱的组织。它承包了海外颜色为代码的"人民革命"的费用，而这些革命更像是从列宁关于窃取权力的文稿中走出来的，不是真正的本地民主运动。https://en.wikipedia.org/wiki/National_Endowment_for_Democracy.
（2017 年 3 月 8 日访问）。兰德公司是美国的一个非营利性全球政策智库，最早由道格拉斯航空公司成立，向美国武装力量提供研究和分析。该公司的资金来自美国政府和私人捐赠，包括医疗行业的大公司、大学和私人。https://en.wikipedia.org/wiki/RAND_Corporation（2017 年 3 月 8 日访问）。对福山思想的反驳，见 Robert Kagan, The Return of History and the End of Dreams, London, Atlantic Books, 2008; Charles A. Kupchan, The End of the American Era. US Foreign Policy and the Geopolitics of the Twenty-First Century, New York, Vintage Books, 2005, especially ch. 8: "The rebirth of history", pp. 304-336, and No One's World. The West, the Rising Rest, and the Coming Global Turn, Oxford, Oxford University Press, 2012; Richard N. Haass, Foreign Policy Begins at Home. The Case for Putting America's House in Order, New York, Basic Books, 2013, especially Part I, "The return of history", pp. 11-80。

[44] 关于民主的意识形态特征，见 Luciano Canfora, Democracy in Europe. A History of an Ideology, New York, Wiley, 2006。坎弗拉是一位意大利马克思主义者和历史学家。自 1975 年起，他任期刊 Quaderni di storia 的编辑。他在 1999 年欧洲议会选举中代表意大利共产党参选。关于自由民主制度与资本主义的关系，见 Milton Friedman, Capitalism and Freedom, Chicago, IL, University of Chicago Press, 1962（1982 年版有作者写的新序言）；Fareed Zakaria, "The rise of illiberal democracy", Foreign Affairs, Vol. 76, no. 6, November-December 1997, pp. 22-43。

[45] Fukuyama, The End of History, 同前引，p. 6。

[46] Francis Fukuyama, "Soft talk, big stick", in Melvyn P. Leffler and Geffrey W. Legro (eds), To Lead the World. American Strategy after the Bush Doctrine, Oxford, Oxford University Press, 2008, pp. 204-225. 引自 pp. 224-225。

[47] Francis Fukuyama, "The future of history: can liberal democracy survive the decline of the middle class?", Foreign Affairs, 1 January 2012：-www.foreignaffairs.com/articles/

2012-01-01/future-history（accessed 15 May 2014）。

[48] Francis Fukuyama, "Demokratie-stiftet-keine-Identität: -Ist-das-Modell-des-Westens-am-Ende? -Ein-Gespräch-mit-dem-amerikanischen-Politikwissenschaftler-Francis-Fukuyama", interview by Michael Thumann and Thomas Assheuer: www.zeit.de/2016/13/francis-fukuyama-politikwissenschaftler-populismus-usa（accessed 25 May-2017）；此处是我的意译，德语原文是：Mit dem Ende der Geschichte meinte ich, dass ich keine Alternative sehe, diebesser-wäre-als-die-Democratie. -Dieses-Ende-der-Geschichte-ist-nicht-aufge-schoben, -aber-sicherlich-ist-es-nicht-die-Realität- für-viele-Menschen. Wir-gehen-derzeit in die falsche Richtung。

[49] 关于自由民主制度与资本主义之间必不可少的联系无须在此解释，提一下诺贝尔奖得主的著作就足够了：Milton Friedman, Capitalism and Freedom, 同前引，第一章：《经济自由与政治自由之间的关系》，第 7-21 页；第二章：《政府在自由社会中的作用》，第 22-36 页；Fareed Zakaria, "The rise of illiberal democracy", 同前引。

[50] Anderson, American Foreign Policy, 同前引，p.5。

[51] 很多书目睹或预测了美国，或者更广泛的西方的衰落。因为选择受限，按时间先后顺序排列如下：Edward N. Luttwak, The Endangered American Dream, New York, Touchstone, 1993; Immanuel Wallerstein, The Decline of American Power, New York, New Press, 2003; Emmanuel Todd, After the Empire. The Breakdown of the American Order, London, Constable, 2004; Kupchan, The End of the American Er, 同前引; Naomi Wolf, The End of America, White River Junction, VT, Chelsea Green, 2007; Kupchan, No One's World, 同前引; Fareed Zakaria, The Post-American World, London, Allen Lane, 2008; Andrew J. Bacevich (ed.), The Short American Century. A Postmortem, Cambridge, MA, Harvard University Press, 2012。甚至美国新保守主义知识分子中最有影响力的作者之一也就"历史的终结"发表了争议观点：Robert Kagan, The Return of History and the End of Dreams, 同前引。

[52] 哈佛大学图书馆发布了被视为"假新闻"主要制造者的网址列表，如果能分析一下这些网址的内容和反馈会很有意思。感兴趣的读者可以从该图书馆网址入手，可以进行网址搜索，找到信与不信"天定命运论"两方的反应。那些对这个长长的列表进行过分析的已经分析，里面既包括了左派（即对"天定命运论"持强烈批评态度的网址），也包括了保守主义派的网址。我没有时间也没有兴趣仔细研究哈佛的名单，这些网址大多我根本不知道也不足为怪。但是有意思的是，这个列表中包括几个在我看来相当严肃，在任何情况下都不会将其看成假新闻系统性来源的

☆ **第四章　美国战略：成为20世纪霸主并将在新时代维持其超级大国地位** ☆

"批评性"网址。其中有 Counter Punch, Global Research, Naked Capitalism, Nomi Prins, Off-Guardian, Paul Craig Roberts and WikiLeaks, 感兴趣的读者可以访问一下这些网址，自己下结论。

[53] 要想了解对"天定命运论"持续存在的信仰，可以读一篇非常好的书评 Thomas Meaney, "So it must be forever", London Review of Books, Vol. 38, no. 14, 14 July 2016：www.lrb.co.uk/v38/n14/thomas-meaney/so-it-must-be-for-ever-(accessed-8-July-2016)。他评论的几本书是 Anderson, American Foreign Policy and Its Thinkers, op. cit.; John A. Thompson, A Sense of Power. The Roots of America's Global Role, Ithaca, NY, Cornell University Press, 2015; and Daniel J. Sargent, A Superpower Transformed: The Remaking of American Foreign Relations in the 1970s, Oxford, Oxford-University-Press, 2015。

[54] 后面给出的参考资料是为了表明这四点不是基于对"新信徒"文稿和演说随机抽样的系统分析，但是这些材料绝对是很有意义的，因为它们大都出自最著名的作者和政治家。第一个主题，参见 Bill Gertz (The Washington Free Beacon), "Top China analyst: Beijing has been duping the US since Mao", Business Insider, 2-February-2015：-http://uk.businessinsider.com/?IR=C（accessed-24-February-2015）; James Jay Carafano, "Wake up, America: China is the real threat!", The National Interest, 7 February 2015：http://national-interest.org/feature/wake-america-china-real-threat-12204（accessed-24-February 2015）; Thomas J. Christensen, "Obama in Asia: confronting the China challenge", Foreign Affairs：www.foreignaffairs.com/articles/asia/obama-and-asia（accessed-24 November-2015）; Andrew Browne, "Can China be contained?", Wall Street Journal, 12-June-2015：www.wsj.com/articles/can-china-be-contained-1434118534（accessed 13-June-2015）; Michael Forsythe, "Obama citing China as rival, warns lawmakers over inaction on trade measure", New York Times, 21 January 2015：https://sino-sphere.blogs.nytimes.com/2015/01/21/obama-urges-congress-not-to-leave-a-trade-vacuum-for-china/?_r=0（accessed 21 January 2015）; Jeff M. Smith, "Beware of China's Grand Strategy", Foreign Affairs, 20 May 2015：www.foreignaffairs.com/articles/china/2015-05-20/beware-chinas-grand-strategy（accessed 13 June 2015）; Kevin D. Freeman, "China, unrestricted warfare, and the challenge to America", in Fred Fleitz (ed.), Warning Order. China Prepares for Conflict, and Why We Must Do the same, Washington, DC, Center for Security Policy Press, 2016, pp. 55-80。

[55] Zakaria, "The rise of illiberal democracy", 同前引。16 年后，扎卡里亚承认说美国民主确实存在新的危机 "Can America be fixed? The new crisis of democracy", Foreign Affairs, 1-January-2013：www.foreignaffairs.com/articles/united-states/2012-12-03/can-america-be-fixed（accessed-13-February 2017）；Francis Fukuyama, "American political decay or renewal?", Foreign Affairs, 13-June-2016：-www.foreignaffairs.com/articles/united-states/2016-06-13/Amer-ican-political-decay-or-renewal（accessed 11 December 2016）；David Runciman, "Is this how democracy ends?", *London Review of Books*, -Vol. -38, -no. -23, 1 December 2016：www.lrb.co.uk/v38/n23/david-runciman/is-this-how-democracy-ends（accessed 25 November 2016）。

[56] 就连进步的美国杂志《琼斯母亲》也加入了主流媒体，特朗普俄罗斯丑闻是众多调查的主题，可能会也可能不会挖掘出什么新的发现，但是已经确定无疑的是：唐纳德·特朗普是有罪的。我们不需要关于俄罗斯秘密计划的进一步信息来破坏 2016 年的竞选，也不需要关于特朗普团队与俄罗斯之间令人好奇的互动，或者关于特朗普如何向联邦调查局局长詹姆斯·科米施压并解雇了他这些信息来得出判断，认为美国总统做了错事。David Corn, "Trump is already guilty of aiding Putin's attack on America. Collusion? Maybe. Active-enabling? Definitely", Mother Jones, July-August 2017：www.motherjones.com/politics/2017/05/trump-putin-russia-scandal-guilty（accessed 29 July 2017）。

[57] 参见时任中情局局长的威廉姆·科尔比的回忆录 Honorable Men. My Life in the C. I. A., New York, Simon & Schuster, 1978, 第四章。关于威廉姆·科尔比，参见 John Prados, William Colby and the CIA. The Secret Wars of a Controversial Spymaster, Lawrence, KS, University Press of Kansas, 2009, 最早由牛津大学出版社于 2003 年在《失败的十字军战士》标题下出版：The Secret Wars of CIA Director, William Colby；and Randall B. Woods, Shadow Warrior. William Egan Colby and the CIA, New York, Basic Books, 2013。关于中情局的起源以及中情局第一任平民局长艾伦·杜勒斯（1953—1961）的作用，见 Davis Talbot, The Devil's Chessboard. Allen Dulles, the CIA, and the Rise of America's Secret Government, London, William Collins, 2015。

[58] Joseph S. Nye, The Powers to Lead, Oxford, Oxford University Press, 2008；Robert Kagan, The World America Made, New York, Alfred A. Knopf, 2012；Stewart M. Patrick, "An open world is in the balance：what-might-replace-the-liberal-order?", World Politics Review, 10 January 2017：www.worldpoliticsreview.com/articles/20868/an-open-world-is-in-the-balance-what-might-replace-the-liberal-order（accessed-9- February-2017）；Robert

Kagan, "The twilight of the liberal world order", Brookings Report, 24 January 017: www.brookings.edu/research/the-twilight-of-the-liberal-world-order (accessed 27 January 2017).

[59] Mac Thornberry and Andrew F. Krepinevich, Jr, "Preserving primacy: a defense strategy for the new administration", Foreign Affairs, 3 August 2016: www.foreignaffairs.com/articles/north-america/2016-08-03/preserving-primacy (accessed 26-August-2016); Richard N. Haass, The unraveling: how to respond to a disordered world', Foreign Affairs: www.foreignaffairs.com/articles/united-states/2014-10-20/unraveling (accessed 22 April 2016); Richard N. Haass, "America and the world in transition", Project Syndicate, 23 November 2016: www.project-syndicate.org/com-mentary/trump-america-world-in-transition-by-richard-n-haass-2016-11?barrier=accessreg (accessed-27-November-2016); Stephen G. Brooks and William C. Wohlforth, "The once and future superpower: why China won't overtake the United States", Foreign Affairs, 13 April 2016: www.foreignaffairs.com/articles/united-states/2016-04-13/once-and-future-superpower (accessed 20 April 2016); Michael J. Mazarr, "The once and future order: what comes after hegemony", Foreign Affairs, 12 December 2016: www.foreignaffairs.com/articles/2016-12-12/once-and-future-order (accessed 20 December 2016); Sheila A. Smith, "Looking ahead-in-Asia, -with-our-allies", Council on Foreign Relations: Asia Unbound: http://blogs.cfr.org/asia/2016/11/30/looking-ahead-in-asia-with-our-allies- (accessed 3 December 2016).

[60] 新美国世纪项目(PNAC)是一个新保守主义智库(1997—2006),与美国企业协会关系密切。该项目于1997年作为一个非营利性的教育组织由威廉姆·克里斯托和罗伯特·卡根共同创立,既定目标是"为了推动美国的全球领导"。该组织声明"美国的领导对美国和全世界都有益",并寻求为"里根主义军力强大、道德明确的政策"争取支持。在签署PNAC成立原则声明的25人中,10人后来在乔治·W.布什总统政府效力,包括迪克·切尼,唐纳德·拉姆斯菲尔德和保罗·沃尔福威茨。https://en.wikipedia.org/wiki/Project_for_the_New_American_Century (accessed 28 March 2017)。下面这篇文章由著名的《外交事务》杂志发表,可以被看作新保守主义运动的成立文件。William Kristol and Robert Kagan, "Toward a neo Reaganite foreign policy", Foreign Affairs, 1 July 1996: www.foreignaffairs.com/print/1109929 (accessed 27 March 2017)。

[61] 关于罗伯特·卡根的职业履历,见"Robert Kagan", Wikipedia: https://en.wikipedia.

org/wiki/Robert_Kagan（accessed 20 March 2017）。关于维多利亚·纽兰的职业履历，见"Victoria Nuland", Wikipedia：https://en.wikipedia.org/wiki/Victoria_Nuland（accessed 20 March 2017）。关于卡根的家庭，见Robert Parry, "A family business of perpetual war", Consortiumnews, 20-March-2015：https://consortiumnews.com/2015/03/-20/a-family-business-of-perpetual-war（accessed 20 May 2015）。

［62］这个臭名昭著的电话通话内容，在BBC网站可以找到：www.bbc.com/news/world-europe-26079957（accessed 20 March 2017）。在比尔·克林顿政府期间，纽兰是副国务卿罗布·塔尔波特的最高幕僚，后来以苏联事务局副局长的身份效力。她还曾任职副总统迪克·切尼的外交事务副顾问和美国常驻北约代表。纽兰还曾任美国驻欧洲常规武装力量特别代表，并于2011年夏天起出任国务院发言人。2013年5月，她被提名为国务院欧洲事务助理国务卿……作为助理国务卿……她是美国处理乌克兰危机的首要负责人。"Victoria Nuland", Wikipedia, 同前引。

［63］Tony Wood, "Eat your spinach", London Review of Books, Vol. 39, no. 5, 2 March 2017：www.lrb.co.uk/v39/n05/tony-wood/eat-your-spinach（accessed 15 March 2017）。在这篇文章中，伍德评论了三本值得一读的书：Robert Legvold, Return to Cold War, Cambridge, Polity Press, 2016；Dmitri Trenin, Should We Fear Russia?, Cambridge, -Polity-Press, -2016；-Peter-Conradi, -Who Lost Russia? How the World Entered a New Cold War, London, Oneworld, 2016。

［64］"Op-Ed The POLITICO 50：Robert Kagan and Victoria Nuland", Brookings Institution, 4 September 2014：www.brookings.edu/opinions/the-politico-50-robert-kagan-and-victoria-nuland（accessed 15 March 2017）。

［65］Robert Parry, "The Kagans are back；wars to follow", Strategic Culture Foundation, 19 March 2017：www.strategic-culture.org/news/2017/03/19/kagans-back-wars-follow.html（accessed 22 March 2017）。

［66］Kagan, The Return of History, 同前引。

［67］Robert Kagan, "Not fade away：against the myth of American decline", Brookings Institution, 17 January 2012：www.brookings.edu/opinions/not-fade-away-against-the-myth-of-American-decline-（accessed-4-February-2016）。

［68］同上。

［69］Robert Kagan, "Backing into World War III", Brookings Institution, 6 February 2017：www.brookings.edu/research/backing-into-world-war-iii（accessed 14 February 2017）。其他值得一读的卡根著述包括：The Return of History, 同前引；The World America

Made,同前引;"Superpowers don't get to retire: what our tired country still owes to the world", New Republic, 27 May 2014: https://newrepublic.com/article/117859/superpowers-dont-get-retire(accessed 20 March 2017)。

[70] Kagan,"Backing into World War III",同前引。

[71] 同上。

[72] 这篇文章最后部分的副标题发人深省:"他们会得寸进尺。"

[73] 这个承诺是西方捍卫者与努力对此事件保持更均衡客观观点的人之间存有争议的根源。后者的想法参见 Joshua R. Itzkowitz Shifrinson, "Russia's got a point: the U.S. broke a NATO promise", Los Angeles Times, 30 May 2016, 以及他的文章"Deal or no deal? The end of the Cold War and the U.S. offer to limit NATO expansion", International Security, Vol. 40, no. 4, Spring 2016, pp. 7-44。那些坚持认为没有此承诺的人以没有正规(即书面)文件为理由,参见 Mary Elise Sarotte, "A broken promise? What the West really told Moscow about NATO expansion", Foreign Affairs, 11 August 2014: www.foreignaffairs.com/articles/russia-fsu/2014-08-11/broken-promise(accessed-20-May-2017); Steven Pifer, "Did NATO promise not to enlarge? Gorbachev says no", Brookings, 6 November 2014: www.brookings.edu/blog/up-front/2014/11/06/did-nato-promise-not-to-enlarge-gorbachev-says-no(accessed 28 March 2017)。约书亚·R. 伊茨科维茨·希弗林森是得克萨斯 A&M 大学乔治·布什政府学院国际关系助理教授。玛丽·伊莉莎·萨洛特是华盛顿特区德国马歇尔基金跨大西洋学院的高级研究员,外交关系委员会成员 https://ces.fas.harvard.edu/people/002345-mary-elise-sarotte)。在本书文稿送交出版社之后(2017年8月31日),新披露的文件似乎给此争议画上了句号: http://nationalinterest.org/profile/dave-majumdar, Dave Majumdar, "Newly declassified documents: Gorbachev told NATO wouldn't move past East German border", The National Interest, 12 December 2017: http://nationalinterest.org/blog/the-buzz/newly-declassified-documents-gorbachev-told-nato-wouldnt-23629(accessed 20 December 2017)。

[74] 我会在本书最后一章讨论中国反对美国在远东军事存在的战略。关于美国对叙利亚的干预原因,见 Robert F. Kennedy, "Why the Arabs don't want us in Syria. They don't 'hate our freedoms'. They-hate-the-fact-that-we've-betrayed-our-ideals-in-their-own-countries", Politico, 16 September 2016: -www.politico.eu/article/why-the-arabs-dont-want-us-in-syria-mideast-conflict-oil-intervention(accessed 18 December 2016)。罗伯特·弗朗西斯·小肯尼迪(生于1954年1月17日)是美国广播节目主持人,环保

主义者，作家，专门从事环境法的律师。他是爱尔兰裔美国人，罗伯特·弗朗西斯·鲍比·肯尼迪的儿子，前总统约翰·F. 肯尼迪的侄子。肯尼迪是非营利性组织水保护联盟的董事会主席，该组织专注于保护和强化全球水路的民间努力。他目前与他人共同主持全国播放的美国广播节目"火之环"。肯尼迪写了三本政治方面的书和两本儿童书籍。Wikipedia：https://en.wikipedia.org/wiki/Robert_F._Kennedy_Jr. (accessed 28 March 2017)。

[75] 关于恐俄情绪和乌克兰危机，我推荐 Mettan, Creating Russophobia, 盖麦坦是一名记者，瑞士政治家。日内瓦报纸《日内瓦论坛》的前负责人和主编，他目前是日内瓦报业俱乐部的执行负责人，多家瑞士报纸的专栏作者。另见：Stephen Lendman (ed.), Flashpoint in Ukraine. How the Drive for Hegemony Risks World War III, Atlanta, GA, Clarity Press, 2014。

[76] Kagan, The World America Made, 同前引。

[77] Kristol and Kagan, "Toward a neo-Reaganite foreign policy", 同前引。这篇文章提到了帕特·布坎南，算得上第一个使用"美国第一"这个表述的美国政治家。布坎南是美国总统理查德·尼克松、杰拉德·福特、罗纳德·里根的高级顾问，美国有线新闻网电视节目《交叉火力》最早的主持人。他曾于1992年和1996年竞选共和党总统候选人提名。2000年以改革党候选人身份竞选总统。他与人合作创立了美国保守主义杂志，并发起了名为"美国事业"的基金会 Wikipedia：https://en.wikipedia.org/wiki/Pat_Buchanan (accessed 18 March 2017)。参见布坎南对特朗普"美国优先"的评论："Pat Buchanan on 'America First' under Trump", National Public Radio, 22 January 2017：www.npr.org/2017/01/22/511048811/pat-buchanan-on-america-first-under-trump (accessed 28 March 2017)。

[78] Andrew J. Bacevich, "The age of great expectations and the great void: history after 'the end of History'", TomDispatch.com, 8-January-2017：www.tomdispatch.com/blog/176228 (accessed 28 March 2017), and The Limits of Power. The End of American Exceptionalism, New York, Henry Holt, 2008。

[79] 参见 Chalmers Johnson：Blowback. The Costs and Consequences of American Empire, New York, Henry Holt, 2000；The Sorrows of Empire. Militarism, Secrecy, and the End of the Republic, New York, Henry Holt, 2004；Nemesis. The Last Days of the American Republic, New York, Henry Holt, 2006；Dismantling the Empire. America's Last Best Hope, New York, Henry Holt, 2010。

[80] Anderson, American Foreign Policy, 同前引, pp. 1-2。

［81］2017年3月期的《外交事务》杂志的内容发人深省："What was the liberal order? The world we may be losing",收集了第二次世界大战至今的多篇文章。

［82］对唐纳德·特朗普"让美国再次强大"计划的辩护,见David Horowitz, Big Agenda. President Trump's Plan to Save America, West Palm Beach, FL, Humanix Books, 2017。根据维基百科信息,大卫·乔尔·霍洛维茨(生于1939年1月10日)是美国保守主义作者。他是智库大卫·霍洛维茨自由中心的创立者和现任主席,该中心出版物《头条》杂志的编辑,追踪政治左派个人和组织的网站"发现关系网"的负责人……霍洛维茨的父母在大萧条时期都是美国共产党的成员,他们在1956年得知约瑟夫·斯大林的清洗和滥用权力行为之后退党。1956至1975年,霍洛维茨是新左派的公开拥护者。后来,他彻底抛弃了自由主义和进步主义思想,自此成为保守主义的支持者。霍洛维茨在一系列回顾性书中讲述了他意识形态的变迁,最终于1996年出版回忆录Radical Son: A Generational Odyssey。https://en.wikipedia.org/wiki/David_Horowitz(accessed 17 May 2017)。

［83］在撰写本书时(2017年8月),已经有了大量关于特朗普说过什么,他将做什么,尤其是他应该做什么的文献。这里无法提供哪怕是一小部分此类文献样本。

［84］参见前面的注释63,提到了维多利亚·纽兰用的这个烹饪比喻,她在说到需要让俄罗斯人接受美国在东欧的外交政策时说:"让俄罗斯人哑巴吃黄连。"

［85］此类分析不是很常见,尤其是在美国主流媒体和智库中。不过,有些文章选择了这个内容,比如Bandow, "Ripped off", 同前引; William Blum, "What can go wrong? The brighter side of Trump's election", Foreign Policy Journal, 2 December 2016: www.foreignpolicyjournal.com/2016/12/02/what-can-go-wrong-the-brighter-side-of-trumps-election (accessed 19 December 2016); Donald Trump, "Transcript: Donald Trump expounds on his foreign policy views", New York Times, 26 March 2016: www.nytimes.com/2016/03/27/us/politics/donald-trump-transcript.html?_r=0 (accessed 20 April 2016)。

［86］在"二战"结束时,苏联已经精疲力竭,它失去了2600万—2700万人口,其中1000万—1700万是平民;而美国因军事活动造成的军事伤亡为407300人,平民12100人[根据Wikipedia: https://en.wikipedia.org/wiki/World_War_II_casualties (accessed 31 March 2017)];不仅如此,美国的经济不但没受损坏,GDP反而实现了重大增长。确实,苏联因迅速打败纳粹德国占据了几个东欧国家,并到了柏林,开始在那里设立由当地共产党控制的政府,但是美国也没什么两样,事实上,在苏联撑起了东线战争的主要负担之后,美国花了更多的时间干预法国(1944年6月6

日)。在这种情况下,苏联是否有向西欧进一步扩张的意愿和能力都是颇有争议的。但是西方感到了危险,西方国家不能无视这个危险。因此1948年3月17日成立了北约同盟。苏联与西方之间的冲突导致苏联于1955年创立了华沙军事同盟。

[87] 2000—2002年,普京公开暗示并私下寻求俄罗斯成为北欧成员……由此可能带来的最主要改变是从现在起,俄罗斯将成为该组织的平等一员,不再与统一的北约一方对抗。结果没有如希望的那样达成:Dmitri Trenin, Post Imperium. A Eurasian Story, Washington, DC, Carnegie Endowment for International Peace, 2011, p. 106; 整个第二章都值得一读:《地缘政治与安全》,第83-143页;另见德国记者休伯特·塞佩对弗拉基米尔·普京的采访:Putin: Innenansichten der Macht, Hamburg, Hoffmann und Campe, 2015 (法语翻译:Poutin: une vision du pouvoir, Geneva, Editions des Syrtes, 2016),书中使用了大量官方文件做参考。很可能本书出版时(2018年年初),塞佩书的英文翻译版也会出版。关于美国与普京领导的俄罗斯之间的关系有大量的论述,我推荐Mettan, Creating Russophobia, 同前引;Legvold, Return to Cold War, 同前引;Trenin, Should We Fear Russia? 同前引;Conradi, Who Lost Russia? 同前引。

[88] "今天,黑山加入了北约,获得了平等席位,将以平等的声音影响我们的同盟,它的独立也将得到保障。"北约秘书长说。施托尔滕贝格先生指出北约将受益于黑山对西巴尔干问题的洞察,以及"其军人们的专业性、勇敢和奉献"。他强调北约第五条款集体防御承诺保证了盟友们近70年的安全。北约的网站进一步说明黑山的加入此前经过了激烈的商贸谈判:为了进一步发展美国与黑山之间的商贸纽带,第一个美国商会(美国黑山商会)于2008年11月19日成立,作为黑山与马里兰州之间战略性伙伴关系的一部分,美国—黑山商业委员会2008年12月16日在波德戈里察启动。2007年5月1日,乌扬诺维奇总统在访问华盛顿特区期间会见了美国国务卿赖斯。议会议长兰科·克里沃卡皮克2007年11月访问华盛顿并与美国众议院议长南希·佩洛西会面。黑山军方也与缅因国家警卫队建立了伙伴关系,双方正在努力将双边关系拓展到民间合作层面:www.globalsecurity.org/military/world/europe/me.htm (accessed 5 June 2017)。

[89] Mettan, Creating Russophobia, 同前引。

[90] 参见Mahdi Darius Nazemroaya, The Globalization of NATO, Atlanta, GA, Clarity Press, 2012; Randall Schriver and Tiffany Ma, "The next steps in Japan-NATO cooperation", Project 2049 Institute, 2010: www.project2049.net (accessed 15 May 2013)。

[91] "Transcript: Donald Trump expounds on his foreign policy views", 同前引。

☆第四章　美国战略：成为20世纪霸主并将在新时代维持其超级大国地位☆

[92] "Donald Trump telling the truth about Syrian war", YouTube 4 November 2016: www.youtube.com/watch?v=bhDj1kEy5Go (accessed 29 March 2017).

[93] 图尔西·加伯德是美国政客，民主党成员。她还是民主党全国委员会副主席，直到2016年2月28日辞职支持伯尼·桑德斯竞选民主党总统候选人。加伯德支持堕胎权，反对跨太平洋伙伴协定，呼吁恢复格拉斯—斯蒂格尔法案，并自2012年起一直支持同性婚姻。她反对美国领导的在伊拉克、利比亚和叙利亚那样的政权更迭战争，反对免除巴萨尔·阿萨德的权力，认为美国对叙利亚内战的政权更迭干预是叙利亚难民危机的根源。Wikipedia: https://en.wikipedia.org/wiki/Tulsi_Gabbard (accessed 31 March 2017). 在YouTube上可以看到对图尔西·加伯德的几场访谈。

[94] William Blum, "Overthrowing other people's governments: the master list", February 2013（2014年更新）: https://williamblum.org/essays/read/overthrowing-other-peoples-governments-the-master-list (accessed 29 March 2017). 勃鲁姆确定了59起企图更迭政权的事件（1949—2014），其中37起取得了成功，即中国（1949—1960年代早期）、伊朗（1953）、危地马拉（1954）、伊拉克（1963）、柬埔寨（1955—1970）、老挝（1958，1959，1960）、刚果（1960）、巴西（1962—1964）、玻利维亚（1964）、智利（1964—1973）、希腊（1967）、澳大利亚（1973—1975）、葡萄牙（1974—1976）、利比亚（1980）、尼加拉瓜（1981—1990）、巴拿马（1989）、阿尔巴尼亚（1991）、伊拉克（1991）、阿富汗（20世纪80年代）、南联盟（1999—2000）、委内瑞拉（2002）、伊拉克（2003）、索马里（2007）、洪都拉斯（2009）、叙利亚（2011）、乌克兰（2014）。对美国外交政策其他方面的深入分析，参见William Blum, Rogue State. A Guide to the World's Only Superpower, London, Zed Books, 2014, and William Blum, Killing Hope. US Military and CIA Interventions since World War II, Monroe, ME, Common Courage Press, 2014。

[95] Joseph Stiglitz, Around the World with Joseph Stiglitz. Perils and Promises of Globalization, 该书作者2009年成功将其拍成了一部纪录片；Globalization and Its Discontents, New York, W. W. Norton, 2002; Making Globalization Work. The Next Steps to Global Justice, London, Penguin, 2006; 另见Joseph E. Stiglitz and Andrew Charlton, Fair Trade for All. How Trade Can Promote Development, Oxford, Oxford University Press, 2005。

[96] Joseph E. Stiglitz, "The free-trade charade", Project Syndicate, 14 July 2013: www.projectsysndicate.org (accessed 25 September 2013).

[97] 关于对中国和西方新公共管理的评论，见 Paolo Urio, China, the West and the Myth of New Public Management. Neoliberalism and Its Discontents, London and New York, Routledge, 2012。

[98] 关于对《服务贸易协定》(TISA) 的评论，见 Jane Kelsey, TISA Foul Play, Nyon, Switzerland, Uni Global Union, 2017, available at: www.uniglo-balunion.org/news/tisa-foul-play。

[99] 如美国中央司令部司令约瑟夫·沃特尔将军的宣言，具体报道见 Jeff Daniels, "General calls Iran 'destabilizing' force, suggests US 'disrupt' regime by military means", CNBC, 29 March 2017: www.cnbc.com/2017/03/29/general-calls-iran-destabilizing-force-suggests-us-disrupt-regime-by-military-means.html (accessed 29 March 2017)。另见 Evelyn Cheng, "'Five empires' threaten to replace US and Europe on the global stage writer says", CNBC, 30 March 2017: www.cnbc.com/2017/03/30/five-empires-may-replace-the-united-states-on-global-stage.html (accessed 30 March 2017)。这篇文章提到，"伯纳德·亨利·利维，一个多产的(法国)作家，受到广泛关注的哲学家告诉美国全国广播公司……那五个帝国是……：俄罗斯、伊朗、土耳其、伊斯兰极端主义和中国的商业实力"。

[100] Bruce Cumings, "A murderous history of Korea", London Review of Books, 18 May 2017: www.lrb.co.uk/v39/n10/bruce-cumings/a-murderous-history-of-korea (accessed 20 May 2017)。不熟悉美国政治术语的读者：华府圈指的是华盛顿特区的政治、社交圈，尤其被视为一个思想狭隘，具有排他性的小圈子。该文出色地讲述了美国对朝鲜政策的历史。布鲁斯·卡明斯是美国关于东亚研究的历史学家、教授、讲演者、作者。他是芝加哥大学历史专业杰出服务奖教授，历史系前任系主任，Wikipedia: https://en.wikipedia.org/wiki/Bruce_Cumings (accessed-22-May-2017)。

[101] 参见评论 Joseph E. Stiglitz, "Why tax cuts for the rich resolve nothing", Project Syndicate, 27 July 2017: www.project-syndicate.org/commentary/tax-cuts-for-the-rich-solve-nothing-by-joseph-e-stiglitz-2017-07 (accessed 28 July 2017)。

[102] 参见注释 33，第 174 页。

[103] 威廉姆·哈顿计算了下一个财政年度在国家安全方面的总支出高达近 1.1 万亿美元，远远超出了五角大楼的预算 9310 亿美元。这包括了五角大楼、战争预算、核弹头、其他防卫、本土安全、军事援助、情报、对退伍兵的支持、军人退休、债务利息的国防份额，最后一项高达惊人的每年 1000 亿美元。William Hartung, "The hidden cost of 'national security': ten you're your tax dollar pays for war-past,

present, and future", Tom Dispatch, 25 July 2017: www.tomdispatch.com/blog/ 176213/tomgram%3A_william_hartung,_trump_for_the_defense（accessed 29 July 2017）。

[104] Luis Lema, "Jeu-de-la-mort-autour-du-barrage-de-Tabqa", Le Temps（Geneva）, 30 March 2017, print edition. 在摩苏尔的情况也一样,那里的伊拉克军事力量由美国的空中打击、美国特种军事力量和军事"顾问"支持,对 ISIS 发动了大规模进攻,已经造成了许多平民伤亡,让几万人流离失所,可能产生比俄罗斯大规模空袭支持下叙利亚军事力量在阿勒颇省对 ISIS 的进攻更糟糕的后果。

[105] 2013 年美国指控叙利亚用化学武器袭击反政府武装控制的大马士革郊区古特镇时,美国主流媒体表示了同样的态度。这一次,美国政府同样未能提供不可辩驳的证据。这不是说叙利亚总统巴沙尔·阿萨德不用对他对本国人民犯下的罪行负责,但是这不是为了给军事干预找到合法理由而操纵信息的充分原因。

[106] 新总统在好几个场合表现出了对解决朝鲜核威胁的强烈意愿,并进一步对伊朗施压：Jonathan Marcus, "Why has Trump been so harsh on Iran?", BBC News: www.bbc.com/news/world-us-canada-40006734（accessed 26 May 2017）。

[107] Simon Petite, "Donald Trump lâche les rebelles syriens", Le Temps（Geneva）, 21 July 2017; Alex Johnson, "Senate joins House in overwhelmingly passing new Russian sanctions", NBC News: www.nbcnews.com/news/us-news/senate-joins-house-overwhelmingly-passing-new-russian-sanctions-n787291（accessed 28 July 2017）; Jim Brunsden and Courtney Weaver, "EU ready to retaliate against US sanctions on Russia", Financial Times, 23 July 2017: www.ft.com/content/211de800-6fbc-11e7-aca6-c6bd07df1a3c（accessed 15 July 2017）。

[108]《纽约时报》报道普京先生说俄罗斯已经失去了等待与美国改善关系的耐心。"我们等了很长时间了,希望事情也许会变得更好,我们保持希望形势会有变化。但是,从各方面情况看,即使有所改变,也不会很快。"普京先生说减少人员是为了让华盛顿以及美国在莫斯科的代表真切感到不安。Neil MacFarquhar, "Putin, responding to sanctions, orders U.S. to cut diplomatic staff-by-755", New York Times, 30 July 2017: www.nytimes.com/2017/07/30/world/europe/russia-sanctions-us-diplomats-expelled.html（accessed 31 July 2017）。

[109] "EU sounds alarm, urges US to coordinate on Russia sanctions", EURACTIV.Com Reuters, 24 July 2017: www.euractiv.com/section/justice-home-affairs/news/eu-sounds-alarm-urges-us-to-coordinate-on-russia-sanctions（accessed 31 July 2017）;这个网站认

为"包括德国在内的几个欧洲国家感到暴怒,因为新法律将允许惩罚建造俄罗斯管道的公司,比如限制他们使用美国银行的服务",同上,26 July 2017;Jorge Valero,"Eight European projects to be hit by US sanctions on energy sector",EURACTIV. Com Reuters,25 July 2017:www.euractiv.com/section/energy/news/eight-european-projects-to-be-hit-by-us-sanctions-on-energy-sector:八个与欧洲公司有关的项目可能会受到美国制裁的影响,如果国会于周二(7月25日)通过法案打击在能源领域与俄罗斯合作的公司……这个立法将惩罚全球范围内所有开发、升级和维护与俄罗斯有关项目的公司。这将把所有与俄罗斯管道有关的欧洲公司置于该法律影响的范围内。"这太野蛮了",欧盟的一名官员对 EURACTIV. com 说。

[110] Stephanson, Manifest Destiny,同前引,p. 12,在第 110 页更完整的引用中已经提及了。

[111] 关于美国媒体的行为,见 Myret Zaki,"Affaire Trump vs. médias", Bilan (Geneva), 1 March 2017, p. 3:现在的问题出在哪?诊断是什么?我们现在面临的是一个置美国民主于危难,不接受事实或异见,已经到了威胁言论自由地步了的威权总统吗?或者我们面临的是一个更广泛的问题,影响到了选举期间以及这个不受欢迎的总统就职后媒体工作的客观性吗?这是我从法语意译过来的。米雷特·扎基是瑞士—埃及经济学家,瑞士财经杂志《比朗》的主编。她出版了一本关于美元危机的著作:La fin du dollar. Comment le billet vert est devenu la plus grande bulle spéculative de l'histoire, Lausanne, Favre, 2011。

[112] 关于这一点,见卡根的文章"Not fade away",同前引。

[113] 貌似合理的一点是,美国建制派之所以很难适应国际体系发生的变化,是因为其成员在大学接受教育时大多数时间学习的是我在本章开头谈到的美国开国元勋们的意识形态。参见 Henry Heller, The Capitalist University. The Transformations of Higher Education in the United States since 1945, London, Pluto Press, 2016。

[114] 更应该说一说盎格鲁—撒克逊地缘政治,按 Bordonaro, La geopolica anglosassone,第 7-8 页建议的那样。事实上,鉴于英国先在 19 世纪、美国随后在 20 世纪成为世界主导的事实,最早提出地理重要性观点的是英国人和美国人,如 Alfred T. Mahan (1840—1914) and Halford J. Mackinder (1861—1947),我们还可以再加上 Nicholas J. Spykman (1893—1943),祖籍荷兰的美国人。

[115] Christopher Fettweis,"Sir Halford Mackinder, geopolitics and policymaking in the XXI century", Parameters, 2000, pp. 58-71; Harold J. Mackinder, "The geographical pivot of history", Geographical Journal, no. 23, 1904, pp. 421-437; and Democratic Ideals

and Reality. A Study in the Politics of Reconstruction, Washington, DC, National Defense University Press, 1966。

[116] 参见 Klaus Dodds and James D. Sidaway, "Halford Mackinder and the 'geographical pivot': a centennial retrospective", Geographical Journal, Vol. 170, December 2004, pp. 292-297。

[117] Edward Luttwak, "From geopolitics to geo-economics", The National Interest, no. 20, Summer 1990, pp. 17-24; Henry Kissinger, The White House Years, Boston, MA, Little, Brown, 1979; Zbigniew Brzezinski, Game Plan. How to Conduct the US-Soviet Contest, New York, The Atlantic Monthly Press, 1986, and The Grand Chessboard. American Primacy and Its Geostrategic Imperatives, New York, Basic Books, 1997。

[118] Kagan, *The Return of History*, 同前引。

[119] Kagan, "Backing into World War III", 同前引。

[120] Brzezinski, The Grand Chessboard, 同前引, and "Toward a global realignment: as its era of global dominance ends, the United States needs to take the lead in realigning the global power architecture", The American Interest, 17 April 2016: www.the-American-interest.com/2016/04/17/toward-a-global-realignment（accessed 30 June 2016）。值得一提的是，对美国权力的列举不包括文化、软权力或巧权力。关于布热津斯基提出的美国对俄罗斯全球战略的评论，见 Mettan, Creating Russophobia, 同前引, 尤其是第八章, pp. 256-260。

[121] Robert Kaplan, "The revenge of history", Foreign Policy, May-June 2009: www.foreignpolicy.com/story/cms.php?story_id=4862（accessed 24 March 2010）, and The geography of Chinese power: how far can Beijing reach on land and sea?, Foreign Affairs, 1 May 2010: www.foreignaffairs.com/articles/china/2010-05-01/Geography chinese power（accessed 20 May 2010）。

[122] US Department of State, Office of the Historian, A Short History of the Department of State, Milestones in the History of U.S. Foreign Relations, Key Milestones 1750-2000: https://history.state.gov/milestones（accessed 18 April 2017）。内容介绍告诉读者说，《美国外交关系历史中的里程碑事件》通过介绍美国外交史中一些重要时刻或者里程碑事件的短文概述了美国参与世界的历史。这些短文主要是为了以叙述形式清楚、准确地讲述所讨论的事件，简要评论每个事件对美国外交政策和外交史的重要意义。该刊登内容分成19章，覆盖了从1750—2000年的主要历史阶段，对每个阶段都有一个简短的背景介绍。我们需要注意的是，"夏威夷，

1898""朝鲜战争,1950—1953""巴格达契约(1955)和中央条约组织（CENTO）""三边外交：美国、西欧和日本"以及《战略武器削减条约》1991 和 1993"这些里程碑事件被删除了，因为需要进一步审核以确保达到我们的准确和清晰标准。修订后的文章将在准备好后尽快发布。同时，我们对任何不便表示抱歉，并感谢您的耐心。最近，办公室向读者做出了如下说明，发布于 2017 年 5 月 9 日：本网站刊登的《美国外交关系历史中的里程碑事件》已经不继续做了。文本内容还留在网上用于参考目的，但是不会继续维护或扩展了。为什么退出"里程碑事件"？历史学家办公室最近回顾了其网上刊登的内容，认为还需要广泛的资源进行修订和扩展才能使刊登内容达到办公室准确和全面的标准。同时，已经有大量丰富、高质量的二手资料涵盖了"里程碑"短文中描述的事件。与其重复这些努力，历史学家办公室决定不如将资源集中到自己更适合的领域中做出独特的贡献，比如国务院机构历史内容。如果想追踪刊登内容的新状态，可以在侧面菜单"更多资源"类别下找到。https：//history.state.gov/milestones（accessed 21 May 2017）。

[123] 其他事件的发生频率是：侵略 96 次、兼并 20 次、购买 41 次、收购 7 次、禁运 50 次、打开大门（国家的）27 次、争端 69 次和干预 78 次。

[124] George Kennan,"he sources of Soviet conduct", Foreign Affairs, July 1947：www.foreignaffairs.com/articles/russian-federation/1947-07-01/sources-soviet-conduct（accessed 15 May 2017）；see also Louis Menand,"Getting real：George F. Kennan's Cold War", New Yorker, 14 November 2011：www.newyorker.com/magazine/2011/11/14/getting-real#（accessed 16 May 2017）；Matthew Rojansky,"George Kennan is still the Russia expert America needs", Foreign Policy, 22 December 2016：http：//foreignpolicy.com/2016/12/22/why-george-kennan-is-still-americasmost-relevant-russia-expert-trump-putin-ussr（accessed 16 May 2017）。马修·罗詹斯基是威尔逊中心凯南研究所的主任。他是约翰·霍普金斯大学高级国际研究学院副教授，达特茅斯商讨会的执行秘书，该组织于 1960 年启动，是二轨形式的美国—俄罗斯冲突解决倡议。

[125] US Department of State, Office of the Historian,"George Kennan and containment", 同前引：https：//history.state.gov/departmenthistory/short-history/kennan（accessed 21 May 2017）。

[126] Yan Xuetong,"Inside the China-U. S. competition for strategic partners", The World Post, no date：www.huffingtonpost.com/yan-xuetong/china-us-competitionallies_b_8449178.html（accessed 17 May 2017）；Timothy R. Heath,"China and the U. S. alliance system", The Diplomat, 11 June 2014：http：//thediplomat.com/2014/06/

china-and-the-us-alliance-system（accessed 6 May 2017）; Richard Bush, "America's alliances and security partnerships in East Asia: introduction", Brookings, 1 July 2016: www. brookings. edu/wp-content/uploads/2016/07/Paper-1. pdf（accessed 6 May 2017）; Larry Wortzel, "Change partners: who are America's military and economic allies in the XXI century?", Heritage Foundation, 6 June 2005: www. heritage. org/defense/report/change-partners-who-are-americas-military-and-economic-allies-the-21st-century（accessed 6 May 2017）。

[127] 有线新闻网（CNN）是时代华纳旗下特纳广播系统所有的一家美国有线卫星电视新闻频道，由媒体所有人泰德·特纳于1980年成立的24小时有线新闻频道……CNN被指责具有左翼偏见，最明显的是在2016年美国现任45届总统唐纳德·特朗普（他已多次将该新闻网作为指责目标）和前国务卿希拉里·克林顿之间的美国总统竞选时。https://en.wikipedia.org/wiki/CNN（accessed 27 May 2017）。作者的评论："左翼偏见"应该理解为CNN普遍倾向于民主党，虽然民主党比共和党"左倾"，但是根据国际标准把它视为左翼党是不合理的。

[128] 每年国家民主基金会有1200多笔拨款用于支持国外90多个国家的非政府组织争取民主的项目。自从其1983年成立以来，该基金会一直在世界各地的民主斗争中处于领先地位，同时逐渐发展成为一个多层面机构，为世界范围的民主积极分子、从事民主活动的人员和学者们提供活动、资源和知识交流。www.ned.org/about（accessed 17 May 2017）。

[129] www.usaid.gov（accessed 12 February 2017）。

[130] US Department of State, Office of the Historian, "National Security Act of 1947", A Short History of the Department of State, op. cit.: https://history.state.gov/milestones（accessed 15 May 2017）。1949年国家安全法案为美国安全成立了新组织。

[131] 关于这一点，见 Daniele Ganser, NATO's Secret Armies. Operation Gladio and Terrorism in Western Europe, London and New York, Frank Cass, 2005。

[132] Blum, Rogue State, 同前引。

[133] 关于苏联解体原因的文献多如牛毛，其中耐人寻味、不同寻常的解释参见法国历史学家和人口统计学家 Emmanuel Todd, The Final Fall. An Essay on the Decomposition of the Soviet Sphere, New York, Karz Publishers, 1979。

[134] "远大前程"这个词出自 Bacevich, "The age of great expectations and the great void", 同前引。

[135] 例如，R. Bernstein and R. Munro, The Coming Conflict with China, New York,

Vintage, 1998; Bill Gertz, The China Threat. How the People's Republic Targets America, Washington, DC, Regnery Publishing, 2000; Gordon Chang, The Coming Collapse of China, New York, Random House, 2001。

[136] Jonathan Fenby, Will China Dominate the XXI Century?, Cambridge, Polity Press, 2017。

[137] 关于这些主题的著作非常多，参见 Ross Terrill, The New Chinese Empire and What It Means for the United States, New York, Basis Books, 2003; Oded Shenkar, The Chinese Century. The Rising Chinese Economy and Its Impact on the Global Economy, the Balance of Power, and Your Job, Upper Saddle River, NJ, Wharton School Publishing, 2005; Eamonn Filgleton, In the Jaws of the Dragon. America's Fate in the Coming Era of Chinese Dominance, New York, St. Martin Press, 2008; C. Fred Bergsten, Bates Gill, Nicholas R. Lardy and Derek J. Mitchell, China. The Balance Sheet-What the World Needs to Know Now about the Emerging Superpower, Center for Strategic and International Studies and the Institute for International Economics, New York, Public Affairs, 2006; C. Fred Bergsten, Charles Freeman, Nicholas R. Lardy and Derek J. Mitchell, China's Rise. Challenges and Opportunities, Washington, DC, Peterson Institute for International Economics and Center for Strategic and International Studies, 2009。

[138] 我引用几个此类报告。两个出自很有影响力的布鲁基斯学会：Philippe Le Corre and Jonathan Pollack, "China's global rise: can the EU and US pursue a coordinated strategy?", Brookings Institution, October 2016, 该报告坚持美国和欧洲紧密合作遏制中国崛起的必要性；Myreya Solis, "The Trans-Pacific Partnership: the politics of openness and leadership in the Asia-Pacific", Brookings Institution, October 2016, 该报告支持跨太平洋伙伴关系以维护美国在亚洲的领导；还有一份出自很有影响力的对外关系协会的报告：Robert D. Blackwill and Ashley J. Tellis, Revising US grand strategy toward China', Council on Foreign Relations, Council Special Report no. 72, March 2015。

[139] Robert D. Blackwill and Kurt Campbell, "Xi Jinping on the global stage: Chinese foreign policy under a powerful but exposed leader", Council on Foreign Relations, Council Special Report No. 74, February 2016。兰德公司的一份研究可以作为补充：David Gompert et al., War with China. Thinking the Unthinkable, Santa Monica, CA, RAND Corporation, 2016。

☆第四章　美国战略：成为20世纪霸主并将在新时代维持其超级大国地位☆

[140] 例如，Order from Chaos Project, "Building situations of strength: a national security strategy for the United States", Foreign Policy in a Troubled World, Foreign Policy at Brookings, February 2017。该报告由多名作者撰写，其中包括罗伯特·卡根，他认为弗拉基米尔·普京的国际秩序构想本质上与美国的利益矛盾。普京认为美国领导的战后秩序削弱了他对权力的掌控，剥夺了俄罗斯在地区和全球应有的影响。他把削弱现有秩序作为自己的使命。普京想用势力范围取代这个秩序，让大国在各自地区拥有支配地位，在具有全球重要性的事务中享有基本平等的话语权，俄罗斯将单边维护自己的利益，并获得对西方的影响力，包括通过军事干预、反对西方民主国家的积极措施，更依赖俄罗斯的核武库以及网络战等手段。不仅如此，该报告还说在欧洲，只要俄罗斯违背了国际秩序原则，侵犯了美国及其朋友和盟友的利益，美国就必须阻拦并威慑俄罗斯的进攻。一旦重新确立了威慑，明确了新平衡的界限，美国就应该乐于与莫斯科协商达成妥协，尊重与国际秩序（美国塑造的）原则一致的俄罗斯利益以及美国及其欧洲盟友和伙伴的利益。Order from Chaos Project, "Building situations of strength", pp. 12 and 15。

[141] President Obama, "State of the Union Address 2016", The White House, 13 January 2016: www. whitehouse. gov/the-press-office/2016/01/12/remarks-president-barack-obama-% E2%80%93-prepared-delivery-state-union-address（accessed 17 May 2017）。

[142] 同上。

[143] Barack Obama, "Remarks by the President in Commencement Address to the United States Air Force Academy", The White House, Office of the Press Secretary, 2 June 2016: https://obamawhitehouse. archives. gov/the-press-office/2016/06/02/remarks-president-commencement-address-united-states-air-force-academy（accessed 17May 2017）。

[144] Barack Obama, "Remarks by the President at the United States Military Academy Commencement ceremony", U. S. Military Academy-West Point, The White House, Office of the Press Secretary, 28 May 2014: https://obamawhitehouse. archives. gov/the-press-office/2014/05/28/remarks-president-united-states-military-academycommencement-ceremony（accessed 17 May 2017）。

[145] Barack Obama, "Commencement speech at the U. S. Air Force Academy", The White House, Office of the Press Secretary, 23 May 2012: https://obamawhitehouse.archives. gov/the-press-office/2012/05/23/remarks-president-air-force-academy-commencement（accessed 17 May 2017）。

[146] Kagan, The World America Made, 同前引。

[147] Brzezinski, "Toward a global realignment", 同前引。

[148] 加利·沃伦·哈特……是美国政治家、外交官和律师。他可能最为人熟知的身份是作为 1988 年民主党总统候选人提名的领先者, 但是后来因为婚外恋的指控自己退出了……当《华盛顿时报》的记者洛伊丝·罗马诺问哈特如何回应其他竞选人散布他是"玩弄女性的人"谣言时, 哈特说这样的候选人"用那样的方式是赢不了的, 因为你不能通过打压别人上去"。《纽约时报》在头版用"哈特直言"作为头条标题语报道了这个评论, 下面是大大的、黑体大写字母"哈特：'我不是玩弄女性的人'", 然后对整个故事总结道："民主党人用性生活谣言攻击对手"。https://en.wikipedia.org/wiki/Gary_Hart（accessed 21 May 2017）。在美国总统竞选中历史惊人的相似！但是对特朗普没起到作用。

[149] The Grand Chessboard. American Primacy and Its Geostrategic Imperatives, 同前引。本书出版前还有一篇文章概述了即将出版的书的内容：Brzezinski, "A geostrategy for Eurasia", 同前引。显然布热津斯基受到了 Mackinder, "The geographical pivot of history" 和 Mackinder, Democratic Ideals and Reality 的启发。根据布热津斯基的书, 能融合欧洲、亚洲和非洲的国家将主导世界。布热津斯基在 1977—1981 年任总统国家安全事务助理, 1997 年任战略与国际研究中心的顾问, 约翰·霍普金斯大学保罗·尼采高级国际研究学院外交政策教授。

[150] Brzezinski, "A geostrategy for Eurasia", 同前引。值得一提的是, 在这篇文章中, 布热津斯基同意克林顿总统的说法, "当他说美国已经成为世界上'不可或缺的国家'时"。文章有一个部分的标题就是"不可或缺的大国"。

[151] 同上。布热津斯基也鼓励北约和欧盟的东扩, 北约和欧盟东扩将重振欧洲日益减弱的使命感, 同时加强对美国和欧洲都有益的民主成果, 这是通过冷战的胜利获得的。这一努力至关重要, 关系到美国与欧洲长远的关系。新欧洲仍在成形过程中, 如果要将这个新欧洲继续保持在"欧洲—大西洋"空间中, 那么北约的东扩就很关键。另见布热津斯基为实现这些目标设定的时间表, 事实上是对今后 10 年将发生什么的准确预测, 尤其是关于乌克兰的情况。

[152] 比如著名美国中国研究学者之一沈大伟最新出版的一本书, David Shambaugh, China's Future, Cambridge, Polity Press, 2016。但是他保证说, 中国是不会主导 21 世纪的, 如果关注 Fenby 所著的《中国会主导二十一世纪吗》一书中的表述, 可以在该书最后一章中找到答案, 这一章的标题就是"中国不会主导二十一世纪", 第 117-131 页。

[153] TomDispatch website：www.tomdispatch.com.

☆第四章　美国战略：成为20世纪霸主并将在新时代维持其超级大国地位☆

[154] Dower, *The Violent American Century*, 同前引。

[155] 外交政策的重心从中东/欧洲转向东亚和南亚。此前，克林顿和布什政府向关岛和日本部署了大量海军和空军武器，与新加坡合作在樟宜海军基地建设航母设施，并加强美国与日本和菲律宾的双边防御合作。布什政府向太平洋战区增派了一艘航母，五角大楼在2005年宣布将把美国60%的潜水艇部署到亚洲……奥巴马政府也通过2012年的"转向亚洲"地区性战略把重点进一步放在该地区，该战略的行动核心是：加强双边安全同盟；深化美国与包括中国在内的新兴国家的工作关系；参与地区性多边机构；扩展贸易和投资；建立基础广泛的军事存在；推进民主和人权……中国强烈感到这些是美国遏制中国政策的一部分。这一理论的支持者宣称美国要保持在亚洲的霸权需要一个虚弱、分裂的中国。根据这一理论，要想实现这个目的，美国需要与中国周边国家建立军事、经济和外交纽带。https://en.wikipedia.org/wiki/East_Asian_foreign_policy_of_the_Barack_Obama_administration（accessed 22 May 2017）。关于美国转向亚洲战略，见 Kenneth Lieberthal, "The American pivot to Asia", *Foreign Policy*, 21 December 2011：http://foreignpolicy.com/2011/12/21/the-American-pivot-to-asia（accessed 7 June 2014）；Hillary Clinton, "America's Pacific century", *Foreign Policy*, 11 October 2011：http://foreignpolicy.com/2011/10/11/americas-pacific-century（accessed 7 June 2014）。

[156] Le Corre and Pollack, "China's global rise", 同前引。

[157] 跨太平洋伙伴关系协定的12个国家是：澳大利亚、文莱、加拿大、智利、日本、马来西亚、墨西哥、新西兰、秘鲁、新加坡、美国（直到2017年1月）和越南。关于遏制中国的战略，参见 Alfred W. McCoy, "Grandmaster of the Great Game：Obama's geopolitical strategy for containing China", *Tom Dispatch*, 17 September 2015：www.tomdispatch.com/post/176044/tomgram:_alfred_mccoy,_maintaining_American_supremacy_in_the_twenty-first_century（accessed 18 September 2015）。

[158] 对所谓"投资者—所在国争端解决（ISDS）"程序的评论，见 Pia Eberhardt, "The zombie ISDS：rebranded as ICS, rights for corporations to sue states refuse to die", *Corporate Europe Observatory*, March 2016。

[159] 详细的批评性分析，见 Joseph E. Stiglitz, "Monopoly's new era", *Project Syndicate*, 13 May 2016：www.projectsyndicate.org（accessed 16 May 2016）；Lori Wallach, "A dangerous new manifesto for global capitalism", *Le Monde Diplomatique*, English edition, February 1998：http://mondediplo.com/1998/02/07mai（accessed 23 May 2017），"The corporation invasion", *Le Monde Diplomatique*, English edition,

December 2013：http：//mondediplo. com/2013/12/02tafta（accessed 22 May 2017），and The choice is not between TPP or no trade'，*Huffington Post*，25 March 2017：www. huffingtonpost.com/lori-wallach/the-choice-is-not-between_b_9541300. html（accessed 15 May 2017）；Jane Kelsey，"International civil society demands end to secrecy in TPPA talks"，media release，16 February 2011：http：//tppwatch. org（accessed 29 March 2011）；Wolf Jäcklein，"Transatlantic Trade and Investment Partnership：ten threats to Europeans"，*Le Monde Diplomatique*，14 June 2014：http：//mondediplo. com/2014/06/11ttip（accessed 23 May 2017）；Lori Wallach，"Transatlantic Trade and Investment Partnership：ten threats to Americans"：http：//mondediplo. com/2014/06/10ttip（accessed 23 May 2017）. Peter S. Rashish，*Bridging the Pacific：The Americas' New Economic Frontier?*，Atlantic Council，Global Business and Economic Program，July 2014；Andrea Montanino and Earl Anthony Wayne，*The Arguments for TTIP and the Concerns to Address*，Atlantic Council，Global Business and Economic Program，April 2016；这些文件的封底，我们可以看到"大西洋理事会是一个无党派组织，旨在推动美国在国际事务中建设性的领导和参与，基于大西洋国家在应对当今全球性挑战中的核心地位"。

［160］Public Citizen Global Trade Watch，*NAFTA's 20-Year Legacy and the Fate of the Trans-Pacific Partnership*，Public Citizen，February 2014，available at：www. tradewatch. org（accessed 4 April 2015）. For a different opinion，Dany Bahar，"When renegotiating NAFTA，Trump should re-evaluate his premises on international trade"，Brookings，17 August 2017：www.brookings.edu/blog/up-front/2017/08/17/when-renegotiating-nafta-trump-should-re-evaluate-his-premises-on-international-trade（accessed 20 August 2017）：这些工作机会大都没有转向墨西哥或其他任何国家。它们是因为生产效率提高而失去的。美国失去的就业机会只有很少一部分是由于北美自由贸易协定造成的。鉴于美国从墨西哥进口的一半以上是中间产品，这意味着北美自由贸易协定使得美国公司在生产最终产品方面更具竞争力，由此可以雇用更多人员并增加出口。同样的论述见 Bradford DeLong，"NAFTA and other trade deals have not gutted American manufacturing-period"，Vox，24 January 2017：www.vox. com/the-big-idea/2017/1/24/14363148/trade-deals-nafta-wto-china-job-loss-trump（accessed 31 January 2017）。

［161］David M. Edelstein and Ronald R. Krebs，"Delusion of grand strategy：the problem with Washington's planning obsession"，*Foreign Affairs*，11 September 2015：www. foreign

☆第四章　美国战略：成为20世纪霸主并将在新时代维持其超级大国地位☆

affairs.com/print/1115584（accessed 22 May 2016）。大卫·埃德尔斯坦是乔治敦大学埃德蒙·沃尔什外交学院、安全研究中心、政府系副教授。罗纳德·克雷布斯是明尼苏达大学文科学院贝弗利和理查德·芬克冠名教授，政治学系副教授。

［162］如果读者对已出版的美国对中国战略文件感兴趣，除了前面已经给出的参考资料和美国官方文件，我还推荐参考查塔姆研究所，布鲁金斯学会"混乱中的秩序"项目，战略与国际研究中心，詹姆斯顿基金会以及外交关系委员会的报告。

［163］Radio Report by President Truman to the American People on the Potsdam Conference, available at: www.trumanlibrary.org/publicpapers/?pid=104（accessed 20 May 2015）。

［164］Dower, The Violent American Century, 同前引。

［165］Statista, "The countries holding the world's nuclear arsenal": https://statista.com（accessed 20 June 2017）。

［166］欧洲最后一次主动采取行动是在1956年，当时以色列、英国和法国在苏伊士运河于1956年收归国有后干预埃及。但是那时美国明确告知其欧洲盟友们，从那时起，未经美国的同意不能再做出此种决定，由此终止了此次干预行动。

［167］Hartung, "The hidden cost of 'national security'", 同前引。

［168］数据来自斯德哥尔摩国际和平研究所，Statista 网站和下一个注释中的兰德报告中都引用过 website: www.statista.com（accessed 22 May 2017）。

［169］Eric Heginbotham et al., *The U.S.-China Military Scorecard. Forces, Geography, and the Evolving Balance of Power* 1996-2017, Santa Monica, CA, RAND Corporation, 2015。这份报告是受美国空军委托做的，但是独立完成，不必与空军、美国军方或美国政府的观点或分析保持一致。尽管如此，美国军事—工业复合体提出的更多军事发展需求可以被理解为向美国国会争取更多投资的战术话语。

［170］*World*, New York, Metropolitan Books, 2015, pp. 19-22。对美国军事基地的深入性分析参见全书内容和近期的升级版："Forty-five blows against democracy: how U.S. military bases back dictators, autocrats, and military regimes", *TomDispatch*, 16 May 2017: www.tomdispatch.com（accessed 16 May 2017）. David Vine, "Doubling down on a failed strategy: the Pentagon's dangerous 'new' base plan", *TomDispatch*, 14 January 2016: www.tomdispatch.com/post/176090/tomgram%3A_david_vine%2C_enduring_bases%2C_enduring_war_in_the_middle_east/#more（accessed 14 November 2016）。

［171］Vine, *Base Nation*, 同前引, pp. 22-25, 41 关于谁会从基地建设中受益的分析，同上，pp. 215-231。

［172］"合作性安全点"（CSL）是美国对用作反恐和阻拦毒品走私地区性培训设施的军

· 223 ·

事用语，它们也是进入大陆地区的应急通道。"合作性安全点"是东道国的设施，很少或没有美方人员，可能会包括预装设备和后勤安排，供安全合作活动和应急通道使用。这些地点是五角大楼在做了 2004 年全球态势评估后开始设立的，主要是应对非洲和拉美的地区性威胁。它们有时被称为"浮萍"。奥巴马政府任期内加速了此类基地的建立，尤其是伴随着向亚太地区的转向以及在非洲行动的增加。https://en.wikipedia.org/wiki/Cooperative_Security_Location（accessed 28 May 2017）。

[173] Vine, *Base Nation*, 同前引, pp. 318-319。

[174] 在"二战"结束时，美国控制着 200 多个海外基地和三万个海外设施。在冷战结束时，美国控制着 1600 个海外基地；同上，pp. 335-338。

[175] Vine, "Forty-five blows against democracy", 同前引。

[176] "The coming war on China", *New Internationalist*, 6 December 2016: https://newint.rg/features/2016/12/01/the-coming-war-on-china（accessed 26 November 2016）。这篇文章提到了有调查新闻记者约翰·皮尔格制作的标题相同的纪录片。《新国际主义者》是一个"独立的、非营利性出版合作机构，总部在英国牛津。最为著名的是其独立月刊，自我描述其存在的目的是报道主流媒体回避的故事，为当今全球关键问题提供另类视角"。https://en.wikipedia.org/wiki/New_Internationalist（accessed 6 June 2017）。

[177] 这些也适用于与俄罗斯一样的其他国家。关于中国如何看待美国的基地，见 Wang Hui, "Okinawa and two dramatic changes to the regional order", in *The Politics of Imagining Asia*, Cambridge, MA, Harvard University Press, 2011, ch. 5, pp. 228-263。

[178] Schriver and Ma, "The next steps in Japan-NATO cooperation", 同前引；Nazemroaya, *The Globalization of NATO*, 同前引。

[179] Scott Snyder, "South Korea's decision to halt THAAD carries hidden risks", *Forbes*, 11 June 2017: www.forbes.com/sites/scottasnyder/2017/06/11/south-koreasdecision-to-halt-thaad-carries-hidden-risks/#17165358429a（accessed 13 June 2017）。

[180] Cumings, "A murderous history of Korea", 同前引。

[181] "主义"是美国用来表述各任总统确定的外交政策时的常用语。

[182] 回忆一下前面引用的奥巴马总统的演说："作为总司令，我从未在有必要使用武力时退缩。我曾下令派遣数以万计的美国年轻士兵作战。有时，当他们回家时，我会坐在他们的病床旁。我曾下令在七个国家采取军事行动。有些时候武力是必

需的，如果伊朗不遵守这个协议，很可能我们会别无选择。""Remarks by President Obama on the Iran Nuclear Deal", The White House Office of the Press Secretary, 5 August 2015, American University, Washington, DC: https://obamawhitehouse. archives. gov/the-press-office/2015/08/05/remarks-president-iran-nuclear-deal（accessed 7 March 2016）。

［183］Nick Turse, "The new Obama doctrine: a six-point plan for global war-special ops, drones, spy games, civilian soldiers, proxy fighters, and cyber warfare", *Tom Dispatch*, 14 June 2012: www.tomdispatch.com/blog/175557nick_turse_changing_face _of_empire（accessed 10 June 2016）; *The Changing Face of the Empire. Special Ops, Drones, Spies, Proxy Fighters, Secret Bases, and Cyberwarfare*, Chicago, IL, Haymarket Books and Dispatch Books, 2012; 更新尤其是针对非洲内容: Tomorrow's Battlefields. US Proxy Wars and Secret Ops in Africa, Chicago, IL, Haymarket Books and Dispatch Books, 2015; 此外还有汤姆快讯在网上发布的定期更新: www.tomdispatch.com。尼克·特尔斯是一名记者和历史学家，汤姆快讯总裁，国家研究所的研究员。

［184］Nick Turse, "The year of the commando", *TomDispatch*, 5 January 2017: www.tomdispatch. com/blog/176227/tomgram%3A_nick_turse,_special_ops,_shadow_wars,_and_the_golden_age_of_the_gray_zone（accessed 5 March 2017），上面提供了多幅地图，可以从上面找到行动地点。

［185］Nick Turse, "Commands without borders: America's elite troops partner with African forces but pursue US aims", *TomDispatch*, 18 December 2016: www.tomdispatch.com/ blog/176223/tomgram%3A_nick_turse%2C_washington%27s_america-first_commandos _in_africa（accessed 3 January 2017）. Nick Turse, "America's war-fighting footprint in Africa: secret U.S. Military documents reveal a constellation of American military bases across that continent", *Tom Dispatch*, 27 April 2017: www. tomdispatch. com/post/ 176272/tomgram%3A_nick_turse%2C_the_u.s._military_moves_deeper_into_africa（accessed 28 April 2017）。

［186］Turse, "America's war-fighting footprint in Africa", 同前引。

［187］Michael Kramer, "Rescuing Boris", *Time*, 24 June 2001: http://content.time.com/ time/printout/0, 8816, 136204, 00. html（accessed 10 June 2017）. Owen Jones, "Americans can spot election meddling because they've been doing it for years", *Guardian*, 5 January 2017: www. theguardian. com/commentisfree/2017/jan/05/

Americans-spot-election-meddling-doing-years-vladimir-putin-donald-trump（accessed 13 June 2017）; Dov H. Levin, "Sure, the US and Russia often meddle in foreign elections. Does it matter?", *Washington Post*, 7 September 2016: www.washingtonpost.com/news/monkey-cage/wp/2016/09/07/sure-the-us-and-russia-often-meddle-in-foreign-elections-does-it-matter/?utm_term=.ca54b59ff042（accessed 13 June 2017）。

[188] 关于周小川行长的中国提议全文，见中国银行官网的 *Reform the International Monetary System*, www.pbc.gov.cn/english/detail.asp?col=6500&id=168（accessed 23 March 2009）。

[189] Swift, "RMB internationalization stalls in 2006": www.swift.com（accessed 7 March 2017）; "Will the Belt and Road revitalise RMB internationalisation", RMB Tracker Special Report, July 2017: www.swift.com/news-events/press-releases/rmb-internationalisation_can-the-belt-and-road-revitalise-the-rmb_（accessed 28 July 2017）; and "Worldwide currency usage and trends", information paper prepared by Swift in collaboration with the City of London and Paris EUROPLACE, March 2017, p. 3。

[190] See Zaki, *La fin du dollar*, 同前引。

[191] "Japan would consider joining China-led AIIB if doubts are dispelled, Abe says", *Japan Times*, 16 May 2017: www.japantimes.co.jp/news/2017/05/16/business/japan-consider-joining-china-led-aiib-oubts-dispelled-abe-says/#.WUlUb-lZ6Uk（accessed 15 June 2017）, and "China welcomes Abe's interest in Silk Road initiative", *Japan Times*, 6 June 2017: www.japantimes.co.jp/news/2017/06/06/national/politics-diplomacy/china-welcomes-bes-interest-silk-road-initiative/#.WUlVlulZ6Ukaccessed 16 June 2017）。

[192] Fernand Braudel, Civilization and Capitalism. Afterthoughts on Material Civilization and Capitalism, Baltimore, MD, Johns Hopkins University Press, 1979, pp. 113-114。

[193] Joseph S. Nye, Soft Power. *The Means to Success in World Politics*, New York, Public Affairs, 2004, pp. 5-6; *The Future of Power*, New York, Public Affairs, 2011, pp. xiii-xviii, 3-24, 81-109。

[194] Nye, Soft Power, 同前引。

[195] 比较美国对中国和俄罗斯"软权力"的使用差异很有意思，参见 Mettan, Creating Russophobia, 同前引，第八章"American Russophobia: the dictatorship of freedom", pp. 240-276, 有几处涉及美国非政府组织的活动。

[196] François Jullien, The Silent Transformations, London, Seagull, 2011, pp. 82-83。还有

☆第四章 美国战略:成为20世纪霸主并将在新时代维持其超级大国地位☆

第七章"The fluidity of life-or how one is already the other",pp. -81-99。关于经济顾问安德烈·钱恩如何分析这些现象,另见第一章(Chapter 1, pp. 15-19)。

第五章

中国的世界大国战略

自古以来，中国就与其他国家建立了联系。虽然在某些情况下，这意味着在通常被认为是"中国地盘"的边缘地带进行武力征服，但是大多数时候建立这些联系是出于对其他文化的兴趣和发展商业往来的意愿，而并非领土征服。中国著名历史学家司马迁记录了西汉使者张骞在公元前2世纪—公元前1世纪对中亚（及更远地区）的探索。在翻译司马迁的作品之后，法国汉学家雅克·班芭诺将张骞的生平概括如下："他和西方（西亚）人生活在一起，并从中娶妻……并且坚称不是武装征服，而是在平等的基础上进行文化和商业交流"。[1]

值得关注的是，2013年，中国政府宣布了新的"一带一路"倡议，将我们带回张骞的游历：

> 2100多年前的汉朝，中国使节张骞带着和平友好的使命被派往中亚。他的旅程打开了中国与中亚国家友好交流的大门，同时建立起连接东方和西方、亚洲和欧洲的丝绸之路。[2]

本书的目的在于阐释现代中国为何及如何发展这一战略，它在帝国末期开始成形，在邓小平改革时期经历了前所未有的飞跃，在21世纪初期中国已经与世界各国建立起商贸和金融往来，而且发展速度惊人。"一带一路"倡议是这一战略最终且最全面的发展，本章最后一部分将对此作具体分析。

不可思议的"中国模式"和当代中国外交政策的起源

在第四章讨论美国战略时,我介绍了影响中国应对美国远东势力战略的各种要素。这样做的原因很简单,20世纪,两国外交政策的相互联系越来越密切,以至人们无法分析二者之一的政策时不同时提及——即使只是简单地提及——对对方的影响,以及对方对该政策实际或可能的反应。因此,本章篇幅短于前一章。讨论美国外交政策时,我不得不先限定美国社会的组织方式,因为一个国家的内部组织不可避免地与其外交政策有关。这很容易:毫无疑问,美国是一个资本主义经济的自由民主国家。此外,自18世纪下半叶以来,美国已经形成了对其近似救世主的天定命运的坚定信念,这个信念给了美国自认为领导世界的权利和义务。在本章中,我将不得不用同样的方式来讨论中国。但在这里我们遇到了第一个困难。当然,绝大多数西方学者、政治家和记者认为对"中国模式"最坏的解读是独裁政权,最好的也是威权政权。我曾多次反驳这些观点,因为这是基于西方种族中心主义的偏见,是对当代中国不完整的分析。探讨"中国模式",我在《中国和西方的新公共管理》一书的结尾写道:

> 根据本书的发现以及我对中国改革的评估,……目前还没有中国模式;或者更确切地说,也许是自相矛盾的说法,中国模式就是没有模式,除了对这个伟大国家现代化进程的思考和管理方式的持续转变。[3]

正如我们在第一章的第二部分所提到的,法国哲学家和汉学家弗朗索瓦·于连将中国的方式称为"没有模式的模式"。[4]

然而,如果有人需要一个"中国模式"的全面定义,可以参考丹尼尔·贝尔的定义。[5]贝尔是研究当代中国的学识最渊博的西方学者之一,他将中国模式划分成三个层级的结构:底层的民主(指在最底层国家组织中公平公开的选举程序)、中层的试验(指先在省级层面试验政策,最后推广到全国范围的做法)、顶层的精英管理(指选拔和晋升行政和政治高级官员的严苛政策,并且选拔和晋升更多依据专长而非意识形态)。但是,贝尔定义的"模式"是"研究政治治理的一个不断发展、三管齐下的方式,仅仅将中国描述成'坏'的威权政权,甚至说本质上是像朝鲜和中东那样的专政,是无法准确把握中国模式的特点"。因此,贝尔提出这个"模式"非一成不变,而是在持续变化,这与西方概念中的"模式"背道而驰。[6]此外,整本书实际上是对既是理想又是现实的"中国模式"进行分析,因此才能在实际实施该模式时发现不足,并从中国历史和文化的框架内提出改进方案。因此,我坚持认为,"中国模式"并不存在。

现在谈谈中国外交政策的起源,我们可以像分析美国时那样追溯历史。但是在这里我们遇到了第二个困难,西方学者和记者想要寻找的中国历史事件,往往与中国政府和大部分中国学者所接受的正史有冲突。在中国官方历史中,中国是一个爱好和平的国家,分析其悠久的历史可以发现这一点。但事实上,中国数百年来研制出整套的兵器,大多数情况下远早于西方,[7]并且对内(比如几次"内战")对外都派上了用场。在满族统治的清朝年间(1636—1912年),中国曾干涉过西藏(1718年和1720年),击退准噶尔蒙古人的试探性入侵;"大清将西藏变成受保护的领地,并在那里建立了永久的满族驻军"。今天的新疆也以相似的方式被纳入了清朝的版图。

> 18世纪50年代,他们的军队在一系列征战中打败了准噶尔蒙古人和维吾尔人。……但清政府仍然很少插手西藏事务,地方领导人承担了大部分的实际治理。……同样,维吾尔地区像西藏一样,那些主要是穆斯林居住的地方很少受到清政府的管辖。当地居民被允许保留他们自己的宗教领袖、遵循自己的饮食规则,并且不用梳长辫子(汉族成年人都需要梳长辫子,作为被满族人征服的象征)。[9]

此外，中国对边境外的出击从来没有超越过亚洲、东非和中东，而且无论如何，中国的征服更多是出于保护自己、发展商贸和文化往来的需要而并非征服他国的意愿。[10]

当然，中国人以自己的国家为荣，并且"相信中国例外论，认为中国的历史和文化与众不同，或许还胜于西方"。[11]但是这一点并不重要。我还没有遇到过认为自己国家不特别的人：法国人、英国人、德国人、意大利人，甚至瑞士这样小国家的人都为祖国骄傲。美国和中国的不同之处在于，中国到目前为止从来没有试图征服世界其他国家，也没有试图按照自身形象改造其他国家的打算。例外论，的确是有，但是没有"天定命运"赋予的"扩张"和将自己的规则强加给全世界的权利和义务。现在的问题在于，20世纪末，中国为什么要开始走出去（并且正如我们将要看到的那样，走向全世界）以及如何走出去？

让我们按指向战略实施的逻辑顺序来看。我们已经从上层开始，包括基本价值观、意识形态、为实现价值观和相关目标而选择的体制，在体制内对政策的采纳和实施、评估和反馈。如果我们将美国（或者一般意义上的西方）与中国进行比较，就会看到美国在18世纪末和19世纪上半叶之间就已经做出了价值观、意识形态和体制的选择。这意味着自那时起，成功和失败（也有很多）的反馈只涉及政策及其实施，基本价值观、意识形态和体制（即自由民主和资本主义）没有受到质疑。与之相反的是，除了上层（传统价值观）的一部分，中国在每一层面都展开讨论，我稍后会说明。

毋庸置疑，帝国崩溃后，民族主义者和共产主义者事实上都禁止儒家思想出现在中国政治话语中，因为他们认为，儒家思想（以及外国侵略）是中国衰落的根本原因。但是儒家思想并没有从中国人的集体意识中根除，在经历"文化大革命"的悲剧之后，儒家思想又一次重见天日。这清楚说明了中国有能力考虑"实际"情况，而不是根据某个理想方案或模式采取行动。中国的根本目标是恢复原来的世界大国地位，在对"潜在形势"持续深入分析后，价值观、体制和政策的选择、实施及最终改变都取决于是否有助于实现该目标。[12]（第一章，以及引言的注释1）。如果纵观中国从19世纪末期以来的战略，我们就会发现它近乎完美地诠释了中国构思和实施战略的传统方式(第三章)。

当19世纪西方侵略中国时，中国对自身文化的优越性坚定不移，而中国文化的基本价值观基于孔子的解释——和谐(指没有对立和冲突，即和平)、稳定和统一，随后展开讲。中国在军事和经济关系上近乎与世隔绝，这使中国避免了卷入重大国际冲突，从而保留了传统价值观。但是，不管愿意与否，当中国被迫向西方打开国门，开始融入充满冲突的国际秩序(由西方国家打造)时，中国一直以来享有的和谐安宁的国际环境瓦解了。

重建一个和平的国际环境、保留和尊重每一个国家价值观的唯一途径，一是恢复能够抵御外国侵略的大国地位，二是为(重新)建设和平的国际环境而努力。从19世纪后半叶起，中国没有任何计划(正如第一章开头提到的俗语所言)，而且，我要补充的是，中国也没有遵循任何模式，而是不断寻求实现其重新强大和重获尊重的目标的手段。中国所处国际环境的根本变化不可避免地决定了其外交政策，也确定了中国再度强大的途径和重建类似于西方侵略之前的和平环境。

中国战略的构建：打造权力资源

我们可以聚焦19世纪，因为彼时中国基本保持着自秦朝以来若干世纪形成的特征。这并非说中国自公元前2世纪秦朝建立以来没有变化。[13]但是，支撑帝国的意识形态历史悠久，尽管经过不断的修改和发展，但是以孔子的思想解读为基础的。[14]

我们从根本价值观和意识形态开始讲起。在儒家思想中，人与人之间的关系以家庭关系为基础，继而扩展到全社会。社会等级分明，实行家长式管理，官员、大臣和平民百姓必须服从君主，子从父，妻从夫，幼从长。这种结构的目的是建立和谐、统一、稳定的社会。此外，人与自然之间也要保持和谐。有人可能认为这样的思想与我们西方设想的民主不相容，对于西方来说，整个社会通过几种服从关系构建是不可思议的，因为这样个人潜力和抱负几乎没有发展的空间，更不用说人权了。在帝国统治

☆第五章　中国的世界大国战略☆

下的确如此，这也解释了为什么中华帝国持续了2000多年。然而，我们要记住其目标是和谐、稳定和统一，社会组织等级分明正是达成这一目标的途径。因此，我们可以思考有没有其他的方式（即不同的社会组织结构）既能保障和平、稳定和统一，又能维护其他价值观，比如说来自西方的那些价值观。这就是帝国分崩离析后中国所经历的，伴随着犹豫、试验和大力改革。

在帝国的最后几十年，中国已经开始从西方引进思想、价值观和原则了。如上所述，人们会认为这些从西方引进的新价值观可能会与中国传统的和谐、稳定和统一思想不相容。[15]但是，在儒家思想中，有些可以当作"桥梁价值观"，确保西方引进的新思想与中国传统思想兼容，"仁"（人道或仁慈）与基督教中"爱他人"相对应，"礼"（礼节）与西方的"行为得体"相对应，"信用"（诚信）、"义"（公平正义）和"智"（睿智、智慧）都能在西方找到对应的价值观。可以看到，自19世纪末起，中国就尝试将西方价值观融入自己的文化中，比如说经济效益、市场、社会公平、公正与法律，但同时也没有舍弃传统思想中的稳定、统一与和谐。[16]

西方主流观点认为融合的效果不尽人意，除非中国放弃威权的国家体制，否则这次融合将一直处于未完成状态（有些人也认为，这可能最终会导致党领导国家的体制崩塌）。他们认为，在这样的体制下，中西价值观的交融会面临重重困难（甚至是不可能的），中国也很难实现自由民主，并完成从计划经济到自由市场经济的转变。简单来说，中国应该"变得像我们一样"。我在别处提到过，中国目前在经济发展和提高大部分人生活水平方面已经取得了引人瞩目的成果。此外，即使党牢牢掌控着社会的方方面面，中国自由和人权状况也已取得显著进步。[17]

在中西价值观交融的基础上，中国在仔细分析"潜在形势"后，巧妙地选择了体制安排，得以在"长时段"内年复一年建设构成今天中国"综合国力"（CNP）的资源（第三章）。早在第一次鸦片战争战败后，中国就已建立了工厂和造船厂，用以制造西式武器和战舰。不幸的是，建造出能对抗技术更为先进的外国海军的战舰，需要花费很长时间。于是1884—1885年，在中、法之间因越南冲突中，法国只用了一小时就摧毁了中国制造的战舰。10年后（1894—1895年），中日甲午海战以中国战败告终。[18]尽管经历了一次次战败，有趣的是，中国的确已经意识到了建设一支现代海军抵御潜在敌人的重要性。这一权力来源在20世纪的最后25年才得以发展，中国充分意识到为了维护国家利益，必须建设一支能够在中国海域对抗美国海军的现代化海军。此外，在20世纪初，清廷讨论了宪政思想和议会制政府，1909年在各省召开了省议会。[19]但是这些举措为时已晚：数十年来一直被外国侵略和内部斗争削弱的大清帝国终于在1912年年初覆灭。

在孙中山和蒋介石领导的国民党统治的中华民国时期（1912—1949年），国民党与共产党的内战、日本侵略以及众多的外国干涉（尤其是美国对国民党的支持）使中国几乎无暇顾及发展综合国力。只有当内战以共产党的胜利结束之时，中国才有机会构思并实施建设权力资源的战略，实现其回归大国地位的目标。

中华人民共和国首先收回的资源是完全主权。[20]在长达一个世纪遭受外国干涉、沦为半殖民地国家之后，这是根本性的成就。[21]尽管已经与苏联建立了合作，毛泽东成功地与其"盟友"保持了距离并且最终终止了合作。这样说来，可以认为中国选择了闭关锁国，以杜绝外来影响对内部形势各因素的干涉，从而自主合理地改善国内的情况。首先是改善教育和医疗，其次是在计划经济框架下实现经济工业化。当然，这个战略有负面后果，经济效益差、个人自由受限、缺乏创新动机、破坏环境，以及"大跃进"和"文化大革命"的毁灭性影响。然而，不可否认的是毛泽东为邓小平进一步发展中国社会奠定了基础。此外，邓小平评估了毛泽东个人领导的负面后果，逐渐引进市场机制、让中国与国际经济接轨，从而改变了中国的经济模式。同时，邓小平重新确立了毛泽东自1958年起就摈弃的集体领导。[22]除此之外，邓小平和周恩来进一步发展了毛泽东的战略，明确提出了中国恢复世界大国地位所需要发展的四个领域：农业、工业、科技和国防。

尽管邓小平的改革使中国经济显著发展，然而就像我别处提到过的，改革的规模和速度造成了不少负面后果[23]——区域和省份发展不均衡，以及区域、省份、直辖市内部发展不均衡。缺乏环境保护法规导致中国本来已经很脆弱的环境严重恶化。鲁莽引入市场机制和竞争机制使国有机构（尤其是国有企业，但也有政府机构）大幅削减人员，数百万雇员和工人下岗。这导致了极高的失业率，同时也造成了新型贫困。这种新型贫困至少是部分地面临抵消改革以来消除贫困的巨大成就的危险。这一趋势，尤其是新型贫困的出现导致犯罪率上升，轻度犯罪尤为明显。最后，市场机制被快速地引入（因此带来企业间的竞争），计划经济向新经济模式转型，这使政府不再像计划经济时期一样，要求国企必须为职工和雇员提供之前享有的社会福利服务。这种组织生产过程的新方式连同独生子女政策，不仅解构了传统的国家层面的团结，还破坏了家庭内部的和谐。最终，社会和经济的不平衡对实现和平、稳定和团结的传统价值产生了负面影响。

因此，有必要在战略的不同层面做出改变。首先，在党的意识形态中引入新的价值观，比如社会公平、法律、法治或依法办事和创新。其次，在制度层面上，市场思想的部分实施使所有公民（甚至是穷人）都必须为诸如医疗和教育等公共服务部分买单。最后，在引入劳动力市场时，为员工在防止无正当理由裁员、工作时间和安全工作条件方面提供的保护非常有限。20世纪90年代，这些问题已经着手解决，为现代安全保障系统的发展提供了空间。这个系统覆盖医疗、失业和养老、给员工更多保护，以及新的环境保护战略。[24]

这些在定义和实施中国战略上的创新产生了结果。21世纪初，中国成为世界三大经济体之一（与欧盟和美国一起），连续30年GDP年增长率约为10%，几乎每个社会阶层的个人收入都显著增加，社会相对和谐稳定。[25]正是2002—2012年这十年，受到2001年12月加入世界贸易组织（WTO）的鼓舞，中国开始走向世界（或走出去）。[26]正如我们所看到的，大约半个世纪以来（1949—2012年），中国主要关注内部的"潜在形势"，寄希望于至少自清末以来开始的"无声的变化"（参见第一章的第二部分）以及中国传统文化中持续存在的某些特征。

首先，尽管中国在20世纪80年代实施了独生子女政策，但在19世纪初西方侵略之前，中国的人口已经非常庞大（约3亿人），并且从未停止过"无声地"增长。这显然是由于中国是一个农业国家，一直以来甚至直到最近大家庭都被视为财富的象征。

其次,中国家庭传统上重视读书和教育(至少在城市地区如此)。

再次,塑造帝国的儒家价值观(和谐、稳定和统一)深入中国人的骨髓,并没有在1912年消失,而是继续"无声地"发挥作用,在后毛泽东时代随时准备"发出声音"。尤其是改革为中国人民提供了改善生活水平的新机遇,家长们于是将大量资金投入子女的教育中,保证子女能获得现代化进程所需要的更好、资历要求更高的工作。

最后,和谐、统一和稳定将继续维持新形式的威权政府,即共产党政府。当然,仅仅拥有受过教育、健康,并且能接受威权领导的人民不足以成为权力资源。领导层必须为每个人提供更好的生活条件以及对中华民族美好未来的新信念,这就是政策选择极其重要的地方。如果能够实现四个现代化(农业、工业、科技和国防),就很有可能满足公民的追求并再次成为世界强国。

西方国家带着某种优越感见证了中国实施这些政策。诚然,中国已成为世界工厂,但仅限于生产低附加值商品。长期以来,西方都将中国领导人改善经济和社会的宣言当作一种政治宣传以及共产党继续牢牢控制社会的必要。[27]尤其是,西方一直确信中国只擅长模仿西方科技,没有认真对待中国领导人的宣言,中国领导人坚持中国必须走"自主创新"之路。今天中国几乎在所有科技领域都赶上了西方的步伐,包括军事装备在内。[28]

因此,通过分析中国自1949年以来的发展,我们可以明显看出中国所做的决策(即重大事件)都是"无声变化"的"有声"展示,中国领导层借助一次次转型进一步发展内部权力资源。这些政策,尤其是与国防发展有关的政策,明显都是在对过去的一些国际事件做出回应,包括鸦片战争、1919年被排除在巴黎和会外(尽管中国对于战胜德国做出了贡献)、美国对远东的多次干涉,以及美国军队在中国边境附近大量的驻兵。

巩固内部权力资源后,中国在20世纪末21世纪初已经做好了走出去的准备,这已成为必要选择。随着中国越来越多地融入全球经济,像过去那样通过闭关锁国来恢复国力已不再可能。中国不可避免地要应对自19世纪以来国际体系中的"变革"。来自传统的欧洲殖民地国家和美国的相继压

☆第五章 中国的世界大国战略☆

力，使得经济变得越来越开放。如果中国要从全球市场中受益，它必须遵守西方制定的国际规则。

经济全球化进程始于19世纪，到20世纪30年代中断，但这并没有持续多久。第二次世界大战结束后，在美国的领导下，自由化进程以更强的劲头席卷而来，甚至在新自由主义的压力下从20世纪80年代初加速发展。因此才有了中国加入WTO。随着中国经济持续增长，确保进入全球市场变得非常重要。这不仅是为了销售中国商品，也是为了进口维持中国经济增长必需的原材料和能源资源。此外，中国积累了足够的资金开始向海外投资，特别是购买高科技企业、房地产、港口等股份。这一趋势最终使中国在国际组织中变得更加活跃，与其他国家签署商业协议、促成诸如上海集团(Shanghai Group)等区域组织的建立，并在数量和质量上提高国防水平。

尽管中美之间存在所谓"战略伙伴关系"，但是随着中国与美国的关系变得越来越紧张，再加上美元已经成为引发不稳定的因素，中国开始制定战略以逐步独立于美元，将人民币转变为新的国际货币。鉴于美国在远东地区大规模的驻军，和其单方面认为在中国海自由航行的借口及其在欧洲和中东的好斗态度(美国欧洲盟友也如此)，中国为了对抗美国并确保其政治和经济安全，制定了一项大战略。这个战略就是我们所了解的"一带一路"(One Belt One Road)，西方一家主流报纸如此描述，"中国的'一带一路'倡议包围了世界"。[29]事实上，"一带一路"可以解读为中国对美国战略的回应，美国的战略是为了让其始终作为唯一的世界超级大国，因此要包围俄罗斯和中国，大规模干预中东，控制拉丁美洲，加强对非洲的干预，并维持美元作为主要国际货币的地位。正如我在第四章中所说的那样，美国的权威来自其全球影响力，而且如果中国想要再次成为世界大国，就必须在各个层面挑战美国至高无上的地位。事实上，我建议分析与"一带一路"倡议有关的中国所有为了重获国际地位而举行的活动，因为它们都有助于达成"一带一路"的总体目标。

"一带一路"倡议：融入世界

习近平主席毫不意外地在首次宣布中国计划构建"丝绸之路经济带"时使用了本章开头的那段话（2013年9月7日在阿斯塔纳的讲话）。习近平通过提及中俄已持续进行的合作，明确指出了这一战略的目标，发展区域合作、加强政策交流、推进无障碍贸易、增强货币流通并促进各国人民的相互理解。[30]习近平是在党的十九届一中全会上被选举为下一任中央委员会总书记之后不到一年提出上述目标的。不到一个月之后，他就在2013年10月2日雅加达的讲话中提出要增加一条海上丝绸之路。[31]这两条新的路线后来被称为"一带一路"。很明显，这样大型的规划一定是酝酿多时，而且无论如何，这都是之前中国为恢复世界大国地位而采取的举措的合理结果、整合和优化（第三章）。

现有的多个可靠信息来源为我们提供了关于"一带一路"的许多真实信息。[32]因此，我将着力分析"一带一路"的本质，及其在多大程度上对于美国在亚洲和全世界的领导地位带来威胁。一是，我会简单概述在"一带一路"之前，中国所实施战略的各个层面，这些战略在"一带一路"于2013年正式宣布之后仍然在实行，对"一带一路"的成功功不可没。二是，我会分析"一带一路"对于中国重获世界大国地位的战略重要性。中国在宣布"一带一路"倡议之前提出过很多重大倡议（并在"一带一路"开始之后也进一步发展），我会探讨其中最重要的几点，海外投资、亚投行的创立、人民币的国际化，中国越来越多地参与国际上的区域和全球组织，中国文化在国外的传播以及军事资源的开发。

走向"一带一路"

一、海外投资

首先，在第三个千年之初，中国开始严肃对待海外投资，从而证实了费尔南·布罗代尔的分析："资本和信贷一直是获得和控制国外市场的最可靠方式。远早于20世纪，资本的出口就已经成为日常，对于佛罗伦萨而言，这始自于13世纪。"[33]2000—2009年，中国的海外投资增长缓慢，但是2009年后就开始急剧增长。比如说，从2000年到2009年，中国对美国的累计投资不超过10亿美元，但是在2016年就达到了1095亿美元（即从2000年到2016年的累计投资）。其他主要的投资目的地是澳大利亚（920亿美元）、巴西（520亿美元）、英国（470亿美元）、加拿大（460亿美元）、巴基斯坦（444亿美元）、俄罗斯（407亿美元）、尼日利亚（386亿美元）、马来西亚（375亿美元）、印度尼西亚（333亿美元）、沙特阿拉伯（285亿美元）、哈萨克斯坦（282亿美元）、阿尔及利亚（227亿美元）、越南（225亿美元）、意大利（221亿美元）和阿根廷（220亿美元）。[34]更可观的是习近平在2017年5月"一带一路"论坛上的宣言，承诺为"一带一路"建设提供大量资金支持，包括：

> 在现有丝绸之路基金追加1000亿元人民币（145亿美元），国家开发银行贷款2500亿元，中国进出口银行贷款1300亿元，为新丝绸之路国家中的发展中国家和国际机构援助600亿元，鼓励金融机构将海外人民币基金业务扩大到3000亿元，紧急粮食援助20亿元，南南合作基金10亿美元，为新丝绸之路国家间的合作项目提供10亿美元。[35]

自中国政府在2016年叫停海外投资以控制海外不良或投机性投资后，对外投资减少。[36]但此后预计将在"一带一路"倡议的实施框架内恢复投资的增长，下面会谈到。

根据美国中央情报局网站，已有128个国家得到了中国的投资。这128个国家横跨所有大洲，其主要目的地为欧盟、美国和英国（数据为对2016年的预测）。美国企业研究所（AEI）的深入分析给出了中国海外投资范围的整体布局。[37]文件的开头就提醒其读者，中国的工程项目经常被受益国和国外观察者当作投资。这是错误的——这些工程很有价值，但是没有涉及所有权。尽管工程合同通常数额较小，自2005年以来，1亿美元的工程合同要多于1亿美元的投资项目。[38]

诚然,中国的工程项目也不能只从纯经济的角度来考虑,同样也是中国和受益国建立起合作关系的政治工具,对欠发达国家尤其如此。此外,工程合同并不会强迫受益国接受政治和意识形态导向的观点,比如说私有化、为遵循自由民主制而改变政治体制、人权和市场经济标准。中国在与这些国家(比如说非洲和拉美国家)建立关系的方式给予了他们选择中式和西式工程合同的权利。[39]

美国企业研究所文件中的地图3展示了中国的全球影响力。从2005年到2017年,中国在全球投资和工程的总价值超过1.6万亿美元,分布如下:欧洲2919亿美元、撒哈拉以南非洲2721亿美元、西亚2404亿美元、东亚2140亿美元、美国1724美元、阿拉伯中东和北非1498亿美元、南美1447亿美元、澳大利亚1008亿美元、北美667亿美元(不包括美国)。

美国企业研究所文件中的表2是关于按行业分配的工程和投资项目,展示出中国在海外的工程和投资项目种类繁多,其中能源和电力为首,其次是交通、金属、房地产、农业、科技、金融、旅游业、娱乐和化工。最后,同一文件中的表3显示了私人投资份额(有别于国有企业)的重要性,从2010年到2016年,私人投资的份额从9.3%上升到48.4%,但在2017年下降到36.9%,这是由于之前提到过的中国在2016年决定控制海外不良或投机性投资所致。即使私人投资有可能在2017年后再次增加,中国很可能不会减少国有企业的战略投资,因为国企比私人投资更容易引导和控制。[40]这是中国共产党将中国发展战略的管理掌握在自己手中的策略之一。

二、亚投行的创立和人民币的国际化

亚投行是由中国发起创立的国际银行,其诞生与中国的投资战略息息相关,在后面讨论"一带一路"倡议时会提到。中国领导层早已对全球经济管理的组织方式产生了不满,即由美国、欧盟和日本主导的国际货币基金组织(IMF)、世界银行和亚洲发展银行。

2008年金融和经济危机暴露出美元的不稳定性,使得中国对全球经济的批评更加迫切。早在2008年10月,中国人民银行行长周小川就已发出明确警告:

☆第五章　中国的世界大国战略☆

这场危机再次要求对现有国际货币体系进行创新性改革，保证国际储备货币价值稳定、依规保险、供应可控，从而实现维护全球经济和金融稳定的目标。[41]

正是在这种背景下，中国国际经济交流中心（一个中国智库）的副主席于2009年4月在博鳌论坛上首次提出了建立亚洲基础设施投资银行的建议。[42]尽管有这两个明确的警告，美国及其欧洲和日本的盟友并没有设想就全球经济治理的改革进行协商。因此，习近平主席在2013年10月3日访问印度尼西亚期间正式提议建立亚投行并不出乎意料。尽管美国强烈反对，亚投行立即吸引了许多国家，其中包括美国最亲密的盟友以及其他金砖国家（巴西、俄罗斯、印度和南非）。[43]

正如我们在第四章中谈到的美国外交政策一样，在2006年，人民币被纳入国际货币基金组织特别提款权篮子，其作为国际支付货币的份额从2014年的0.5%增加到2017年7月的1.98%。尽管百分比增长相当惊人，但其实际份额仍然很低，特别是与美国（40.47%）和欧盟（32.89%）相比。然而，中国的另一举措可能会以牺牲美元为代价来增加人民币的使用。事实上，中国已经与多个国家和经济组织达成了一系列的货币互换协议，如俄罗斯、巴西和南非（依然是除印度之外的金砖国家），欧盟、巴基斯坦、澳大利亚、巴西、英国、加拿大甚至瑞士，这将允许缔约国以本国货币而非美元作为其贸易的资金。这些事件和"一带一路"倡议（将在下文讨论）共同展示出中国经济日益增长的吸引力，而中国也是现今唯一一个国内生产总值保持几乎7%的年增长率的大国。[44]

三、更多地参与国际和区域组织

中国战略的第四个层面是更多参与到国际上的区域和全球组织中，并从中获取额外的权力资源。自1971年以来，中国一直是联合国安理会的成员，作为拥有否决权的国家，中国在通常与俄罗斯一同反对美国有关诸如格鲁吉亚、乌克兰和叙利亚等国的倡议的过程中，中国的作用一直在增强。最近，中国也加大了对联合国维和行动的参与力度，并成为主要贡献者之一。[45]此外,也许更有趣的是,中国为建立国际区域组织做出了贡献,而这些组织实际上是美国领导世界某些地区的障碍,如金砖国家组织和上海合作组织。

金砖国家组织成立于2006—2009年。由五个主要的新兴和快速发展的经济体组成,巴西、俄罗斯、印度、中国和南非——五国都是20国集团的成员。自2009年以来,金砖国家每年都会举行正式峰会,中国于2017年9月3日—5日在厦门主办第九届金砖国家峰会。2015年,五个金砖国家的总人口超过36亿人,约占世界总人口的40%;其名义国内生产总值加起来达到16.6万亿美元,大约相当于世界生产总值的22%;估计总共有4万亿美元的外汇储备。[46]

一些观察人士指出,金砖国家合作的发展可能受到巴西和南非最近经历的经济困难的影响,负面影响还有来自中国和印度之间的不和(领土争端)以及俄罗斯和中国之间的分歧(俄罗斯主导的欧亚经济联盟与中国领导的"一带一路"之间的竞争)。然而,很明显的是金砖国家已经成功地将自己定位成目前由美国领导的国际秩序的替代者和竞争者。一些国家对成为金砖国家的正式成员表示了浓厚的兴趣,如阿富汗、阿根廷、印度尼西亚、墨西哥、土耳其、埃及、伊朗、尼日利亚、苏丹、叙利亚、孟加拉国和希腊。各种各样的成员国和感兴趣的国家解释了为什么中国非常热衷于为金砖国家间合作的发展做出贡献,因为它与中国领导的"一带一路"倡议密切相关。

金砖国家的重点在于处理经济、金融和全球治理问题。2013年,成员国同意建立新开发银行(NDB),旨在与西方主导的国际货币基金组织和世界银行竞争。新开发银行的初始资本为1000亿美元。2014年3月,金砖国家各国的外交部部长发表公报:

> 关注最近媒体有关2014年11月将在布里斯班举行的G20峰会的声明,[并指出]G20的监管权平等地属于所有成员国,没有一个成员国可以单方面定义其本质和性质。

很明显,这是在暗指美国惯于决定G20议程及撰写最终公报。此外,在谈到乌克兰危机时,金砖国家首脑们表示,"根据国际法及联合国宪章的原则和宗旨,敌对言论升级、制裁和反制裁以及武力升级无助于问题可持续、和平地解决"。[47]

上海合作组织(SCO)是欧亚政治、经济和安全组织,2001年由中国、哈萨克斯坦、吉尔吉斯斯坦、俄罗斯、塔吉克斯坦和乌兹别克斯坦的领导人在上海宣布成立。上海合作组织《宪章》于2002年6月签署,并于2003年9月19日生效。该组织是1996年4月26日在上海成立的上海五国集团的进一步发展。2017年6月9日,印度和巴基斯坦作为正式成员加入上海合作组织。1996年,中国、哈萨克斯坦、吉尔吉斯斯坦、俄罗斯和塔吉克斯坦国家首脑在上海签署了《关于深化边境地区军事信托条约》,自此上海五国集团成立。1997年,五个国家又签署了《减少边境地区军事力量条约》。值得注意的是,1997年,俄罗斯和中国已签署了关于"多极世界"的宣言;2000年,上海合作组织成员达成一致,反对以"人道主义"和"保护人权"为借口"干涉别国内政";并支持各自在维护五国民族独立、主权、领土完整和社会稳定方面的努力。[48]这明显是针对西方国家以"人道主义救援和人权保护"为由对其他国家领土的干预。同样,中国为促进上海合作组织的活动和增强其实力做出了贡献,也因此获得了有助于实现其国家和国际利益的额外资源。[49]

四、中国文化的海外传播

中国战略的第五个方面是在国外发展文化传播,这主要得益于两种举措。一种是在国外建立众多孔子学院。它们的主要作用是向年轻的外国大学生提供中文教学以及召开大型的公开会议,从而使外国受众能够接触到中国语言和文化。在某些情况下,孔子学院也会支持中国和当地学者之间的研究活动。一直以来,孔子学院被批评为中国共产党的宣传工具。如果这是真的,那么西方国家的类似机构,如德国的歌德学院、法国法兰西学院(the French Institut Français)和英国的文化协会也是如此。无论如何,这些机构无疑是增进不同文化之间相互理解的好手段。只有被用来在东道国支持某些观点和抗议活动时,才应该受到批评,这并不适用于孔子学院的情况。

传播语言、文化和思维方式及分析问题方式的另一种途径当然是通过媒体来播报其新闻以及对政治、经济和社会问题的分析。中国正在发展一个全球性的广播网络——中国环球电视网(CGTN)来向世界推广其文化。该网络现在已支持英语，并在不久的将来支持其他语言，包括法语。自成立以来(最初是CCTV——中央电视台)，中国的国际频道不断提升其节目的数量和质量，为各大洲提供多种文化节目和新闻。几位优秀记者的选择使中国播报新闻的方式比CNN和BBC这样的西方(主要是美国的)频道更为客观。2016年正值美国总统大选，我在中国有机会将CNN与CGTN进行比较，最终发现CGTN的报道更加客观。再如，在比较有关叙利亚、俄罗斯或中东的新闻时也是如此。此外，CGTN组织的辩论能够将不同立场的辩论者聚集在一起进行争锋(通常是一个中国人与一个或两个外国人)。唯一令人遗憾的是，大多数时候外国辩论者来自美国，欧洲人很少参加。尽管如此，CGTN仍然是了解中国如何看待和分析各国及国际问题的宝贵信息来源。当然，有批判意识的读者清楚，如果想要客观地评价问题，必须要参考不同的信息来源，即参考来自不同国家的多个渠道，或许更重要的是参考书面资料、融合主流媒体和非主流媒体的观点。

五、开发军事资源

我们现在讨论中国在"一带一路"倡议之前制定的战略的最后一个方面，即军事资源的开发。正如我在批评"软权力"这一概念时所解释的那样(见第二章第一部分)，军事资源对于一个旨在重新恢复世界权力地位的国家来说是最重要的资产，尤其是在此过程中还需要对抗现有的"唯一超级大国"时。国防是中国确定的四个现代化之一，但正如我们上面所提到的，中国在19世纪末就已经开始建立军事力量了。事实上，我们必须要意识到正是与西方的碰撞才使中国开始不断追赶西方的军事优势，意识到这一点后我们才能理解中国军事实力的发展。

西方(主要是欧洲大国)在19世纪中期首次利用中西军事上的差距迫使中国向全球经济开放；其次，在第二次世界大战结束后，美国又利用这种差距在中国领土附近建立了一系列军事联盟和基地以维护自身及其盟国的利益,这种不平等的关系严重限制了中国维护自身国家利益的自由和协助修改国际体系规则的意愿。自第二次世界大战结束以来,中国的局限性被美国一再证实(见第四章,特别是第六节;另一个非常明显的例子是奥巴马总统的声明),美国希望保持其唯一超级大国的地位,并保障自己对国际体系规则的决定权。

然而直到今天,就像我们第三章提到过的(第 100-103 页),军事资源是中国唯一明显落后于美国的领域。然而,随着中国开始大量投资于科技,这一差距正在逐渐缩小,因为中国的科技成果已经被用于提高武器的质量。[50] 在这里我暂且不提中国的军事资源是进攻型还是防守型。任何对武器有所了解的人都清楚,很难将武器归类于单纯进攻型或防守型,因为一切取决于领导层的战略以及当时的情况。但是显然,由于在军事资源上的积累,中国已经可以发展更自信的(在一些人看来更具侵略性的)外交政策,比如说南海。[51]

评价中国军事的方法之一是研究其主要竞争对手对它的评价。虽然美国领导层对美国军队有着坚定的信心(参见奥巴马在第四章的声明),但也非常重视"中国的军事威胁"。尽管很难判断美国的评价是基于对威胁的客观分析,还是故意夸大事实以期从联邦预算获得更多资金,但很明显其结果是使美国增加了对军队的投资,尤其是在致力于提高其空中和海上武器以及核武库质量方面(第四章,注释33)。因此,对中美两国来说,最重要的问题是确定他们各自的军事资源是否足以构成强大的威慑力量以阻止侵略,尤其是哪方能首先发起核打击。我们在第四章已经看到美国处理这个问题的方式。现在我们来看一下中国的主要竞争对手如何评价其军事能力。[52]

美中经济与安全审查委员会 2016 年向国会提交的报告中精辟地分析了中国日益增强的实力及其对美国至上和"美国构建的世界"造成的威胁。该报告认为,并且似乎很遗憾地认为:

> 中国在经济、外交政策和军事领域的行动表明,中国领导人认为是时候放弃邓小平长期坚持的"韬光养晦"战略了。中国现在

正在向全世界展示自己的实力,而结果并非15年前中国刚加入世贸组织和全球经济体系时许多人所期望看到的那样。我们的报告和建议所反映的是真实的中国,而不是有些人所期望的中国。[53]

那么哪里出问题了呢?报告后面的声明强烈批评了中国在国际体系中的行为:

> 中国一直都在违反国际义务的精神和协定,包括实行进口替代政策、强制实施技术转让、参与网络盗窃知识产权、阻碍信息和贸易的自由流通。中国市场在外国投资者心中的形象也大打折扣。[54]

该报告尤其指责中国不遵守自由市场经济规则:

> 尽管中国再三承诺让市场在资源配置中发挥"决定性作用",但是北京一直利用国有企业(SOEs)作为实现社会、工业和外交政策目标的工具,为其提供直接和间接补贴以及其他激励措施,以影响商业决策并实现国家目标。[55]

正是在这种背景下,报告对中国军队的现代化(包括数量和质量)作出判断,尤其是海军和空军的现代化。因此,报告认为:

> 中国正在发展的军事实力将扩展或提高人民解放军开展各种对外行动的能力……这些领域的改进也能够加强中国对弱势邻国的传统作战能力。考虑到中国已经增强了其战略提升能力,加强了特种作战部队的部署,提高了水面舰艇和飞机的能力,以及更频繁地参与更复杂的国外军事行动,中国也可能更倾向于使用武力来保护其利益。[56]

☆ 第五章　中国的世界大国战略 ☆

此外，

> 中国在吉布提的首个海外军事支援设施将加强中国人民解放军海军的水下补给能力，将增强远距离作战能力。中国对远征能力的追求加上中国东海和南海展露的紧张局势，加剧了美国盟友和其它亚洲地区伙伴对中国崛起的担忧。[57]

同时，报告判断：

> 中国拥有越来越尖端和广泛的情报、监视和侦察部署，能够监控美国部署到西太平洋的军事力量。……中国针对美国的情报搜集行动对美国国家安全构成了巨大而日益加剧的威胁。……中国已将各种各样的美国国家安全组织作为其目标，……鉴于中美竞争加剧和中国军事力量不断增强，中国通过这些行动获取美国国家安全信息对美国具有重要影响，包括其在西太平洋的军事优势，以及与中美潜在冲突有关的美国计划和决策过程的安全性。[58]

除此之外，报告还指出了中国乐于向世界展示实力的意愿与"一带一路"倡议明显相关，下面会展开讨论：

> 随着中国的全球影响力的增长，中国重塑经济、地缘政治和安全秩序以适应其利益的意愿引起极大关注。这种全球影响力最近体现在中国的"一带一路"倡议中，该倡议旨在通过广泛的投资和基础设施项目将中国与世界大部分地区联系起来。[59]

尽管危言耸听，但是如果我们思考一下，美国自"二战"结束以来尽管经历了无数次失败，仍然拥有目前最强大的军队，至少在纸面上如此。在这种背景下，中国如何适应军事和地缘政治环境？

第一，2016年美国的军费支出为6110亿美元，几乎是中国的三倍（2150亿美元，排名第二）。其他国家远远落后，包括俄罗斯（排名第三，692亿美元）和沙特阿拉伯（排名第四，637亿美元）。但是，如果考虑到国家安全领域的所有支出，美国总计投入了1.1万亿美元的天文数字。[60]据我所知，没有对中国做过类似的统计，但即使我们将国家安全支出仅仅加上官方军费支出（目前这个数字严谨可靠），[61]总额很可能只是美国支出的一小部分。尽管如此，中国的国防预算每年都在稳步增加。

第二，核能作为一种特殊武器，是对潜在侵略者的主要威慑之所在。同样，与拥有6800枚核弹头的美国相比，只有260枚核弹头的中国远远落后。其他军事武器也是如此，特别是海军和空军。尽管中国已经成功建造了一些装备，如新的国产航空母舰、J-20航空战斗机和DF-21D"航母杀手"，但依然落后。[62]

然而，美国联邦部门和机构以及与政府关系密切的智库分析表明，美国目前不可能敢在中国领土上攻击。这是个好消息，因为任何有理智的人也不会愿意看到中美之间的竞争以公开的军事冲突结束。

"一带一路"，抑或是中国的大战略

通过分析至少自冷战结束以来全球经济的变化，其实本可以预见中国的发展战略融合国内和国际领域的国际化转型。汇丰银行2011年的一项研究表明了这一点：

> 在20年内，中国最大的贸易伙伴可能会是印度、巴西和俄罗斯，三个国家加起来很有可能会取代美国成为中国出口商的重要目的地。……印度、巴西和俄罗斯之间贸易的范围足以使美国和欧洲的贸易关系黯然失色。金砖国家如此，各大洲也是如此：我们认为亚洲、拉丁美洲和非洲之间的联系将以指数速度扩大。随着南南贸易的增加，南南资本流动也将增加，从而削弱美元储备货币的地位，并促进主要新金融中心的发展，特别是在亚洲的金融中心。[63]

当然，自该研究发表以来世界已经发生了许多变化，即几个拉美国家（如巴西和委内瑞拉）的经济困难，中印之间的关系也存在不少问题。[64] 但汇丰银行所描述的趋势仍在继续，甚至在2014年加速发展。2014年在乌克兰危机期间，美国及其欧洲盟国对俄罗斯实施严厉的经济制裁，从而进一步促进了中俄合作的持续发展。2017年5月，汇丰银行的简报对此做出评估：

> "一带一路"是中国政府设想和推动的基础设施建设倡议，旨在连接全球超过65个国家和44亿人口，占据世界GDP的40%……尽管潜在的投资机会因行业和地理位置会各不相同，汇丰银行强调，这些机会都会侧重中国企业有大量经济利益的泰国、马来西亚、新加坡和印度尼西亚等地区，以及倾向于运输、能源、可再生能源和产业等行业，并为此建立新的重要铁路网络、高速公路、油气管道和电网。……（外国投资者）的机会不仅来自基础设施方面。到2050年，将有30亿人在新兴市场中加入中产阶级的行列，对服务业的需求呈井喷式，包括技术、娱乐或医疗需求。汇丰银行的分析还指出，大多数项目目前处于规划和招标的早期阶段，这就是为什么对欧洲企业和国家而言这可能是跻身世界上最大的经济举措之一的绝佳机会。[65]

尽管2013年9月至10月"一带一路"宣布后立即招致了西方媒体的批评，并且围绕项目的不精确性、困难和不确定性的批评今天仍然继续，一些专注中国战略发展的观察者从一开始就清楚该倡议的重要性及其对美国在亚洲的首要地位构成的威胁。[66] 例如，《华盛顿邮报》于2013年10月24日评论道：

> 两年前美国时任国务卿希拉里·罗德姆·克林顿大张旗鼓地提出美国推进新丝绸之路的愿景，旨在将阿富汗重新发展成为连接中亚和南亚之间的纽带，习近平使之黯然失色。两个愿景的差

距明显，一个有巨额资金的支撑，另一个举步维艰，这样的差距只是突出了中国在亚洲不断增长的影响力正在如何挑战美国在亚洲的影响。[67]

要列举出自 2013 年提出"一带一路"后，越来越多的西方媒体对其成功的认可，可以不费吹灰之力。这里我只提一下福布斯 2016 年 9 月 9 日的报道：

> 不幸的是这个大胆的计划（即克林顿的"新丝绸之路"）似乎在开始之前就已经以失败而告终。现在，中国正在通过将阿富汗纳入"一带一路"的倡议来实现克林顿的抱负……作为这项尝试的一部分，两辆货运列车已于 8 月底从中国两个城市开往阿富汗。[68]

那么，"一带一路"倡议的真正含义是什么呢？让我首先从"一带一路"的相关术语开始讲起。中国官员以及一些知识分子更愿意使用诸如"经济地理"这样的术语，并承认"一带一路"正在"重塑世界经济地理"。[69] 但在西方，与"一带一路"最常见的相关概念是地缘政治，这意味着通过"一带一路"中国正在发展地缘政治优势，以期在全世界实现其国家目标。[70] 中国官员回答说，"一带一路"无关政治，而是基于"双赢"战略的经济合作。尽管如此，历史表明经济资源（即"地缘经济学"或"地缘经济力量"）经常被用于（与上面讨论的军事手段一起）实现地缘政治目标（参见第二章第 1 节）。知名的《南华早报》2017 年 6 月的一篇文章称：

> 该倡议拥有 3 万亿美元的外汇储备和国有企业的支撑。新丝绸之路也反映了地缘政治抱负，显示了中国领导层想要在意味着多半个世界的地区打造秩序的野心。[71]

历史已经证明了经济和军事资源与地缘政治野心之间存在因果关系，而我们未来将会看到中国是否能够避免这种因果关系。最后，"一带一路"

☆ 第五章　中国的世界大国战略 ☆

可以被认为是中国对美国在远东地区驻兵的回应,尤其是对奥巴马的"亚洲枢纽"和跨太平洋伙伴关系的回应(第二章,第4章)。[72]

为了理解"一带一路"的意义和规模,我首先要引用胡鞍钢对中国领导层1949年以来实施的发展战略的分析。这些战略考虑到了20世纪和19世纪上半叶中国领土的多样性和在此之上发展出的人类活动。胡鞍钢认为,区域发展战略根据不同的发展阶段相继采用了四种模式。前三种主要是从地理和经济的角度来看中国领土。[73]第一个战略(1949—1978年)得益于计划经济围绕平衡发展来组织,但正如我上面所说,由此产生了严重的负面后果,如经济效益不佳、个人自由受到约束、创新动力不足、环境破坏,以及"大跃进"和"文化大革命"带来的灾难性影响。第二个战略(1979—1998年)通过引入市场机制和逐步向全球经济开放,使沿海和西部地区的经济优先得到快速发展;尽管它发展了经济并减少了贫困,但也加剧了地区、省份和民众之间的差距。第三个战略(1999—2013年)以平衡区域发展和缩小差距为基础,这要归功于对内陆和西部的投资以及现代社会保障体系的初步发展。第四个战略(2013年至今):

> 不仅将继续缩小地区差距,促进不同经济区块(下文将予以解释)之间的协同发展,还将有助于重塑世界经济地理,创新国际发展模式,构建面向未来的新国际政治经济秩序。[74]

第一个和第二个战略旨在为了发展经济,第三个战略旨在减少地区间差异。因此,在针对中国本土的三个发展战略阶段完成后,中国的第四个发展战略旨在进一步缩小差距,建立中国与全球环境之间的发展桥梁。我们现在明白,美国政界人士、学者和智囊团所表达的担忧在过去和今天都是可以理解的(见第四章)。我特别要提醒读者的是,奥巴马总统非常热衷于让美国负责制定国际体系的规则:"因为TPP的存在,中国没办法在这个地区制定规则,但是我们可以。你想在这个新世纪展示我们的力量吗?批准此协议。给我们执行它的工具。这才是正确的事情。"[75]

但是正如我多次说过的那样,变化,即至少从冷战结束以来一直在起作用的"无声的变化",一点一点地削弱了美国的主导地位。上面引用的2011年汇丰银行的研究就是深入分析的一个很好的例子,证实了国际体系中一些最重要的变化。

像"一带一路"这样从内部发展转变到外部发展,符合正常逻辑顺序,也是中国经济发展的合理结果。通过在海外销售产品,中国积累了大量可投资于全球经济的资金,已经在多个部门出现的生产过剩可以用于发展海外市场,同时也需要进口经济发展所需的原材料和能源资源。因此,走出去趋势的加速扩展似乎是唯一理性、或许也是合理且和平的举措,这样才能维持稳定、平衡、持续的经济发展,从而保证传统价值观中的稳定、团结与和谐。

第四个发展战略第一次确立了内部区域发展与将其扩展到外部世界之间的明确联系,并且已将其纳入"十三五"规划中。这个总体战略将三个区域发展战略(京津冀、长江经济带和"一带一路")与四个区域经济集团,即东北、中部、东部和西部相结合。[76] 三个战略区和四个区域经济集团相互联系,构成了中国的宏伟战略,并将会重塑中国的经济地理格局。除此之外,中国还制定了2014—2020年城市化发展的专项规划。此外,第四项战略旨在通过全面覆盖城乡地区的社会保障,进一步改善第三个阶段(1999—2013年)已经开始缩小的区域发展差距。

值得注意的是,"一带一路"涉及所有四个经济集团,包括32个省级行政单位的25个。[77]"一带"包括黑龙江、辽宁、吉林、河南、江苏、陕西、甘肃、青海、宁夏、新疆、重庆、四川、云南、广西、西藏和内蒙古。"海上丝绸之路"包括:浙江、福建、广东、上海、海南、辽宁、天津、山东和广西。

因此,我们现在可以理解中国为什么如此重视"一带一路"了,不仅是因为它扩展到了海外,也是为了各省份的发展。中国的第四个发展战略:

> 特别是"一带一路",通过加强与有关国家的基础设施建设,加强在投资、贸易和金融方面的合作,将国内区域发展扩展到邻国,从而重塑世界经济地理……更重要的是强调了不同(中国)经

济区块之间的协调发展。[78]

因此,"一带一路"的新颖性和作用不仅在于中国经济实力的对外扩展,而且也是加强和协调中国各地(集团,各省市区)内部经济和社会发展的手段。

对中国四大发展战略的分析表明,中国领导层不会根据一个理论模型来行动,从而遵循中国理解和实施战略的传统方式。相反,行动的好坏是根据结果进行评估的,然后,由于结果不只是积极的,还不可避免地存在一些值得关注的消极方面(如邓小平改革引起的贫富差距加大),于是就会寻找和实施新的做事方法(即新机构和新政策),等等。用胡鞍钢的话说:

> 需要强调的是,任何区域发展战略都不能一举实现其目标。……每个阶段都要经历调整和提升的过程,反映出"做中学"的特点。同样,第四个战略也将经历从"战略提案"到"政策实施"、"政策调整"和"政策成熟"的过程,以应对国内外发展的新机遇和挑战(源于"潜在情况"的演变,参见第一章的第一部分)。[79]

没有先验的意识形态选择,制度和政策没有固有价值,其评价标准取决于实现政策目标的能力,即恢复世界大国地位,这是战略中唯一恒定的要素。此外,中国只在有极大概率成功的时间和地点进行干预。此外,随着时间的推移,一切都必然会发生变化,中国领导层会一直等到"无声的变化"将"潜在情况"改变为优势时再行动,"潜在情况"指国际体系中的权力资源分配。然后,在新的情况下开始行动。最后,中国管理其发展战略的方式也表明,中国领导人没有明确区分理论和实践(见第一章)。

"一带一路"推动世界格局变化

通过更详细地了解"一带一路",我们能够更清楚地看到为什么这一战略不仅在亚洲而且在全世界都对"美国塑造的世界格局"构成严重威胁。[80]中国已经确定了"一带一路"的五条路线——三条陆上线路,两条海上线路。陆上线路的第一条是从中国西北和东北通过中亚和俄罗斯到达欧洲和波罗的海；第二条是从中国西北穿过中亚和西亚到波斯湾和地中海；第三条是从中国西南通过中南半岛到印度洋。海上线路的第一条始于中国沿海港口，穿越南海和马六甲海峡到达印度洋，延伸至欧洲；第二条从中国沿海港口开始，穿越中国南海并延伸到南太平洋（见地图5.1）。[81]

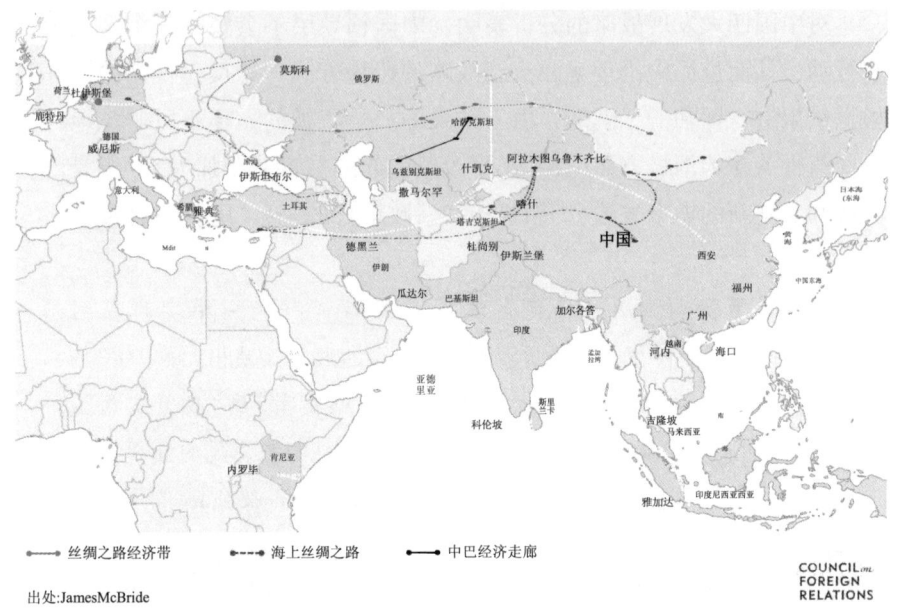

地图5.1：中国提出的新丝绸之路

在五条路线的框架内，中国提出了"六条走廊、六种通信手段、多国家和多港口"。"六条走廊"分别是：新欧亚大陆桥经济走廊、俄罗斯经济走廊、中国—中亚—西亚经济走廊、中国—中南半岛经济走廊、中巴经济走廊和孟加拉国—中国—印度—缅甸经济走廊。"六种通信手段"涉及铁路、公路、航海、航空、管道和航空航天综合信息网络，它们是基础设施连通的主要目标。"多国家"指的是首批加入该项目的"一带一路"沿途国家，中国首先将与其展开合作，但领导小组的文件预测，将吸引更多国家参与该倡议。"多港口"指的是沿着"一带一路"将要建造的多个港口，以确保安全平稳的海上通道。

这里没有必要逐条概括领导小组给出的六条走廊的详细说明。想要了解"一带一路"的范围，研究领导小组如何设想走廊之间的相互作用，并据此分析它们的战略意义就足够了。例如，中巴走廊将公路带（从新疆维吾尔自治区的喀什）连接到海上公路港口城市瓜达尔，瓜达尔位于巴基斯坦俾路支省西南海岸，从而避开了马六甲海峡。[82]六条走廊之间的联系被分成了两组。第一组展示了新欧亚大陆桥经济走廊，中蒙经济走廊与中国—中亚—西亚经济走廊的交汇点。这三条走廊：

贯穿欧亚大陆中部和东部，连接了生机勃勃的东亚经济圈和发达的欧洲经济圈，同时也建立起从波斯湾到地中海和波罗的海的畅通合作渠道。这使得建立高效和平稳的欧亚市场成为可能，并为欧亚大陆腹地和"一带一路"沿线国家创造发展机会。

第二组展示了中国—中南半岛经济走廊、中巴经济走廊和孟加拉国—中国—印度—缅甸经济走廊之间的联系。这三条走廊：

贯穿亚洲东部和南部，即世界上人口最稠密的地区，连接了"一带一路"沿线的主要城市、人口和产业集群。澜沧江—湄公河国际海上航线和区域铁路、公路及石油天然气网络将公路带与海上丝绸之路连接起来，其经济辐射效应覆盖南亚、东南亚、印度洋、南太平洋和其他地区。[83]

显然，就目前而言，"一带一路"尚未进入项目阶段。领导小组在其报告中非常自豪地列举了一份显然并不详尽的已完成计划清单。首先，该集团提到"一带一路"的一些特征，这些特征实际上是在2013年正式宣布之前已经开始的举措的发展情况，利用国际组织的资源，如上海合作组织、联合国开发计划署（UNDP）等；中国海外投资，亚投行的创立以及国有银行为"一带一路"项目融资的影响，如中国开发银行和中国进出口银行；通过与俄罗斯、哈萨克斯坦、越南、蒙古、老挝、吉尔吉斯斯坦、白俄罗斯和尼泊尔等22个"一带一路"国家的货币互换协议,以及通过23个"一带一路"国家中的六个人民币清算银行,实现人民币国际化;最后,通过中国的银行间外汇市场,人民币可以直接同美元以外的21种其他货币进行交易。[84]

领导小组特别强调完成了几个与"一带一路"发起的行动相对应的计划,这些计划包括对"一带一路"的普遍支持、中国与世界其他地区的联系以及中国在海外的投资。

1. 各国和国际组织对"一带一路"的普遍支持

・"截至2016年年底,已有100多个国家表示支持并愿意参与该倡议。中国与39个国家和国际组织签署了46项合作协议。"

2. 中国与世界各国建立起多种联系

・"截至2016年年底,中国已经开通了39条中欧铁路线路,在9个欧洲国家的14个城市运行了约3000列火车,使铁路成为'一带一路'沿线国家促进互联互通加强经贸合作的重要平台。"

・"与哈萨克斯坦的项目和比雷埃夫斯港项目进展顺利。"

・"与巴基斯坦的合作同样值得一提特别是瓜达尔自由区的建设已经加快,而能源和电力项目在(中巴经济)走廊上迅速启动。"

・"中俄石油管道和中国—中亚天然气管道A/B/C运行良好,中国—中亚天然气管道D和中俄天然气管道东线建设已经开始。"

・"截至2016年年底,中国通过海底电缆连接美国、东北亚、东南亚和南亚、大洋洲、中东、北非和欧洲,并通过国际陆地电缆与俄罗斯、蒙古、哈萨克斯坦、吉尔吉斯斯坦、塔吉克斯坦、越南、老挝、缅甸、尼泊尔和印度,以及更远的中亚、东南亚和北欧以外的国家相连接。"

3. 中国的海外投资

・"一带一路"国家是中国投资的重要目的地国家。2016年,中国在这些国家投资了145亿美元,占其海外投资总额的8.5%。中国签署了价值1260亿美元的新海外工程合同,同比增长36%。……截至2016年年底,中国已与53个"一带一路"国家签署了双边投资条约。

・"2015年12月25日,中国提出的亚洲基础设施投资银行(AIIB)正式启动,合法资本为1000亿美元,重点关注区域联通和产业发展。截至2016年年底,亚投行已向印度尼西亚、塔吉克斯坦、巴基斯坦和孟加拉国的能源、交通和城市发展等九个项目提供17亿美元贷款。"

· "中国还向丝绸之路基金会注资400亿美元,其初始注册资本为100亿美元。……截至2016年年底,基金会已签署了15个项目,预估投资额为60亿美元。这些项目涉及基础设施、能源利用、生产能力和金融合作等领域。"

· "中国国家开发银行已与'一带一路'国家签署了100多个项目,价值超过400亿美元,贷款额已达到300亿美元。中国进出口银行与'一带一路'国家签署了1100个总价值1000亿美元的项目,发放了800亿美元的贷款。中国出口信用保险公司已经为'一带一路'国家提供了超过3200亿美元的出口和投资项目保险。截至2016年年底,九家中资银行在26个'一带一路'国家设立了62家主要分行,来自20个'一带一路'国家的54家银行在中国开设了六家子公司,20家分行和40家办事处。"[85]

领导小组提供的上述信息展示了"一带一路"的全球范围:其路线、走廊、通信手段、多国家和多港口的有关投资活动(除了贸易和金融合作)覆盖全世界。这些投资活动涵盖各种战略领域,如铁路、高速列车、公路、石油和天然气网络、港口、海上运输、航空、管道、能源电力、海底和陆地电缆、综合信息网络和水利。

"一带一路"的某些特征显然是为了面对美国在亚洲和世界其他地区的权力。例如,中巴走廊旨在避开马六甲海峡,如果美国与中国发生严重分歧,美国海军可能会阻止中国与其原材料和能源供应商的贸易;[86]同样,众多从中国到欧洲的铁路允许中国通过陆路与欧洲进行贸易,从而避免了海上货物的运输,因为美国目前在阻止中欧之间的海上贸易上有明显的优势;此外,通往欧洲的走廊以及对欧洲港口的投资,如比雷埃夫斯港,使中国有可能在其传统的欧洲盟国领土上与美国竞争;通往中东的道路也是如此;最后,从中国到太平洋地区的海上公路可能会使美洲对中国开放,而中国已经在那里投入了巨资。我们需要注意到,中国有可能在不久的将来发展另一条路线,即北极运输通道。维持这个项目有多种战略原因,避免在通过已有的海上航线时与美国竞争，从而规避地缘政治风险；避免经过政治不稳定的地区（如对陆上公路而言）；避免经过拥有不同宗教和文化的地区时所造成的困难；并且避免了能源安全风险，这一点我们在说与美国的竞争时已经提到过了，对于海上公路也是如此。这条新路线：

> 指北极航运通道，即通过北冰洋连接太平洋和大西洋的海运航道，包括东北航道（也称为北航道）和西北航道。作为连接东北亚和西欧的最短海上路线，在西部东北通道从西北欧的北部水域开始，到达东部的符拉迪沃斯托克，途经巴伦支海、卡拉海、拉普捷夫海、新西伯利亚海和白令海峡。东北航道目前有2—3个月可通航，整条航线可到达瑞典、冰岛、芬兰、俄罗斯等国家。[87]

"一带一路"是一个长期项目，将要持续25—30年。时间将证明它是否成功以及如何成功。本书分析了中国和美国在不断变化的世界体系中的外交政策，但这并不能使我们做出中国将取代美国成为唯一超级大国的预测。尽管如此，中国已经成为一个世界大国，如果不犯下重大错误（自1978年以来中国就没有犯过重大错误），将在不久的将来必定会成为一个与美国平起平坐的新大国。到目前为止，中国正在实现这一目标，但是丝毫没有使用其军事力量（官方的"一带一路"文件中甚至没有提到过这一点），除非作为一种手段来阻止像在19世纪中国所遭受的侵略。

正如领导小组所描述的，"一带一路"倡议看起来是一个宏伟的项目，但是其中许多内容仍有待定义、认可和实施。尽管如此，已经取得了显著的成果，包括让美国领导人感觉到（甚至可能是确信）美国不再是唯一超级大国（这是与其他一些新兴和复兴的大国一起取得的成果）。此外，"一带一路"应被视为中国传统中定义和实施战略方式的当代范例。总体框架仅有一般性的描述，但是其意义深远。正是在战略实施的"实践"期间，实际决策、国际协议和正式项目将被其他国家接受并实施，这还取决于不断变化的"潜在情况"给中国领导层带来的实际机遇。"一带一路"与前三个发展战略（之前解释过的）的区别，特别是与邓小平的第二个发展战略的区别在于，其总体目标更加公开透明。无须多说的是，考虑到项目宏大的规划，可以说"一带一路"不仅仅是中国的新"经济地理"，也不是一个简单的"重塑世界经济地理"。[88]它首先是一个地缘战略项目，如果充分实现，将使中国重新获得世界大国的地位，从而结束"美国塑造的世界格局"。

注释：

[1] 选自雅克·班芭诺对公元前2世纪—前1世纪首个来到中亚的中国使者张骞的评论：Jacques Pimpaneau, *Les chevaux célestes. L'histoire du Chinois qui découvrit l'Occident*, Arles, France, Philippe Picquier, 2011, 即中国历史学家司马迁所著《史记》的法语翻译版本；引文来自译本的封底，由作者从法语翻译而来。

[2] 2013年9月7日习近平在阿斯塔纳的演讲：www.fmprc.gov.cn/ce/cebel/eng/zxxx/t1078088.htm（2015年6月14日访问）。

[3] Paolo Urio, *China, the West and the Myth of New Public Management. Neoliberalism and Its Discontents*, London and New York, Routledge, 2012, pp. 209-210; Paolo Urio, "Conclusion: the reconciliation of state, market and society in China", *Reconciling State, Market, and Society in China. The Long March toward Prosperity*, Abingdon and New York, Routledge, 2010, pp. 193-204, 载 www.researchgate.net/profile/Paolo_Urio/contributions。

[4] François Jullien, *The Silent Transformations*, London, Seagull, 2011, p. 70。原文整句为：我们是否正在寻找一种未成型的成型模式？这种模式将其更新与转型的核心融为一体，并有助于把握这种"变革的变化"，而习惯摆脱桎梏思考的亚里士多德告诉我们这种"变革的变化"是不可能的。

[5] 丹尼尔·贝尔在北京生活的时间超过12年，同时在清华大学教书。他出版过众多书籍，在本书中我引用的是他最近出版的书：*The China Model. Political Meritocracy and the Limits of Democracy*, Princeton, NJ, Princeton University Press, 2015（由作者重新写序言的平装版本）。

[6] 出处同上，"Concluding thoughts: realizing the China model", pp. 179-198, 引用来自第180页。

[7] Robert Temple, *The Genius of China. 3,000 Years of Science, Discovery and Invention*,

London, Prion, 1998（修订版, 由李约瑟引言）, 第 215-248 页。然而,"李约瑟自己批评了该书, 写道该书有'错误……以及我可能不会做出的表述'……但他补充道'我仍然觉得该书总体看来相当出色'", Ling Yuan, "East-West: bridging the scientific chasm", *Beijing Review*, 23 March 1987, 第 18 页。另参见 Dick Teresi, *Lost Discoveries. The Ancient Roots of Modern Science*, New York, Simon & Schuster, 2002: 参见索引中的"China"。

[8] Pamela Kyle Crossley, Jeremiah Jenne, Robert Kapp and Ian Johnson, "How does China's imperial past shape its foreign policy today?", *A China File Conversation*, 15 March 2017: www.chinafile.com/conversation/how-does-chinas-imperial-past-shapeits-foreign-policy-today (accessed 19 March 2017): 这种例外论叙事忽视了充满问题的历史事实, 之前帝国的边疆最终成为一个国家的边界。本月, 我的学生, 正在北京留学的几所不同美国大学的本科生, 正在研究 17—18 世纪清朝帝国扩张的遗留问题, 在此期间清朝以维护区域秩序为由在缅甸和越南开战。

[9] Patricia Buckley Ebrey, *The Cambridge Illustrated History of China*, Cambridge, Cambridge University Press, 1999, p. 227; 另参见第九章: "Manchus and imperialism: the Qing Dynasty 1644-1900", pp. 220-258。

[10] 对欧洲和美国的远征可以参考路易斯·莱文斯分析的海军将领宦官郑和的远征。Louise Levathes, *When China Rules the Seas. The Treasure Fleet of the Dragon Throne, 1405-1433*, New York, Oxford University Press, 1994; Gavin Menzies, *1434. The Year a Magnificent Chinese Fleet Sailed to Italy and Ignited the Renaissance*, New York, HarperCollins, 2008, and *1421, The Year China Discovered America*, New York, Harper Collins, 2003。

[11] Stuart Harris, *China's Foreign Policy*, Cambridge, Polity, 2014, p. 5。

[12] 为什么"恢复世界大国地位"被认为是自鸦片战争以来中国外交政策的根本目标, 其解释可以参考 Urio, *China, the West*, 同上, 第 92-96 页。

[13] 反驳几百年来"永恒的中国"并未发生变化的观点可以参考如 Nicolas Zufferey, *Introduction à la pensée chinoise. Pour mieux comprendre la Chine du XXIe siècle*, Paris, Hachette, 2008 及类似文章。

[14] 我之前已对这些问题进行过解释, 见 Urio, *Reconciling*, 同上, 第一章: "Chinese political culture and why it does matter", pp. 2-44。

[15] 对于自由民主与儒家思想兼容性的详细分析可参考 Daniel Bell, *Beyond Liberal Democracy. Political Thinking for an East Asian Context*, Princeton, NJ, Princeton

University Press，2006。

[16] 对比江泽民 2002 年 10 月讲话与胡锦涛 2007 年 11 月讲话中的价值观可以参考 Urio，*Reconciling*，出处同上，第 41-43 页。

[17] Urio，*Reconciling*，同上；*China，the West*，同上；Paolo Urio and Yuan Ying，*L'émergence des ONG en Chine. Le changement du rôle de l'Etat-Parti*，Bern，Peter Lang，2014；Paolo Urio，"The emergence of NGOs in China and the changing role of the Party-State: assessment and future prospects"，*The China Non-Profit Review*，no. 8，2016，pp. 188-214：www.researchgate.net/profile/Paolo_Urio/contributions。

[18] Ebrey，*The Cambridge Illustrated History of China*，pp. 245，252-254。

[19] 出处同上，第 262-264 页。

[20] 在这里，我总结了我在第三章第二节中所分析的，并且将添加一些与中国战略有关的新评论。

[21] 这个观点几乎被中国所有的知识分子所接受。如 Wang Hui. 第一章。另外中国从帝国到国家的转型中的重要问题也可以参考：Wang Hui，*China from Empire to Nation-State*，Cambridge，MA，Harvard University Press，2014。

[22] 见胡鞍钢，*China's Collective Presidency*，Heidelberg and Beijing，Springer，2014。

[23] Urio，*Reconciling*，同上，第二章第三部分，第 54-101 页。

[24] 出处同上，第三章第 103-155 页。

[25] 出处同上，第 87-90 页；Albert Keidel，*The Causes and Impact of Chinese Regional Inequalities in Income and Well-Being*，Washington，DC，Carnegie Endowment for International Peace，December 2007，此书对农村和城市家庭储蓄的习惯进行了详细的分析。

[26] 这个表述是指中国鼓励其企业在海外投资的战略。

[27] 政治的象征性用法可以参考 Murray Edelman，*The Symbolic Uses of Politics*，Chicago，IL，University of Illinois Press，1985。

[28] 胡鞍钢、任皓：《中国高技术产业如何赶超美国》，《战略与决策研究》，中国科学院院刊，2016，31(12)，第 1355-1365 页。补充和不同观点，参见 Jost Wübbeke et al.，*MADE IN CHINA 2025, The Making of a High-Tech Superpower and Consequences for Industrial Countries*，Merics，Mercator Institute for China Studies（Berlin），no. 23，December 2016。

[29] Tom Hancock，"Silk Road：China encircles the world with One Belt, One Road strategy"，*FinancialTimes*，4 May 2017：www.ft.com/content/0714074a-0334-11e7-

aa5b-6bb07f5c8e12（accessed 22 July 2017）。

[30] 2013年9月7日习近平于阿斯塔纳的演讲（在上述引文中）。

[31] 习近平2013年10月2日的讲话：www.asean-china-center.org/english/2013-10/03/c_133062675.htm（accessed 22 July 2017）。

[32] 有关西方对"一带一路"观点的信息可以参考《金融时报》、战略与国际研究中心出版物、斯坦福大学胡佛研究所的《中国领导人观察》（特别是 Michael D. Swaine，"Chinese views and commentary on the 'One Belt, One Road' initiative"，*China Leadership Monitor*，no. 47，Summer 2015）、外交事务委员会（其期刊《外交事务》）。更为精练的观点可以参考 Flynt Leverett，Hillary Mann Leverett 及 Wu Bingbing，"China looks West：what is at stake in Beijing's 'New Silk Road' project"，*World Financial Review*，25 January 2015：www.worldfinancialreview.com/?p=3388（2015年6月15日访问）。若需要参考中国报社的观点，除了以下引用的报刊和书籍外，还可以参考中国的官方报社新华社（www.news.cn/english）和财新杂志（www.caixinglobal.com）。

[33] Fernand Braudel，*Civilization and Capitalism. Afterthoughts on Material Civilization and Capitalism*，Baltimore，MD，Johns Hopkins University Press，1979，pp. 113-114。引文可能会使中国的领导层感到尴尬，因为布罗代尔很明显指的是资本主义投资者的行为。我们是否该因此认为中国的对外投资预示着它逐步演变成资本主义经济呢？第一章第三节已经给出了我的看法。

[34] *Business Insider*，15 April 2017：www.businessinsider.com/states-that-get-the-most-china-investment-2017-4?IR=T（accessed 4 August 2017）。所有的数据都是2000—2016年的累计投资。

[35] Brenda Goh and Yawen Chen，"China pledges \$124 billion for new Silk Road as champion of globalization"，*Reuters*，14 May 2017：www.reuters.com/article/uschina-silkroad-africa/china-pledges-124-billion-for-new-silk-road-as-champion-ofglobalization-idUSKBN18A02I（2017年7月4日访问）（确认的出席者名单见 http://thediplomat.com/2017/05/belt-and-road-attendees-list 和 https://en.wikipedia.org/wiki/Belt_and_Road_Forum（2017年7月8日访问）；Wu Gang，"China touts more than 270 Belt and Road agreements"，*Caixin*（财新），15 May 2017：www.caixinglobal.com/2017-05-15/101090756.html（2017年5月25日访问）。

[36] Don Weinland，"China halts overseas investment schemes"，*Financial Times*，28 February 2016：www.ft.com/content/c64b3fc6-dc2e-11e5-a72f-1e7744c66818（2016年

2月29日访问)。

[37] Derek Scissors, *China Investment. Revenge of the State*, American Enterprise Institute with the Heritage Foundation, July 2017: www.aei.org/publication/chineseinvestment-revenge-of-the-state(2017年8月8日访问)。

[38] 同上。

[39] 此外,美国企业研究生的文件让我们看到,其预估数值与中国财政部的官方数据非常近似。美国企业研究所预估2005—2017年的总投资为9614亿美元,财政部的官方数据为9747亿美元。

[40] 2006年12月,国家资产监督管理委员会(国资委)公布了一份对国民经济至关重要、必须确保实行公有制的七个行业的清单:军备、电力和配电、石油和化学品、电信、煤炭、航空和航运(据新华社报道,于2006年12月18日更新)。2011年,中国政府宣布了将获得新的政府支持投资的七个战略性产业:节能和环保(清洁能源技术)、新一代信息技术(国家电信基础设施的现代化)、生物技术(制药和疫苗生产商)、高端设备(飞机、卫星、制造技术)、新能源(核能、风能、太阳能)、新材料(稀土)、新能源汽车(电动汽车和混合动力汽车、电池)。《商业内幕》于2011年2月3日报道,引用自美国银行美林证券公司:www.businessinsider.com/the-7-strategic-industries-the-chinese-governmentloves-2011-2?IR=T(2011年10月15日访问)。

[41] 周小川提案《改革国际货币系统》的全文可在中国银行官网查询:www.pbc.gov.cn/english/detail.asp?col=6500&id=168(2009年3月23日访问)。

[42] https://en.wikipedia.org/wiki/Asian_Infrastructure_Investment_Bank(2017年8月17日访问)。

[43] 目前,已有60个国家加入了亚投行,包括与美国结盟的欧洲国家。不完全名单如下:欧洲国家——丹麦、芬兰、法国、格鲁吉亚、德国、意大利、荷兰、挪威、波兰、葡萄牙、俄罗斯、西班牙、瑞典、瑞士、英国;亚洲国家——阿塞拜疆、孟加拉国、文莱、柬埔寨、印度、印度尼西亚、哈萨克斯坦、老挝、马来西亚、蒙古、缅甸、尼泊尔、巴基斯坦、菲律宾、新加坡、韩国、斯里兰卡、塔吉克斯坦、泰国、乌兹别克斯坦和越南;来自其他大陆的国家,特别是其他金砖国家(除了中国、俄罗斯和印度还有巴西和南非)——澳大利亚、加拿大、埃及、埃塞俄比亚、伊朗、以色列、约旦、科威特、新西兰、阿曼、卡塔尔、沙特阿拉伯、土耳其和阿拉伯联合酋长国。

[44] 人民币国际化参见 Eswar S. Prasad, *Gaining Currency. The Rise of the RMB*, New

York, Oxford University Press, 2017。

[45] Jane Perlez, "China surprises U. N. with ＄100 million and thousands of troops for peacekeeping", *New York Times*, 28 September 2015：www. nytimes. com/interactive/projects/cp/reporters-notebook/xi-jinping-visit/china-surprisesu-n-with-100-millionand-thousands-of-troops-for-peacekeeping?mcubz＝3（2016年5月25日访问）。

[46] 世界银行预计2017年金砖国家的增长率将达到5.3%。众多评论员对金砖国家的评价是毁誉参半。金砖国家之间的双边关系主要建立在互不干涉、平等和互利的基础上。https：//en. wikipedia. org/wiki/BRICS（2017年7月24日访问）。

[47] 这是在回应澳大利亚外长朱莉·毕晓普的声明，毕晓普早前说俄罗斯总统弗拉基米尔·普京可能会被禁止参加布里斯班的G20峰会。https：//en. wikipedia. org/wiki/New_Development_Bank（2017年7月24日访问）。

[48] https：//en. wikipedia. org/wiki/Shanghai_Cooperation_Organisation（2017年7月24日访问）。

[49] 中国与之合作的其他组织包括亚太经济合作组织（APEC）、东南亚国家联盟（ASEAN）和欧亚经济联盟。

[50] 见 Emily Feng, "China agency targets high-tech weapons development", *Financial Times*, 26 July 2017：www. ft. com/content/2c9b4370-71c5-11e7-aca6-c6bd07df1a3c（2017年7月31日访问）；以及《南华早报》最近的文章：先阅读 Minnie Chan 的"Chinese military sets up hi-tech weapons research agency modelled on US body", 25 July 2017：www. scmp. com/news/china/diplomacy-defence/article/2104070/chinese-military-sets-hi-tech-weapons-researchagency（2017年7月31日）等文章，然后参考补充链接。

[51] 篇幅所限，我不能够在这里讨论这个极具争议性的问题，而且对于这个问题也已经有了大量的研究。

[52] 这部分参考了中国的许多信息来源，例如，中华人民共和国国务院新闻办公室，"China's military strategy", May 2015, Beijing：www. china daily. com. cn/china/2015-05/26/content_20820628.htm（2017年3月25日访问）；中国官方通讯社, Xinhua：www. xinhuanet. com/english; 以及来自西方（主要是美国）的文件：Eric Heginbotham et al., *The U. S. -China Military Scorecard. Forces, Geography, and the Evolving Balance of Power* 1996-2017, Santa Monica, CA, RAND Corporation, 2015; USA, Office of Naval Intelligence, "The PLA Navy：new capabilities and missions for the 21st century"：www. dtic. mil/docs/citations/ADA616040（2016年7月27日访问）；USA, US-China

Economic and Security Review Commission, 2016 Report to Congress, November 2016: www.uscc.gov/Annual_Reports/2016-annual-report-congress（2017 年 3 月 7 日访问）; Nuclear Threat Initiative, "China nuclear", April 2015: www. nti. org/learn/countries/china/nuclear（2016 年 5 月 26 日访问）。

[53] *US-China Economic and Security Review Commission*, 2016 *Report to Congress*, 同上, 第 8 页。

[54] 同上, 第 7 页。

[55] 同上, 第 4 页。

[56] 同上, 第 12 页。

[57] 同上。

[58] 同上, 第 13 页。

[59] 同上, 第 7 页。

[60] William Hartung, "The hidden cost of 'National Security': ten ways your tax dollar pays for war-past, present, and future", *Tom Dispatch*, 25 July 2017: www.tom dispatch. com/blog/176213/tomgram%3A_william_hartung,_trump_for_the_defense（2017 年 7 月 29 日访问）。

[61] 战略与国际研究中心, "What does China really spend on its military?", China Power Team, 28 December 2015: https://chinapower.csis.org/military-spending（2017 年 3 月 25 日访问）。

[62] 根据 Statista 估计, "The countries holding the world's nuclear arsenal": https://statista. com（2017 年 6 月 20 日访问）. Nuclear Threat Initiative, "China nuclear", 在上述引文中。

[63] Stephen King, *The Southern Silk Road. Turbocharging "South-South" Economic Growth*, HSBC, Global Research, 6 June 2011, p. 6: www.hsbc.fr/1/PA_esf-ca-app-content/content/pws/corpo/main-page-campagne-marque/pdf/111013-the-southern-silk-road.pdf（2012 年 6 月 25 日访问）。自此汇丰银行一直跟进中国在这一方向的政策。汇丰银行网站上可以找到更多的近期报告和简报。另参见 Vivian Giang & Robert Johnson, "108 giant Chinese infrastructure projects that are reshaping the world", *Business Insider*, 5 December 2011: www. businessinsider. com/108-giant-chinese-infrastructure-projects-that-are-reshaping-the-world2011-12?IR=T（2014 年 2 月 24 日访问）。

[64] Sanjaya Baru, "China's One Belt One Road initiative is not just about economics", *EconomicTimes*, 25 April 2017: http://blogs.economictimes.indiatimes.com/et-

commentary/chinas-one-belt-one-road-initiative-is-not-just-about-economics（2017 年 7 月 27 日）。*Economic Times* 是用英语发行的印度日报。本文指出中印之间关于"一带一路"的某一方面可能存在的冲突：价值 460 亿美元的中巴经济走廊"法律上仍然属于印度"。

［65］"HSBC：One Belt One Road briefing note", 12 May 2017：www.lmfinternational.com/index.php/news/560-trends/40553-hsbc-one-belt-one-road-briefing-note（2017 年 5 月 20 日访问）。汇丰银行对"一带一路"的正面评价的原因阐释，参见 Kenneth Rapoza, "Why HSBC loves China's Silk Road", *Forbes*, 17 May 2017：www.forbes.com/sites/kenrapoza/2017/05/17/why-hsbc-loves-chinas-silk-road/#201c2faf697e（2017 年 5 月 29 日）。

［66］在习近平时代刚开始，一些关注中国外交政策的细心观察家们试图预测中国的"西进"：Beibei Bao, Charles Eichacker and Max J. Rosenthal, "Is China pivoting to the Middle East? Chinese people have begun casting their gaze westward. But will the government follow suit?", *The Atlantic*, 28。March 2013：www.theatlantic.com/china/archive/2013/03/is-china-pivoting-to-the-middle-east/274444（accessed 29 February 2016）。答案几个月后出现，在 2013 年 9 月 13 日，正如我们上面所看到的。

［67］Simon Denyer, "China bypasses American 'New Silk Road' with two of its own", *WashingtonPost*, 14 October 2013：www.washingtonpost.com/world/asia_pacific/chinabypasses-American-new-silk-road-with-two-if-its-own/2013/10/14/49f9f60c-3284-11e3-ad00-ec4c6b31cbed_story.html?utm_term=.058ccff83b09（2015 年 6 月 24 日访问）。

［68］Wade Shepard, "China's 'New Silk Road' picks up where Hillary Clinton's flopped", *Forbes*, *Asia*, *Foreign Affairs*, 9 September 2016：www.forbes.com/sites/wadeshepard/2016/09/09/chinas-new-silk-road-picks-up-where-hillary-clintons-floppedin-afghanistan/#61af395963f9（2017 年 7 月 28 日）。

［69］例如，胡鞍钢，《"一带一路"：改变中国的经济地理》，北京，清华大学国情研究院，2016 年 4 月，文章由作者提供。其他有来自重庆西南大学、香港岭南大学、北京人民大学的四位中国学者分析了"一带一路"：Erebus Wong, Lau Kin Chi, Sit Tsui and Wen Tiejun, "One Belt One Road：China's strategy for a new global financial order", Monthly Review, 1 January 2017：https://monthlyreview.org/2017/01/01/one-belt-oneroad（2017 年 5 月 15 日访问）。

［70］例如，Shawn Donnan, "Geopolitics cast shadow over New Silk Road", *Financial Times*, 17 October 2014（2015 年 2 月 24 日访问）；Yves Smith, "How the China's new Silk

Road is shifting geopolitics", *Naked Capitalism*, 27 May 2015：www.nakedcapitalism. com/2015/05/how-the-chinas-new-silk-road-is-shifting-geopolitics.html（2015年5月27日访问）.

[71] Michael Clauss, "Why Europe and the US cannot afford to ignore China's belt and road", *SouthChina Morning Post*, 16 June 2017：www. scmp. com/comment/insightopinion/article/2098527/why-europe-and-us-cannot-afford-ignore-chinas-belt-androad（2017年8月8日访问）.

[72] 有两份官方文件值得一读,尽管遭到西方观察者的批评和讥讽。中华人民共和国国家发改委,《推动共建丝绸之路经济带和21世纪海上丝绸之路的愿景与行动》,国家发展和改革委员会,2015年3月28日：http://en.ndrc.gov. cn/newsrelease/201503/t20150330_669367.html（2015年7月15日访问）；中华人民共和国"一带一路"建设领导小组,《共建"一带一路"：理念、实践与中国的贡献》,"一带一路"建设领导小组办公室,北京,外文出版社,2017年5月。

[73] 更多关于前三个战略的详细分析参见第三章,以及Urio, *Reconciling*, 在上述引文中。

[74] Hu, "One Belt One Road", 在上述引文中,第1页。

[75] 以上引自第四章,第155页。另见奥巴马总统的其他声明,第四章,第155-156页。

[76] 四个区块是：东北(包括辽宁、黑龙江、吉林)、中部(山西、河南、湖北、湖南、江西、安徽)、东部(北京、天津、河北、江苏、浙江、上海、福建、广东、海南、山东)、西部(内蒙古、四川、重庆、云南、贵州、陕西、甘肃、青海、宁夏、新疆、西藏、广西)；Hu, "One Belt One Road", 在上述引文中,第16页。

[77] 中国有34个省级行政单位：23个省、4个直辖市(北京,天津,上海和重庆)、5个自治区(广西、内蒙古、西藏、宁夏和新疆)和2个特别行政区(香港和澳门)。胡鞍钢的分析不包括香港和澳门。

[78] Hu, "One Belt One Road", 在上述引文中,第15页。

[79] 同上,第24页。

[80] 这里我更多参考的是官方文件《构建"一带一路"》,见之前的引用。

[81] "一带一路"对欧洲和地中海国家的重要性参见：FransPaul van der Putten et al. (eds), *Europe and China's New Silk Roads*, The European Think-Tank Network on China (ETNC), December 2016 Report; Enrico Fardella et al., "La Belt and Road Initiative：la globalizzazione secondo Pechino", *Rivista bimestrale di politica, relazioni internazioneli*

e dinamiche socio-economiche della Cina contemporanea, Vol. 7, no. 6, December 2016, 第 1-19 页，其中多篇文章探讨了"一带一路"与欧洲。

[82] 彼得·纳瓦罗强调了马六甲海峡的重要性，在第二章已经提到过：通过狭窄而危险的马六甲海峡控制南海通往印度洋的门户，也就是控制着南亚甚至是东亚，因为大部分的日本和韩国所需的石油必须首先通过中国南海。Peter Navarro, "Introduction: crouching tiger-China acts, America dithers", in Fred Fleitz (ed.), *Warning Order. China Prepares for Conflict, and Why We Must Do the Same*, Washington, DC, Center for Security Policy Press, 2016, p. 14。彼得·纳瓦罗是美国经济学家，目前担任特朗普总统的助理、贸易和工业政策主任和白宫国家贸易委员会主任。

[83] *Building the Belt and Road*, 在上述引文中，第 11-12 页。

[84] 人民币国际化见 Prasad, Gaining Currency, 在上述引文中。"一带一路"与人民币国际化的关系参见 Swift, "Will the Belt and Road revitalise RMB internationalisation?", RMB Tracker Special Report, July 2017: www.swift.com/news-events/press-releases/rmb-internationalisation_can-thebelt-and-road-revitalise-the-rmb_（2017 年 7 月 31 日访问）。

[85] *Building the Belt and Road*, 在上述引文中，第 7-9、13、16、22-23、29-34 页。

[86] 马六甲海峡的重要性见彼得·纳瓦罗的观点，上述注释 82。

[87] 胡鞍钢、张新、张巍，《开发"一带一路"一道(北极航道)"建设的战略内涵与构想》，北京，清华大学公共管理学院，2017 年 4 月 12 日，论文由主要作者提供，第 2 页。另参见 "The Integrated Arctic Corridors Framework: planning for responsible shipping in Canada's Arctic waters", a report of the PEN Charitable Trusts, April 2016: www.pewtrusts.org/en/research-and-analysis/reports/2016/04/the-integrated-arctic-corridors-framework（2017 年 6 月 10 日访问）。

[88] 引自胡鞍钢，上述注释 69 中已提过。

结　论

中国崛起与新的国际秩序

　　写一本书的结论通常需要总结该书的主要发现。我将这样做，但也感到有必要补充一些关于中国未来以及国际体系未来的一般性思考。第一个无可争议的结论是在21世纪初，中国已经恢复了世界大国的地位。自20世纪的最后25年以来，中国一直在投资开发最重要的、有助于实现恢复大国地位这一目标的权力资源，海外投资，创建亚洲基础设施投资银行（AIIB），人民币国际化，更多地参与国际、区域和全球组织、在海外传播中国文化，最后但同样重要的是发展军事资源。2013年，这些资源已经融入中国的全球大战略——"一带一路"倡议，正如我在第五章的论述。

　　中国的战略必须是全球性的，因为从文艺复兴开始，中国的主要竞争对手——先是欧洲，然后是美国，就有了以主宰世界为目的的全球战略。我们不应忘记，在第一次世界大战前夕，地球上至少80%的国家和地区处于西方（主要是欧洲）的统治之下。1945年欧洲列强崩溃后，中国的主要竞争对手是美国，美国的基本目标是维护"美国塑造的"自由资本主义国际秩序，因此捍卫自身在体系中的领袖地位，随之反对可能挑战现有秩序的国家崛起。我们在第四章中看到，自18世纪建立联邦制国家以来，美国取得了显著的成就，通过阐发征服思想，美国在世界各地的主导地位扩大，从而超出了所有人的预期，实现了托马斯·杰斐逊的梦想：

> 无论我们现在的利益会如何把我们限制在自己的疆域之内，不展望未来是不可能的。随着我们的迅速发展，我们将扩张超越这些疆域，即使不覆盖到南美大陆的话（如今是整个世界了），也要让整个北美大陆布满讲同一种语言的人民，以相似的政体形式，根据相似的法律进行管理。

为了实现这一梦想，美国在最相关的权力资源上投入巨大，使其在苏联解体后成为唯一的超级大国：发展更快的资本主义经济（本质上是扩张主义）、领先的科学技术、强大的军备、对战争的干预——至少在第二次世界大战结束之前，这些干预以美国势力在世界范围内的一系列连续"扩张"而告终。此外，别忘了，基于民主、进步、自由和人权价值观的意识形态颇具吸引力，根据一些美国外交政策专家的说法，这种意识形态的传播说服了其他国家和人民自愿接受美国的支配，从而实现了著名的"软权力"概念。正如我在第二章第一节中所坚持的，这个概念是智力欺诈，可以用来掩盖权力的真正本质，即支配。当然，美国在许多场合为保护弱者，打击不公正和独裁进行了干预，最明显的例子就是在第二次世界大战中对打败轴心国做出的贡献。

然而，仍然没有一个国家能轻易接受解放后被告知该做什么，并接受外国，即使是友邦的军队驻扎在自己领土上。我们在第四章已经看到，这样的结果在被美国军队"解放"后频繁出现。[1]当然，这并非美国外交政策的典型行为。（至少从罗马帝国到19世纪的欧洲殖民主义）每一个征服者凭借经济和军事优势确立统治后，仍然控制着"被解放的国家"。多数情况下，被解放的国家的地方精英看到了与"征服者"或"解放者"合作的好处，由于相当数量的当地精英阶层的支持，征服者得以在"解放"后维持统治。

苏联解体后，美国本可以从世界许多地方撤军，比如欧洲。在此之前，苏联的威胁和西欧的军事弱势成为在解放后的欧洲维持军事基地的一个可以理解的理由。但1991年之后，俄罗斯的弱势本应促使美国采取西方大国和俄罗斯之间的合作政策，以便帮助俄罗斯领导人将国家转变成一个更加开放和公正的社会。但美国没有这么做。相反，俄罗斯被美国视为待征服的领土。从那时起，美国把传播以美国两种传统的价值观——"天定命运"和"普世主义"为基础的民主、自由和人权无数次当作在海外进行干预的理由，在许多时候，这两种价值观被用来证明在海外进行军事干预的正当性（见第四章）。历史经验表明，使用军队不一定是传播民主和人权的最有效方式，阿富汗、伊拉克和利比亚的例子很好地证明了这一点。

此外，如果"解放"后军事存在是必要的，那么"软权力"的价值，即民主、自由和人权的吸引力又是什么？除此之外，还可以加上西方尤其是美国出现的民主危机，民主已不再被视为"软权力"最有吸引力的一个方面。结果是，如果想要控制国际体系，即自由资本主义秩序，就必须继续使用军事力量。特朗普总统最近的举动与他在总统竞选期间的几项声明相矛盾，即增加对开发新武器的投资，保持甚至发展美国在海外军事存在的意愿，以及针对那些被看作挑战美国主导作用的国家的攻击性（口头和军事）举动，表明美国决心继续使用武力，无论是作为威胁还是实际使用，来维护其国家利益。然而，第二次世界大战以来美国的军事干预表明，美国军队越来越无力赢得常规战争。考虑到这些事件，再加上新兴大国的出现（全球性大国，如中国；地区大国，如伊朗、土耳其和沙特阿拉伯），以及老牌大国的复兴，如俄罗斯。我们可以理解美国力量为什么和如何在世界各地衰落，以及为什么试图阻止自己的衰落。

第四章引用许多美国学者和调查记者、尤其是美国历史学家阿尔弗雷德·麦考伊（Alfred McCoy）的研究，证实了我的结论。根据他在最近一本书出版前接受的采访，麦考伊预计到2030年，中国将在军事和经济上超越美国的全球影响力。在这一点上，麦考伊断言美帝国将不复存在。他认为特朗普当选总统是美国全球主导地位削弱的最明显的副产品之一，而不是根本原因。同时，他还认为特朗普可能会加速帝国的衰落。这印证了我在第四章通过分析美国外交政策得出的结论。[2]

正是在中国领导人熟知的这一背景下，中国制定了自己的战略。中国必须考虑到与美国军力的差距，因此必须构想一个不同于美国自19世纪以来形成的利用武力实现杰斐逊式的扩张的全球战略。中国按照传统战略，首先投资于更有可能迅速取得世界级成果的领域。由于没有能力迅速赶上美国的军力，而且渴望恢复世界大国地位，中国发展经济资源的速度比发展军事武器的速度快。正如我们在第五章中所看到的，在这些资源得到充分开发并已经部署到外部世界时，中国定义并开始实施其全球大战略，从而"包围世界"，用英国《金融时报》一篇文章的话说："中国以一带一路战略包围世界。"[3]在评论中国在全面实现这一宏伟战略时可能遇到的困难之前，我要强调中国文化的一个要素，当中国向国外投射实力时，这一要素肯定是一种资产。

与西方政治文化相比，中国政治文化的理论性和意识形态不那么强。当我们西方人"走出去"到世界其他地方时，我们的问题是，想把我们组织社会、政治和经济的方式强加给对方。殖民时代结束后，这仍然是我们在海外的行事方式。我们（特别是但不仅仅是美国）仍然向发展中国家提供援助和投资，条件是它们采纳我们希望它们实施的改革，即私有化、放松管制和向我们的投资开放经济。中国没有这种态度，这是中国投资者的决定性优势。

然而，中国选择恢复世界大国地位的方式并非没有问题。在本书中，以及在其他地方，我强调了中国的战略选择，先是毛泽东的"大跃进"，然后是邓小平的市场改革，目的是尽快恢复世界大国地位。[4]这些战略经常受到西方模式的启发，并在中国实施，即使中国共产党领导的国家在这样做时考虑到了中国国情。然而，中国文化，特别是政治文化中的几个特点，在实施外国模式时可能会构成严重问题。

第一，尽快恢复中国实力的目标可能会导致与目标背道而驰的宏大努力，如"大跃进"，还有采用市场机制和新自由主义的西方口号"在分配财富之前必须先创造财富"提出的公平和发展谁先谁后的问题。这个口号一直是有关"重庆模式"和"广东模式"辩论的核心，这场辩论看来以后者的胜利告终。[5]

第二，党控制一切的倾向，后果是干涉法律规范运用，并将党组织引入几乎每个公共和私人组织。再加上对保密的崇拜，你会明白这些文化特征不利于健全的市场经济的发展。批评者会说，无论如何，中国不是市场经济，因为党控制着经济发展。当然，为了减少这些负面的文化特征，中国已经有了许多改进。

然而，今天仍有一种文化特征——理论与实践相结合，可能构成中国经济和社会发展的严重障碍，而且还可能危及实现团结、稳定与和谐的传统目标。[6]矛盾的是，这种文化特征常常被认为是一种优势，而且我也是如此认为。然而，如果在实施改革之前没有进行深入的理论分析，这可能导致并且已经导致消极后果。

近来，中国（多数从美国）进口了各种初看起来很有前途的技术，但这些技术受到了严肃专家的批评，因为它们可能在许多情况下对公共健康和环境产生负面影响，石油和天然气压裂、转基因生物、杀虫剂和除草剂、西式快餐、西药和疫苗以及核能。[7]核能在中短期内无污染，但从长远来看，核废料的储存带来了巨大的不确定性，特别是在以频繁和严重的地震活动著称的地区（如四川）。不清楚这些技术在中国是否经过了深入的科学分析。

当然，在实施20—30年后，重大错误已经得到纠正。当然从西方进口的最有问题的当属"自由市场经济"。我们在第五章中看到，这项政策导致了持续20年的大规模失业和新形式的贫困。引入市场机制将会带来这样的结果，这一点本应很容易用好的社会经济理论和西方国家发展道路的现有经验数据预测到。[8]当然，中国坚持以中国共产党的领导和"社会主义市场经济"（第二章）为基础，把自己称为社会主义国家。中国到底是向资本主义发展，还是保持社会主义市场经济，取决于中美之间的竞争结果，这种竞争最终将塑造新的国际秩序的结构和规则。鉴于与其说是自由民主，不如说是资本主义的强大吸引力，（费尔南·布罗代尔在第二章已经引用的一篇著名的声明中做了很好的总结），中国有可能为了尽快实现再次成为大国的梦想，不可避免地融入西方建立的资本主义体系，而美国目前是这一体系中最重要的角色。如果这种情况发生，那么中国将产生许多跨国公司（它已经开始这样做），在全球资本主义经济中与其他跨国公司竞争。正如我已经在其他地方写的：

> 在这种情况下，预计国际金融的主要参与者和跨国公司将主

宰世界。当然，其中会有许多在中国注册办事处。但是他们真的是中国的吗？或者，根据民谚的说法，金钱没有味道，我们可以加上，金钱也没有国籍，它们不会成为与西方跨国公司利益相同的新行为体吗？也就是说，那些属于约瑟夫·斯蒂格利茨谴责的"前1%"的人的利益？[9]但是，如果这样，中国人的公平分享繁荣的和谐社会梦想会怎么样？[10]

如果中国想避免迈向资本主义道路，最好不仅不信任美国和国际贸易和投资协定(如TPP和TTIP)施加的外部压力，也不信任内部力量施加的压力。

事实上，许多官员都听从了邓小平的"致富光荣"的鼓励，但一些负面效果远远超出了他更乐观的预期。这种迅速致富显然是权力地位带来的结果，权力地位允许这些人占有属于国家因而属于人民的资产。习近平从第一个任期一开始就发起的反腐败斗争，无疑是迄今为止党和国家在这一领域采取的最积极的政策。如果不成功，中国共产党继续领导中国走向和谐社会的声誉和能力将受到极大损害。在和谐社会中，财富将在全体中国人民之间公平分配，而权力致富的最终结果很可能是中国完全融入国际资本主义秩序。

对美国和中国外交政策的分析证实了第一章和第二章中提出的理论方法，并显示了两国之间的根本区别：美国人主要基于行动，而中国人基于无声的变化以及有为与无为的混和。[12]行动是局部的，而变化是全球性的、渐进的，在"长时段"内是无声的，因此难以识别。

> 无声的变化不使用武力或阻挠任何事情；它不斗争，但是会渗透、扩散、分支并变得无孔不入——"像水渍一样扩散"。它整合并瓦解了……这也是变化无声的原因；因为不会引起任何阻力。[13]

于连在其他地方更深入地提出：

☆结　论☆

中国没有为未来制订任何计划，特别是没有帝国计划，但是它日复一日地充分利用"势"，充分利用（在所有领域：经济、政治和国际的）有利因素，增强实力和国际地位。[14]

最高效的做法是让事态不加干涉地发展，更准确地说，应势而为，逆势不为。行事有效，须待良机，良机到则可行事且必须行事。但这并不意味着战略家必须被动等待机遇发生。相反，通过操控现实——"无声变化的上游"，中国战略家用各种隐蔽的行为引出机会，这是最有效的战略。这显然与操纵的概念有关，即为了促进有利的预期结果出现而改变环境。中国战略家不会坐等"机会"（在西方意义上）的出现；他或她在尽可能的"上游"活动来引出机会。[15]

最后，

生长……不会在衰落来临之际让步，但恰恰是随着它的发展，生长本身已经在走向衰落。……在成长过程中，我一直成功地扩充自己的力量，事实上，我已经开始精疲力竭，因为我越展示自己的能力，它们就变得越脆弱，我占据的土地越多，我就越需要努力去保护它。[16]

没有比这更好的方式来描述美国和中国的外交政策了！

美国的衰落发生在经历了两个世纪几乎没有变化的外交政策之后，这种外交政策以例外论、天定命运论、历史终结论和无限扩张为主导。接着，出现了一位非常规的总统，提出了一些与建制派利益相悖的观点，这些观点遵循了建国以来的传统外交政策。当然，特朗普在几个方面应该受到批评，但他不能对美国的衰落负责。此外，他很可能会融入美国外交政策的历史进程，并被迫遵从建制派的利益。在这里，布罗代尔根据对历史过程的深入分析给出了理论解释：

个体置身于历史中，可能是非常古老的历史，……简言之，置身于一种文明。因此，人们可能会有某种责任的幻觉，因而产生可以在几种可能性中做出自由选择的幻觉。但事实上，人的自由颇为有限，无法完全掌握自己的命运，因为事实上，他湮没在缓慢的历史洪流中。如果深刻的变化（于连提出的无声的变化）对你有利，你将得到满足，与你的智力、美德和思想无关。[17]

本书的发现表明，新的国际秩序将呈现多极结构，中国、美国、俄罗斯和欧盟将成为全球领袖，几个地区大国要么依靠自己的力量资源，要么更有可能通过与一个全球大国结盟来捍卫自己的利益。我们不能忘了，全球参与者可能会建立正式或非正式的联盟，就像中国和俄罗斯以及美国和欧洲之间的情况一样。然而，最近发生的事件，如英国退出欧盟和唐纳德·特朗普当选，可能会引导欧洲走向更加独立于美国、更加开放地与俄罗斯和中国合作的外交政策，正如欧洲领导人（尤其是法国和德国）最近的举措所表明的那样。

最后，在本书中，我主要分析了中美两国之间的关系。但是，正如我在讨论贸易和投资协定（TPP 和 TTIP）时指出的那样，即使跨国公司依赖政府进一步开放全球经济，但它们也已经形成了自己的战略，最终目的是将自己的意愿强加给各国。现在，各国政府（自由民主国家和威权国家）是公民仍然可以在公共事务中拥有发言权的地方，即便是以不同的方式。然而在国际组织和国际条约的官僚机构中，实际上听不见公民的声音。在这个重要问题上，中国将扮演什么角色？中国将会扮演一个资本主义国家的角色？完全融入资本主义世界体系，有利于跨国公司的利益（正如李民骐认为今天已然如此）？还是一个有中国特色的社会主义国家（如胡鞍钢所支持的那样），有利于每个国家和每个公民和谐、公平发展，并有能力改变国际秩序的规则？无论结果如何，可以肯定的是，今天中国已经在一个新的国际秩序中行动，由于中国的崛起，国际秩序已经转变为多极体系，不同于一直以来由美国主导的单极秩序。换句话说，人们可以说：中国崛起终结了"美国塑造的世界格局"。

☆ 结　论 ☆

注释：

[1] 当然，这并不是说，"解放"后被解放者和解放者必须停止所有的合作，包括军事联盟。法国戴高乐将军做出的决定是一个很好的例子。他在1966年3月非常礼貌而又坚定地要求美国撤出驻扎在法国的军事基地，同时法国保留在北约盟国里：Georges Chaffard, "En mars 1966, le Général de Gaulle décide de faire sortir la France du commandement intégré de l'Otan", *L'Express*, 13 March 1966：www.lexpress.fr/informations/sans-titre_741768.html（accessed 20 August 2017）。

[2] 结束本书的写作时，2017年8月31日，我得知美国历史学家阿尔弗雷德·麦考伊（第四章引用，注释157）即将出版一本关于美国权力衰落的书（2017年9月）：Alfred McCoy, *In the Shadows of the American Century: The Rise and Decline of US Global Power*, Chicago, IL, Haymarket Books, 2017。由于本书稿将于8月底提交给出版商，我无法读到。幸运的是，麦考伊接受了一个采访，总结了他书中的主要发现：Jeremy Scahill, "Donald Trump and the coming fall of American Empire", *The Intercept*, 22 July 2017：https://theintercept.com/2017/07/22/donald-trump-and-the-coming-fall-of-American-empire（accessed 19 August 2017）。麦考伊也发表了一篇文章，是他的新书序言部分的改编版：Alfred McCoy, "Exploring the shadows of America's security state", *Tom Dispatch*, 24 August 2017：www.tomdispatch.com/post/176321/tomgram%3A_alfred_mccoy%2C_the_cia_and_me/#more（accessed 25 August 2017）.也参见 Alfred McCoy, "The demolition of US global power: Donald Trump's road to debacle in the Greater Middle East", *Tom Dispatch*, 16 July 2017：www.tomdispatch.com/post/176308/tomgram%3A_alfred_mccoy%2C_trumping_the_empire（2017年8月15日访问）。

[3] Tom Hancock, "Silk Road: China encircles the world with One Belt, One Road strategy", *Financial Times*, 4 May 2017：www.ft.com/content/0714074a-0334-11e7aa5b-6bb07f5c8e12（2017年7月22日访问）。

[4] Paolo Urio, *Reconciling State, Market, and Society in China. The Long March towards Prosperity*, Abingdon and New York, Routledge, 2010, pp. 45-54, 68-76。

[5] 关于这一点见中国的新马克思主义者李民骐的分析，"The rise of the working class and the future of the Chinese revolution", *Monthly Review*, Vol. 63, no. 2, June 2011：

http://monthlyreview.org（2011年7月15日访问），and *China and the 21st Century Crisis*, London, Pluto Press, 2016, pp. 32-41。

[6] Li, *China and the 21st Century Crisis*, 同前引，第175-183页。

[7] 让我引用最后一个例子：中国巨头中国化工集团以430亿美元收购瑞士种子和农药集团先正达。在大多数欧洲国家，转基因生物目前要么被禁止，要么被暂时禁止，等待进一步的科学分析。几种类型的农药也是如此。

[8] Paolo Urio, *China, the West and the Myth of New Public Management. Neoliberalism and Its Discontents*, Abingdon and New York, Routledge, 2012; Timothy Smeeding, "Globalization, inequality and the rich countries of the G-20: evidence from the Luxembourg Income Study (LIS)", July 2002（可在LIS网址读取：www.LIS.org），and "Poor people in rich nations: the United States in comparative perspective", 2006（可在Smeeding's网址获得，University of Syracuse, USA: www.cpr.maxwell.syr.edu/faculty/smeeding）。

[9] Joseph E. Stiglitz, *The Price of Inequality. How Today's Divided Society Endangers Our Future*, New York, Penguin, 2012。

[10] Paolo Urio, "The emergence of NGOs in China and the changing role of the Party-State: assessment and future prospects", *The China Nonprofit Review*, no. 8, 2016, p. 204。

[11] 关于中国知识分子的观点，参见 Urio, *China, the West*, 同前，第35-47页。

[12] 下面我总结第一章的引文，第16-19页。

[13] François Jullien, *The Silent Transformations*, London, Seagull, 2011, pp. 66-67。

[14] François Jullien, "Postface", in André Chieng, *La pratique de la Chine, en compagnie de François Jullien*, Paris, Grasset, 2006, 第310页，我从法语意译而来。

[15] André Chieng, *La pratique de la Chine, en compagnie de François Jullien*, Paris, Grasset, 2006, pp. 181-182, 196, 210, 214, 218-223, 225。

[16] Jullien, *The Silent Transformations*, 同前引，第82-83页。

[17] Fernand Braudel, "Fernand Braudel et les différenpp." 4-5, 我从法语意译而来。

致 谢

这是我写的第五本关于当代中国的书,它不可避免地反映了我积累的中国知识,这些知识得益于许多中国大学教授、研究人员、硕士和博士学生、高级公务员甚至一些普通中国公民的见解。对于读者来说,读一长串我想感谢的人的名字很乏味。然而,请允许我引用其中一些,没有他们的帮助、鼓励和批评,我的努力可能永远也无法产生结果。首先,我想感谢清华大学国情研究院创始人、院长胡鞍钢教授。我在 20 年前见到他,他对研究中国的非凡发展充满热情,从我们长期合作的一开始,就给我留下了深刻印象。此外,尽管胡鞍钢教授是政治经济学家,而我是政治学家,但我们的合作很自然,因为我们都认为,不能从单一学科的角度来研究中国发展这种复杂的现象,必须建立多学科的方法。此外,我们也同意,尽管在数据和信息收集、分析中必须尽可能客观,但围绕一些基本价值观来确定工作方向是必不可少的。我们都认为,当评估一个政府的政策时,不管其体制形式如何,重要的是全体人民的福祉。我还受益于清华大学的其他同事,崔之元、汪晖和李希光,以及董克永(中国人民大学)、苏伟(重庆党校)、孙学工、左传长(国家发改委)和刘根法(浦东干部学院)对中国的深刻了解。还需提一下王启珍女士,她是我 2016 年在清华大学时的助理,还有陈雅丽女士,她在日内瓦帮我整理了关于中国的文献。我已经在北京、重庆、杭州、上海等许多大学和中国发改委、北京党校,以及日内瓦大学和两个日内瓦智库举行的众多会议上展示了这本书的研究设计和实证工作。

像以往一样,我的英国妻子帮助我以国际读者可以接受的方式表达我的英语。虽然我非常感谢上面提到的所有人,但按照惯例,细心的读者可能在本书中发现的疏忽、误解和错误,全部是我个人的责任。最后,需要强调一下,本书基于 2017 年 8 月底可以获取的信息。